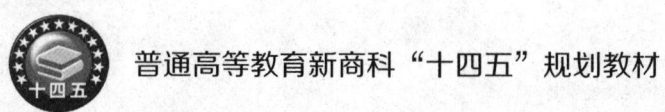

普通高等教育新商科"十四五"规划教材

市场调查与预测：
原理、方法与应用

伊铭 吴培培 / 主编

立信会计出版社
LIXIN ACCOUNTING PUBLISHING HOUSE

图书在版编目(CIP)数据

市场调查与预测：原理、方法与应用 / 伊铭，吴培
培主编. —上海：立信会计出版社，2021.1(2025.7 重印)
ISBN 978 - 7 - 5429 - 6669 - 8

Ⅰ. ①市… Ⅱ. ①伊… ②吴… Ⅲ. ①市场调查②市
场预测 Ⅳ. ①F713.52

中国版本图书馆 CIP 数据核字(2021)第 008738 号

策划编辑　　王斯龙
责任编辑　　王斯龙
封面设计　　南房间

市场调查与预测：原理、方法与应用
Shichang Diaocha yu Yuce Yuanli Fangfa yu Yingyong

出版发行	立信会计出版社			
地　　址	上海市中山西路 2230 号	邮政编码	200235	
电　　话	(021)64411389	传　　真	(021)64411325	
网　　址	www.lixinaph.com	电子邮箱	lixinaph2019@126.com	
网上书店	http://lixin.jd.com	http://lxkjcbs.tmall.com		
经　　销	各地新华书店			
印　　刷	上海万卷印刷股份有限公司			
开　　本	787 毫米×1092 毫米	1/16		
印　　张	18.25			
字　　数	378 千字			
版　　次	2021 年 1 月第 1 版			
印　　次	2025 年 7 月第 2 次			
书　　号	ISBN 978 - 7 - 5429 - 6669 - 8/F			
定　　价	48.00 元			

前　言

　　市场调查可以帮助企业了解市场现状及其发展趋势,为企业决策者制定政策、进行市场预测、作出经营决策、制定计划提供客观、正确的依据。随着社会环境的变化,市场调查发挥的作用越来越重要。

　　本书较全面和系统地阐述了市场调查与预测的理论和方法。市场调查部分包括第1章到第6章,系统介绍了市场调查的基本理论、内容与程序、调查方法、抽样调查、问卷设计以及调查资料的整理与分析。市场预测部分包括第7章和第8章,介绍了常见的市场预测方法。第9章结合大数据背景讨论新市场调查方法。第10章介绍了市场调查报告的撰写。此外,本书在每个章节设置了导入案例和案例分析,并以此作为章节引入和拓展阅读,以帮助读者加强理解。通过本书的学习,读者可以掌握完整的市场调查与预测方法,并学以致用。

　　本书第1章明确市场调查的定义与概念,从各种角度出发将市场调查区分为不同的类型,阐述了开展市场调查活动必须遵守的相关原则,并对国内外市场调查的产生和发展作出详细说明。

　　市场调查涉及内容广泛,各种调查者出于不同的调查目的和要求,其市场调查内容各有不同的侧重点。本书第2章从市场环境调查、市场供给调查等四个方面介绍市场调查的主要内容,同时系统介绍市场调查的程序。

　　市场调查所获得的材料需要先进行抽取、提纯、推断,再通过科学的分析与整理,最后才能作为企业在未来市场战略决策的依据。本书第3章重点介绍市场调查中的资料调查,包括二手资料调查和一手资料调查。

　　市场是由千差万别的个体所组成的复杂总体,对市场做全面的、普遍的调查所得的资料最能反映市场总体特征。但是在许多情况下对市场实施普查非常困难,甚至根本不可能,这时候就需要采用抽样调查的方法。本书第4章重点介绍抽样调查的定义、特点、优点等,并对两种抽样方法——概率抽样和非概率抽样,作出详细描述。

市场调查问卷是调查者根据一定的调查目的和要求,按照一定的理论假设而设计出来的,是一种良好的测量工具。本书第5章从问卷设计概述、问卷设计技术、问卷信度和效度评价三个部分进行介绍,旨在使读者明晰从问卷设计到评价的步骤与注意点。

为了得到对企业有价值的、系统的、简明的市场调查报告,调查者需要根据调查研究的目的,运用科学的方法、适当的技术对市场调查所获得的资料进行审查、检验、清洗、汇总等初步加工,使之成为进行统计分析的基本数据,为下一步的资料分析做准备。本书第6章讲述了市场调查资料整理的意义和步骤,简单介绍了在市场调查分析中常用的Excel、SPSS和Stata统计分析软件,并阐述如何通过数据指标分析、统计图表法、描述性统计分析和概率统计分析对市场调查资料进行分析。

市场预测作为一种手段,可以帮助企业管理者和决策者了解市场未来的发展趋势,寻求可能的市场发展机会,作出正确的市场决策。本书第7章共分为四个部分,分别介绍了市场预测的概念、原则等,市场预测的五个步骤,市场预测使用的方法,并对定性预测方法如类推法、因素推算法、专家预测法等作出详细讲解。

企业通过先进的统计方法定量分析数据,可以进一步推断市场未来的变化趋势。本书第8章介绍了四类定量预测方法及其应用,分别是时间序列预测法、回归分析预测法、巴斯模型预测法和生命周期预测法。企业可针对不同的产品情况采取相应的预测方法。

大数据时代下,大数据潜在的作用正在逐渐被人们关注和挖掘。从事市场调查的研究者与工作人员,要充分理解大数据的价值、培养大数据思维、掌握大数据的获取和分析、挖掘大数据的潜在能力。本书第9章主要介绍了大数据在生活、营销、商业、公共管理、大数据杀熟与锁定效应中的应用,并演示了如何通过火车采集器爬取基本网页信息。

整合总结调查工作过程的市场调查报告,是企业作出决策的最重要的书面结果之一。本书第10章重点介绍了市场调查报告的概念、报告格式以及调研结果的交流与展示。

本书整体布局合理,理论与实践紧密结合,可帮助培养学生市场调研和市场预测的综合技能。然而市场调查与预测作为一门具有较高实践性的学科,还需要在实践中不断完善其学科体系。在编写的过程中,我们参考了许多专家学者的著作,在此对这些著作的作者一并致谢。由于编者水平有限,本书若存在不足之处,敬请广大读者批评指正,以便之后修订完善。

编　者

2021年1月

目　录

第 1 章

市场调查的基本理论

导入案例

<h2 style="text-align:center">一次失败的市场调研</h2>

20世纪70年代中期以前，可口可乐一直称霸于美国饮料市场，市场占有率一度高达80%。然而，20世纪70年代中期以后，百事可乐迅速崛起。1975年，可口可乐的市场占有率仅比百事可乐多7%；9年后，差距更是缩小到3%。在与百事可乐的长期争斗中，可口可乐发现百事可乐的一种有效营销策略，即口味对比——请毫不知情的消费者分别品尝没有贴任何标签的可口可乐与百事可乐，同时百事可乐会进行现场直播。结果是，有八成的消费者回答百事可乐的口感好过可口可乐，这一举动直接促进了百事可乐的销量。因此，可口可乐认为百事可乐是以口味取胜。

面对对手强势的营销策略，可口可乐压力重重。为了尽快摆脱这种尴尬的境地，找出可口可乐口味不如百事可乐的真正原因，1982年，可口可乐决定在全国10个主要城市进行一次深入的消费者调查。

可口可乐设计了"您认为可口可乐的口感如何？""您想尝试一种新的饮料吗？""您是否喜欢口感变得更温和的可口可乐？"等问题，希望了解消费者对可口可乐口感的评价并征询对新可口可乐口味的意见。调查结果显示，大多数消费者愿意尝试新口味的可口可乐。因此可口可乐的高层决定开发新可口可乐。不久，口感更柔和、品味更甜的新可口可乐样品便出现在人们面前。在正式批量生产前，可口可乐公司又花费数百万美元在13个城市进行口味测试，邀请了近20万人品尝无标签的新、老可口可乐。结果让可口可乐更加放心：六成的消费者回答说新可口可乐味道比老可口可乐好，更有半数的人认为新可口可乐的口感好过百事可乐。至此，可口可乐更坚定了推出新可口可乐的信念，并开始不惜血本协助瓶装生产商改造生产线。而且为配合新可口可乐上市，可口可乐还进行了大量的广告宣传。

但让可口可乐的决策者们始料未及的是，市场上并没有出现想象中的购买热潮，反而是越来越多的忠实消费者开始抵制新可口可乐。在他们心中，老可口可乐不仅是一种饮料，还融入了美国梦想和美国精神，放弃传统配方就等于背叛美国精神。他们认为，"只有老可口可乐才是真正的可乐"，有些消费者甚至扬言将不再购买可口可乐。在巨大的压力面前，可口可乐不得不做出让步，在保留新可口可乐生产线的同时，再次启用近100年历史的传统配方，生产让美国人视为骄傲的老可口可乐。

<h1>1.1 市场调查概述</h1>

<h3>1.1.1 市场调查的含义</h3>

根据1961年美国市场营销协会对市场调查所下的定义：市场调查是指系统地收集、

记录和分析与产品和服务的市场营销问题有关的资料的过程。市场调查为企业的决策提供依据,用系统化的信息指导企业行为,是现代企业进行市场营销活动的客观需要。随着社会环境的变化,市场调查发挥的作用越来越重要,市场调查有了更全面的定义。市场调查是指应用科学的方法,有目的地、系统地搜集、记录、整理和分析市场情况,了解市场现状及其发展趋势,为企业决策者制定政策、进行市场预测、作出经营决策、制定计划提供客观、正确的依据。市场调查过程中,企业通过运用科学的调查方式与方法,对特定时空范围内的市场调查对象的各种信息进行系统的搜集、整理和分析,依据一定的理论原则,提出解决问题的建议。

　　市场调查通常有狭义和广义之分。狭义的市场调查是从市场营销的角度定义市场调查,认为市场调查就是对消费者进行调查研究,是以科学的方法和手段收集消费者对产品购买及其使用的数据、意见、动机等有关资料,通过分析研究识别、定义市场机会和可能出现的问题,制定和优化市场营销组合策略,并评估其效果。广义的市场调查是从整个市场的角度定义市场调查,认为市场调查是运用科学的方法和手段收集产品从生产者转移到消费者手中的一切与市场活动有关的数据和资料,并进行分析研究的过程。广义的市场调查将调查范围从消费和流通领域扩展到生产领域。根据美国市场营销协会的解释,广义的市场调查不仅包括消费者调查,还包括市场分析、销售分析、广告研究、营销环境研究等多方面的调查研究。

1.1.2　市场调查与管理决策

　　20 世纪 50 年代以后,特别是 20 世纪 60 年代以来,由于现代科学技术的发展和诸多新兴学科的出现,管理学家在管理职能中加进了创新和决策职能。决策理论学派的代表人物西蒙提出决策职能,他认为决策贯彻于管理的全过程,是管理的核心。管理的决策职能不仅在各个层级的管理者中体现,而且在各项管理活动中也有体现。决策就是在组织外部环境及内部条件约束下,为实现组织特定目标,从所拟定的若干个备选方案中选出较为满意的方案,并将其付诸实践的管理活动。

　　决策是决定组织管理工作成败的关键。一个组织管理工作成效的大小,首先取决于决策的正确与否。决策正确,可以提高组织的管理效率和经济效益;决策失误,则一切工作都会徒劳无功,甚至会给组织带来灾难性的损失。因此,对每个决策者来说,不是是否需要作出决策的问题,而是如何使决策做得更好、更合理、更有效率的问题。同时,决策是实施各项管理职能的保证,贯穿于组织的各个管理职能之中。在组织管理过程中,管理职能若要发挥作用,则离不开决策,无论是计划、组织职能,还是领导和控制等职能,其实现过程都需要决策。没有正确的决策,管理的各项职能就难以充分发挥作用。

　　管理决策是为了实现战略决策而对企业内部管理进行有效的组织、协调,使企业的生产、技术、经济活动正常进行的一种决策。其包括劳动组织的调整、重要的人事调配、资金的运用、设备的选择、年底生产经营计划的制定、现代管理科学的方法等方面的决策。

随着生产的发展、科技的进步和经济的增长，组织规模的扩大，管理者与被管理者的关系复杂化。为处理这些错综复杂的关系，管理者需要花费大量的时间与精力，而每个管理者的能力、精力与时间都是有限的，因此产生了管理层级，如图1-1所示。管理决策是组织中的中层管理者为了保证总体战略目标的实现、解决组织局部重要问题而作出的决策。管理者在进行决策过程中，需要根据事先搜集、记录、整理的各类信息进行科学的分析和判断，因此必须通过恰当的调查方式和方法，为组织面临的问题作出正确决策。

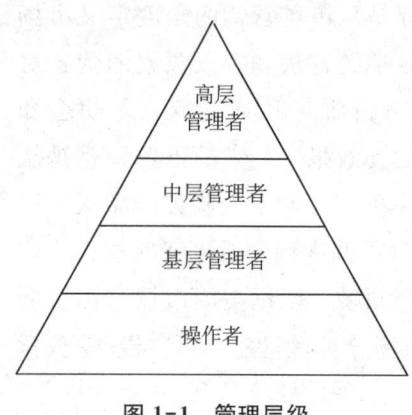

图1-1　管理层级

决策是管理的基础。决策是为达到一定目标，从两个以上的可行方案中选择一个合理方案的分析判断过程，即决策是决策者经过各种分析研究之后，对应当做什么和应当怎么做所作出的决定。如果只是对计划工作进行研究和分析，而没有决策，就没有合乎理性的行动，因而决策是计划工作的核心。而计划工作是进行组织工作、人员配备、指导与领导、控制工作等的基础。因此，从这种意义上说，决策是管理的基础，是从各个备选方案中选择一个方案作为未来行为的指南。

1.1.3　决策过程

决策是解决问题的过程。管理人员每天要解决的问题很多，问题的难度和特点也会不一样，如果能够找到解决问题的共同思路，那么不仅有助于问题的解决，还有助于管理工作效率的提高。决策过程的研究就是为了达到这种目的。

典型的决策过程包括四个阶段，如图1-2所示。对于非程序化决策而言，决策过程更具有应用价值，决策者几乎需要利用整个过程；而程序化决策因其可以通过规则或政策加以解决，因而没有必要投入很多时间制定、评价和选择行动方案。

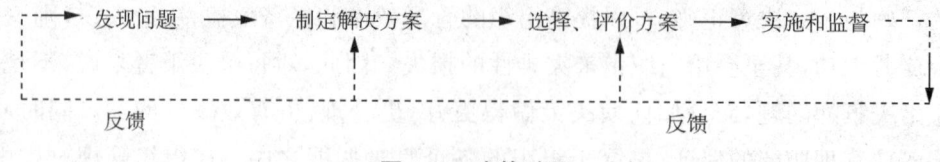

图1-2　决策过程

1. 发现问题

发现问题作为管理决策过程的初始阶段，目的是为整个决策做好准备。这一阶段的工作主要包括识别问题、诊断原因和识别目标三项具体活动。其中，识别问题主要是为了鉴别出那些问题与预期结果产生的偏离,也就是说需要作出决策的对象;诊断原因是为了发现导致决策对象偏离预期目标的因素;识别目标是为了确定本次决策所要达到的目的。通常,一项完整、科学的调查活动不仅意味着准确地鉴别出发生偏离、找出导致偏离的根本原因和确定合理的决策目标,而且要求收集到足够多的决策信息,尽可能减少费用。

2. 制定解决方案

一般来说,决策过程中只有一个行动方案的情况是较少的。没有选择就无所谓抉择。可供选择的行动方案是指用来解决某一问题的、两个或两个以上的行动方案。这一阶段的目标是根据所发现的问题,在决策者面临的众多约束条件的限制下,尽力寻找出多个可行的行动方案,并对每个行动方案的潜在结果进行预测。在选择行动方案时,决策者越能理解和解释对实现所要达到的目标起限制作用和重要作用的那些因素,就越能既清楚又准确地选出最有利的方案。许多管理者是根据经验制定备选方案的,而制定备选方案的最好方法是创新,即发掘出既不是因袭自己过去的经验,也不是抄袭他人的经验,而是最能切合现实问题的新方案。值得注意的是,备选方案相互之间必须是相互排斥的,因为只有这样才有可能进行选择和必须进行选择。

3. 选择、评价方案

制定出各种备选方案后,下一步就是根据决策目标的要求比较各种方案可能的执行结果,看它们对目标的满足程度,然后作出选择和评价。只有两个方案供抉择的情况是很少见的。常见的情况是从三个以上的方案中进行选择,可能会选择一种新的行动方案,也可能选择什么都不做改变的方案。对方案进行评价、作出正确的抉择不是容易的事情。只有一个正确抉择而其他的都不正确的情况是罕见的。相反,组织的决策多数不是"非黑即白",而是"灰色"的。在权衡备选方案时,注意考虑两个问题:第一,决策是否有助于达到决策的目标;第二,决策是否体现了最大限度的经济效益。

4. 实施和监督

只有有效地实施决策,才有可能实现决策目标。一项科学的决策很有可能由于实施方面的问题而无法获得预期成果,甚至归于失败。正是从这个意义上说,实施决策比评价、选择行动方案更重要。决策工作不仅仅是制定并选择最满意的方案,而且必须在组织中将方案转化为实际行动,并制定出能够衡量其进展状况的监测指标。

1.1.4 决策方法

决策方法主要分为两大类:定性决策方法和定量决策方法。没有一种方法是万能的,关键在于如何根据具体决策问题的性质和特点灵活运用。

1. 定性决策方法

定性决策方法是指难以量化或难以作出精确数量分析的决策,可以根据管理者和专家的经验、知识、判断能力及胆略，通过定性判断寻求问题的最佳解决方案的决策方法。用于程序化决策的定性决策方法有借鉴法，即借鉴以往处理这类问题的惯例；用于非程序化决策的定性决策方法有头脑风暴法、电子会议法、德尔菲法、淘汰法等。

定性决策方法的优点如下：方法灵便，通用性广，容易被一般管理者接受，而且特别适合于非常规决策，同时还有利于调动专家的积极性，提高他们的工作能力。其缺点如下：由于它是建立在专家个人直观的基础上，所以缺乏严格论证，易产生主观性；容易受到决策组织者个人偏好的影响。

2. 定量决策方法

定量决策方法是指建立在数学工具基础上的决策方法，其核心是把决策的变量与变量、变量与目标之间的关系用数学式表示出来（即建立数学模型），然后根据决策条件，通过计算求得答案。这种方法适用于决策过程中的任何一步，特别适用于方案的比较和评价。在决策时要运用复杂程度不同的数学工具。常用的定量决策方法包括：边际分析法、费用效果分析法、概率法、效用法、期望值法、博弈论法、线性规划法等。

定量决策方法的优点如下：第一，提高了决策的准确性、最优性和可靠性；第二，可使领导者、决策者从常规的决策中解脱出来，把注意力专门集中在关键性、全局性、重大且复杂的战略决策方面，从而帮助领导者提高重大战略决策的正确性和可靠性。其缺点如下：第一，对于许多复杂的决策来说，仍未见可以运用的、简便可行的数学手段，在许多决策问题中，有些变量无法定量；第二，数学手段本身深奥难懂，很多决策人员并不熟悉它，掌握起来也不容易；第三，运用数学手段或计算机的成本高，其一般只用在重大项目或具有全局意义的决策问题上，而不直接用于一般决策问题。

1.1.5 市场营销信息系统

一个企业要想在营销活动中获得成功，就需要获得各种举足轻重的营销信息。市场营销人员的基本任务之一便是成功地获得市场营销信息，为企业决策提供各种可行方案。企业在开展市场营销活动的过程中，必须充分地运用各种调查方法与手段，掌握市场动态，准确对市场作出判断并进行有效预测。

市场营销信息系统是指一个由人员、机器和程序所构成的相互作用的复合体。企业借助市场营销信息系统收集、挑选、分析、评估和分配适当的、及时的和准确的信息，为市场营销管理人员改进市场营销计划、执行和控制等工作提供依据。市场营销信息系统的起点和终点均为市场营销的管理人员，其基本步骤如下：首先是评估信息；其次是从公司记录、营销情报部门或市场研究中获得信息，并通过分析使信息更加有用；最后，市场营销信息系统通过适当形式，并在适当的时间，将整理好的数据传给管理者，供他们决策时使用。

建立市场营销信息系统的目的就是收集、分析、评价和运用适当的、准确的信息，帮助营销人员和决策者实现营销决策、营销规划,执行营销活动,提高其理解、适应乃至控制营销环境的能力。市场营销信息系统主要包括内部报告系统、市场营销情报系统、市场营销研究系统、市场营销分析系统,如图1-3所示。

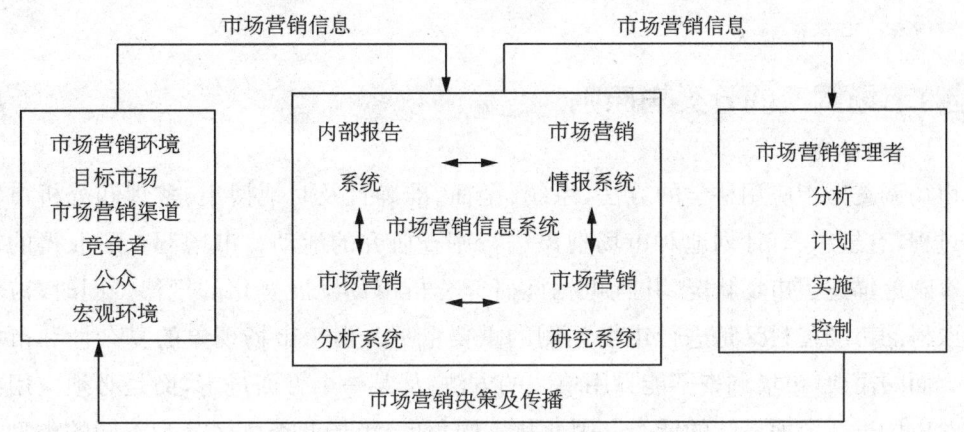

图1-3 市场营销信息系统

1. 内部报告系统

内部报告系统(Internal records)的主要任务是由企业内部的财务、生产、销售等部门定期提供控制企业全部营销活动所需的信息,包括订货、销售、库存、生产进度、成本、现金流量、应收应付账款及盈亏等方面的信息。企业营销管理人员通过分析这些信息,比较各种指标的计划和实际执行情况,及时发现企业的市场机会和存在的问题。

2. 市场营销情报系统

企业的市场营销情报系统(Marketing intelligence)是指企业营销人员取得外部市场营销环境的有关资料的程序或来源。该系统的任务是提供外界市场环境的有关动态的信息。企业通过市场营销情报系统,从各种途径取得市场情报信息,如查阅各种商业报刊、文件、网上信息;直接与顾客、供应者、经销商交谈;与企业内部有关人员交换信息等;雇用专家收集有关的市场信息、向情报商购买市场信息等。

3. 市场营销研究系统

市场营销研究系统(Marketing research)是指关于企业所面临的明确具体的市场营销情况的研究工作程序或方法的总体。其任务是针对确定的市场营销问题收集、分析和评价有关的信息资料,并对研究结果提出正式报告,以供决策者针对性地解决特定问题,减少由主观判断造成的决策失误。各企业所面临的问题不同,其市场研究的内容也不同。市场研究的内容主要涉及市场特性的确定、市场需求量的测量、市场占有率分析、销售分析、企业趋势研究、竞争产品研究、短期预测、新产品接受性和潜力研究、长期预测、订价研究等。

4. 市场营销分析系统

市场营销分析系统(Information analysis)是指一组用来分析市场资料和解决复杂市

场问题的技术和技巧。这个系统由统计分析模型和市场营销模型两部分组成，前一部分是借助各种统计方法对所输入的市场信息进行分析的统计库；后一部分是专门用于协助企业决策者选择最佳的市场营销策略的模型库。

1.2 市场调查的分类与原则

市场调查是指应用科学的方法，系统、全面、准确且及时地搜集、整理和分析市场现象的过程，有组织、有计划地对市场现象进行调查研究的活动。市场调查所取得的市场资料客观地描述了市场状况，并且可据此研究分析市场发展变化的规律。同时，市场调查所取得的市场资料又是进行市场预测的重要依据。由于市场现象的复杂性和市场经营多方面的需要，市场调查不能只用单一的方法、从某一个方面进行，而是必须应用各种方法对市场进行全面系统的调查。因此从不同角度，市场调查可区分为不同的类型。这有利于全面系统地理解市场调查，也有利于明确市场调查的目的和内容。同时，在开展市场调查活动中，企业必须遵守相关原则，以便更好地进行市场调查。

1.2.1 市场调查的分类

1. 根据购买商品的目的分类

根据购买商品的目的不同，市场调查可分为消费者市场调查和产业市场调查。消费者市场又称生活资料市场，是指消费者为满足个人或家庭消费需要而购买生活资料或劳务的市场。消费者市场的购买目的是满足个人或家庭的生活需要。消费者市场是最终产品的消费市场，是社会再生产消费环节的实现。消费者市场调查的主要目的是了解消费者需求数量和结构及其变化。消费者的需求数量和结构的变化受到多方面因素影响，如人口、经济、社会文化、购买心理和购买行为等。消费者市场调查，除了调查了解需求数量及其结构外，还必须对相关的影响因素进行调查。

产业市场又称为生产资料市场，是指生产各种为满足生产活动需要而购买生产资料或劳务的市场。其购买目的是生产出新的产品或进行商品转卖。产业市场是初级产品和中间的消费市场，涉及生产领域和流通领域。产业市场调查主要是对市场商品供应量、产品的经济寿命周期、商品流通渠道等方面的内容进行调查。

这两种类型的市场，不论是从购买对象、购买商品，还是从购买活动的特点上看，都有所不同。消费者市场的商品购买者是消费者个人；购买的商品是最终产品、主要是生活资料；购买活动是经常的、零星的或少量的，并且由于商品消费是可以相互代替的，因而购买活动具有一定弹性；购买者一般缺乏专门的商品知识，服务质量的高低对商品的销售量影响极大。产业市场的商品购买者主要是生产企业、事业单位；购买的商品是最初产品和中间产品，或者为生产资料；购买活动具有定期性、数量大和缺乏一定的弹性；同时，产业市场的购买者有专门知识，一般都有丰富的经验。

尽管消费者市场和产业市场不同，但两者之间有着密切的联系。它们之间最基本的联系就是，产业市场的商品购销活动要以消费者市场为基础。因为消费者市场所反映的需要才是真正的最终消费需要。

2. 根据商品流通环节分类

根据商品流通环节不同，市场调查可分为批发市场调查和零售市场调查。批发市场调查就是对批发市场的规模、参与者、流通渠道及商品交易状况进行的调查。批发市场的主要职能是把产品从生产领域输送到流通领域。这是商品进入流通领域的第一个环节，沟通起生产和销售之间的经济联系。批发市场流通的商品批量大、数量多，既包括生产资料商品，也包括生活资料商品。因此，批发市场的经营对促进商品流通、保证商品供应具有重要意义。批发市场调查的主要内容如下：批发市场的参与者及构成情况；批发商品流转环节的不同层次；批发市场商业网点的布局；批发商品购销形式，批发市场的数量和规模；批发市场经营管理状况等。

零售市场调查主要是指对零售市场的商品供需、零售渠道以及网点情况分布进行的调查。零售市场是商品流通的最终环节，主要满足个人的生活消费和企业、事业单位的非生产性消费，与人民生活有着密切的关系。对零售市场的调查，可以了解消费需要的动向，对于企业调整经营结构、改进经营管理、提高经营决策水平具有十分重要的意义。零售市场调查的主要内容如下：零售市场参与者及其构成情况；零售商业企业类型、零售商业网点分布状况及其发展变化情况；不同形式零售商的数量及其在社会零售商品流转中的比重；消费者在零售市场上的购买心理和购买行为；零售商品的数量和结构；零售市场经营管理状况等。

3. 根据市场调查目的和深度分类

根据市场调查目的和深度的不同，市场调查可分为探索性调查、描述性调查、因果关系调查和预测性调查四种类型。

（1）探索性调查。探索性调查也称非正式市场调查，其主要目的是对市场进行初步探索。探索性调查是在情况不明时，为了找出问题的症结和进一步深入调查的具体内容和重点，而进行的非正式的初步调查。例如，在营销过程中，发现某种商品的销售突然发生变化，要弄清其原因是商品质量问题还是价格或销售渠道等问题，就需要用探索性的调查方法来寻找答案。初步发现问题的症结所在，为进一步调查做好准备。探索性调查，一般不必制订严密的调查方案，往往采取简便的方法，要求调查人员有敏锐的洞察力、丰富的想象力和创造力，及时掌握一些初步信息资料，以便较快地得出调查的初步结论。

这类调查收集资料的途径主要有：第一，收集二手资料，如政府公开发布的统计报表、学术刊物发表的研究文章等;第二,访问对本次调查主题熟悉的专家、业务人员等,或召开座谈会等方式;第三,参考以往出现过的类似案例。

(2)描述性调查。描述性调查是指对需要调查研究的客观对象的有关资料进行收集、记录、分析。这类调查比探测性调查更深入精细,需要事先拟订调查方案,进行实地调查,搜集第一手资料。其目的是要摸清问题的过去和现状,并在此基础上寻求解决问题的办法与措施。例如,市场潜在需求调查、商品普及率调查、市场占有率调查、消费行为调查、竞争调查、新产品开发调查等,均属于描述性调查。

(3)因果关系调查。因果关系调查是指为了弄清有关市场变量之间的因果关系而进行的专题调查。在市场经营中,常常有多种因素影响商品的销售,某些因素之间存在着因果关系,如价格与利润率、广告与销售量等。在众多影响销售的因素中,起主导作用的因素很重要,需要对它们之间的因果关系或变化规律进行调查分析。因果关系调查以搜集有关市场变量的数据资料为主,并运用统计分析和逻辑推理的方法找出它们之间的相互关系,判明何者是原因(自变量),何者是结果(因变量)。可见,因果关系调查是在描述性调查的基础上,对某些问题的进一步深化调查,是找出问题关键、探讨解决办法的一个重要步骤。

(4)预测性调查。预测性调查是指通过搜集、整理和分析历史资料与现有的各种市场情报资料,运用数学方法,对未来可能出现的市场商情变动进行的调查。这类调查属于市场预测的范围,是在描述性调查和因果性调查的基础上,对市场的潜在需求进行的估算、预测和推断。在市场竞争激烈的情况下,为了避免因盲目生产和进货而导致产销脱节或购销脱节,企业就必须进行市场调研和预测市场潜在需求,以把握市场机会。

4. 根据调查组织的方式分类

市场调查的组织方式是指如何处理被调查对象总体,而不是具体地收集市场资料的方法。根据调查组织方式的不同,市场调查可分为全面市场调查和非全面市场调查。

全面市场调查又称为普查,是对市场调查对象总体的全部单位进行的调查,其目的是了解市场的一些至关重要的基本情况,对市场状况作出全面、准确的描述,从而为制定有关政策、规划提供可靠的依据。这种调查方式的调查结果虽然比较全面、正确,但不易进行,需要在一定的人力、物力的支持下才能开展。

非全面市场调查是指对总体中的部分单位调查,它又分为市场典型调查、市场重点调查和市场抽样调查。市场典型调查是指从总体中选择具有代表性的部分单位作为典型进行的调查,其目的是认识同类市场现象总体的规律性及其本质;市场重点调查是指从调查对象总体中选择少数重点单位进行调查,其目的是反映市场的基本情况;市场抽样调查是指根据概率原则抽出适当样本进行的调查,其结果可以控制,在市场调查中应用较广。

5. 根据产品层次分类

根据产品层次的不同,市场调查可分为很多不同商品类别或商品品种的市场调查。

如根据市场商品大类的不同,市场调查可分为食品类、衣着类、文娱用品类、日用品类、医药类、燃料类等的市场调查。按商品大类进行的市场调查,其资料可以用来研究居民的消费结构及其变化,且可用来从总体上研究市场。各种商品大类的市场调查,还可进一步区分为不同的小类或具体商品的市场调查。如按食品大类,可分为粮食类、副食类、蔬菜类、干鲜果类、调味品类等小类商品的市场调查;按副食类商品,又可具体分为肉、禽、蛋、鱼等商品的市场调查。分商品小类和具体商品进行市场调查,所取得的资料对于研究不同商品的供求平衡、组织商品的生产与营销、提高企业的经济效益是必需的,对于市场的宏观研究也有重要作用。

6. 根据空间和时间层次分类

根据空间层次的不同,市场调查可以分为国际市场调查和国内市场调查。国内市场调查又可分为全国性市场调查、地区性市场调查;国内市场调查还可分为城市市场调查、农村市场调查。不同空间或地域的市场,具有商品需求数量和结构不同的特点。按不同空间层次所组织的市场调查,对研究不同空间市场、合理地组织各地区商品生产与营销、地区间合理的商品流通,有十分重要的作用。

根据时间层次的不同,市场调查可分为经常性市场调查、一次性市场调查、定期性市场调查。经常性市场调查是指对市场现象的发展变化过程进行连续观察的调查;一次性市场调查则是指为了解决某种市场问题而专门组织的调查;定期性市场调查是指对市场现象每隔一段时间就进行一次的调查。它们分别研究不同的市场现象,满足市场宏观、微观管理的需要。

除了上述常见的市场调查分类之外,市场调查还可以根据调查的范围分为需求市场调查和供给市场调查;根据调查的内容分为定性市场调查与定量市场调查等。但无论进行怎样的分类,都是为了更好地获得市场信息,是为了对市场进行全面、系统、深入的研究。市场调查人员应根据不同类型的市场调查的特点,依据市场调查的目的,选择适当的调查方法和技术,取得满意的调查结果。上述分类是相互联系的,必须综合考虑,在市场调查实践中科学地运用。

市场调查方式的区别,不但表现在调研对象范围的不同和选取调查单位方法的不同;而且也表现在市场调查过程中搜集、整理、分析资料方法的不同。不同市场调查的组织方式必须配合适当的搜集资料的方法,这样才能很好地完成市场调查的任务。

1.2.2　市场调查的一般原则

1. 真实性和准确性原则

市场调查所提供的资料,必须具有真实性和准确性,这是市场调查最基本也是最重要的原则。市场现象是客观存在的,又是复杂多变的。在市场调查中,调查人员必须对市场现象做真实的描述,必须排除主观倾向和偏见的影响。调查人员应在不受任何人或管理部门的影响下从事市场调查活动,不能隐瞒真相或夸大其词,要保证市场调查资料客观地反映市场的真实情况。市场调查还必须做到准确性,由于市场现象是复杂多变的,要做到准确地反映市场情况,就必须采用适当的调查组织方式和搜集资料的方法,对所搜集的资料认真检查审核,市场调查的全过程都要做到精益求精,调查误差尽可能缩小,不应该有系统性偏差和干扰。调查结果描述必须明晰、准确,不能含糊不清、模棱两可。调查人员和调查机构应该自始至终保持客观的态度去寻求反映事实真实状态的准确信息,这是必须遵循的职业道德。

2. 全面性和系统性原则

市场调查的资料必须具有全面性和系统性。该原则是指市场调查必须全面系统地搜集市场经济的有关资料。只有这样,才能充分认识调查对象的系统性特征,从大量的市场经济信息中认识事物发展的内在规律和发展趋势。市场现象不是孤立、静止的,市场现象与政治、经济、文化、风俗、法律等社会现象有着千丝万缕的联系;市场现象随着时间、地点、条件的变化而不断发生变化。在进行市场调查时,调查人员必须对相互联系的市场现象及各种影响因素做全面性的调查,而决不能片面地观察市场;调查人员必须对市场现象发展变化的全过程进行系统性地调查,从多方面反映影响调查对象发展变化的各种内外因素,特别要抓住本质的、关键的因素,不能将片面的表现作为市场现象的普遍规律。全面性和系统性原则,既是正确认识市场的条件,又是进行市场预测的需要。同时,市场调查活动应该具有连续性,以便不断积累信息,进行系统地动态分析和使用。

3. 经济性原则

经济性原则又称节约性原则是指市场调查应按照调查的要求,选择恰当的调查方法,争取用较少的费用获取更多的调查资料。市场调查必须考虑到经济效果,要以尽可能少的费用取得相对满意的市场调查资料。通常,在市场调查内容一定的条件下,采取不同的市场调查方式,会产生不同的市场调查费用;在市场调查费用一定的条件下,采用不同的市场调查方式,又会取得不同的调查效果。所以,选择适当的调查方式是十分关键的。在市场调查中,必须根据明确的调查目的,确定市场调查的内容项目,选择适合的调查方式。在满足市场调查目的的前提下,要尽量简化调查的内容与项目,采用的调查方式也要相对简易。调查人员决不能随意增加调查内容项目,也不要扩大调查的范围和规模,避免造成人力、物力、财力和时间的不必要的浪费。

4. 时效性原则

时效性原则是指搜集、发送、接收、加工、传递和利用市场调查资料的时间间隔短、效率高。随着互联网时代的到来,信息呈现出的重要价值使市场调查资料的获取必须注重时效性,只有这样才能提高调查资料的价值。市场调查人员应及时获取市场上任何有用的情报、信息,及时分析、及时反馈,为企业在经营过程中适时地制定和调整策略提供依据。市场调查要及时进行,一旦开始相关的调查工作,就要充分利用有限的时间尽可能多地收集所需的资料和信息。调查工作的拖延,会增加费用支出,也会使生产或经营决策滞后。调查资料的传递渠道要畅通,对调查资料的加工效率要高,尽量缩短从搜集到使用的时间。

5. 科学性原则

市场调查应在时间和经费允许的情况下,尽可能获取更多更准确的市场信息。为此,必须对市场调查的全过程作出科学的安排。应当采取科学的方法去定义调查问题、界定调查内容与项目、设计调查方案、采集数据、处理数据和分析数据。市场调查的结果必须是在科学处理分析的数据和资料的基础上,以调研报告和数据表的形式向社会或委托人公布。调查中发现的问题、受到的启示和有关建议均应在报告中提示,以帮助管理决策部门利用这些信息作出正确的决策。

市场调查的各项原则是相互联系的,在市场调查中要将各项原则综合应用,将其贯穿于市场调查的始终。

1.3　市场调查的产生与发展

市场调查作为一种获取市场信息的手段,是伴随着商品经济的产生而产生的,并伴随商品经济的发展而发展。自然经济时代,生产水平和劳动生产力都相对较低,劳动者生产出来的产品基本只能满足自己的需要,交换达不到市场预期,市场调查没有发展条件。随着生产水平和劳动生产率的提高,商品经济产生并快速发展,劳动者生产出来的产品进入市场进行交换和销售。只有在对市场信息搜集工作的需要日益显现后,市场调查才能够得以发展。到了工业革命时代,资本主义经济制度在美国和欧洲一些主要国家得到巩固,商品经济获得极大发展,市场规模日益扩大,竞争越来越激烈。生产者只有了解市场动态、及时掌握市场信息,才能在竞争中取胜,这使得市场调查得到进一步发展。进入 20 世纪,市场调查作为一门学科得以建立和完善,并伴随数学方法的改进、计算机的普及以及互联网的发展而快速发展。

1.3.1　市场调查的起源

市场调查作为市场经济的产物,它的产生和发展受到了理论与实践两个方面的推动。市场调查最早源于美国,可以追溯到 19 世纪。1879 年美国的代理商 N. W. Ayerandson,曾针对农业机器厂商实施广告媒体调查,这被称为世界上最早的市场调查。随着市场营销理论研究在美国的逐渐兴起和发展,市场调查便开始作为一项重要的研究内容得到重视。1911 年,美国纽约的柯蒂斯出版公司聘请佩林担任其出版公司商业调查部经理。在此期间,他编写了《销售机会》一书,这是第一本有关市场研究的专著,内容包括美国各大城市的人口分布、人口密度、收入水平及相关资料。在该书中，他率先把市场调查理论和实践结合起来，这对市场调查的后续发展起到了关键的指导和促进作用，因此佩林也被推崇为市场调查学科的先驱。柯蒂斯出版公司的商业调查部曾先后对农具销售、纺织品销售和百货公司进行系统的调查。

从20世纪初到20世纪30年代，市场调查在各个领域开始发展。1911年凯伦克广告公司率先采用邮寄卡片的调查方法；1914年哈佛大学成立商业调查研究所；1915年美国的橡胶公司成立商业调研部；1917年斯威夫特公司成立商业调研部；1918年西北商业学校创建了所属的商务调查所；1919年美国芝加哥大学的邓肯教授发表了《商业调研》一书，这是市场调研方面的第一本学术专著；1921年怀特发表了《市场分析》，这是第一本调研手册；1929年，在美国政府的支持下，全美进行了一次分销调查，内容涉及市场结构、商品销售通道、中间商和分配渠道、中间商的经营成本等，为企业提供了较为系统和准确的市场信息资料，这次调查被视为美国市场调查的里程碑。这段时期，美国的多所大学创建了所属的市场调查所，有关市场调查的学术专著、手册和教材开始陆续出版并产生了一批有影响的著作。美国的一些企业也开始应用市场调查技术并借此为企业营销服务，企业成立的市场调研部获得了成功。在1910—1920年，问卷设计兴起，问卷调查成为当时主流的市场调查方式。

随着企业管理手段、方法和工具的改进，企业的生产率得到了快速提高，生产能力的增速超过市场需求的增速。这一历史背景刺激了部分企业转变经营理念，它们开始重视市场的需求和产品的销售。企业逐渐意识到收集市场信息特别是消费者信息，对制定科学促销策略和生产经营策略的重要性。市场调查逐渐成为一些企业的自觉行为。因此，可以说20世纪前30年是市场调查在全球的启蒙和兴起阶段，美国是世界市场调查业产生的源头，那时的市场调查在世界其他国家和地区基本处于空白。但这一时期的市场调查还处于探索期，其理论体系并不成熟，只有少数企业零星地以市场调查的理论知识指导企业的实践。

1.3.2　市场调查的发展

随着全球经济的快速增长，企业逐渐认识到市场调查的重要作用，越来越多的企业开始在生产经营活动中运用市场调查的思维、理论和方法，以提高企业的市场竞争力。

从20世纪30年代开始，市场营销理论与市场调查理论得到了进一步的发展，也越来越呈现出国际化进程，越来越多的国家和地区开始研究和探讨相关理论。1937年美国市场营销协会资助的出版物《市场调查技术》问世，该书汇集了有关市场调查理论和实践两方面的知识，这促使市场调查正式成为大学商学院的课程之一。同年布朗的《市场调查与分析》出版，该书一经推出就作为有关市场调查方面的教材而被广泛使用。

20世纪30年代末到20世纪40年代初，样本设计技术获得很大进展，抽样调查兴起。调查方法的革新使市场调查方法的应用更加广泛。20 世纪 40 年代,罗伯特·莫顿和肯德尔又创造了"焦点小组"方法,这使抽样技术和调查方法取得很大进展。1946 年,著名社会学家莫顿和邓德尔在《美国社会学杂志》上发表专文,对"焦点小组"方法进行了系统的论述,并且该方法在其后的几十年里一直应用于商业性的市场调查中。这一时期,市场调查处于快速发展阶段,理论研究和企业实践丰富了市场调查理论体系和内容,市场调查研究的对象更加精深、范围更加广泛,市场调查方法也更加多样,但这一时期的市场调查仍然只是在少数几个发达国家发展,而在广大发展中国家中,其尚处于空白。20 世纪 40 年代后,有关市场调查的书籍陆续出版,越来越多的大学商学院开设市场调研课程,教科书也不断翻新。在此期间,配额抽样、随机抽样、消费者固定样本调查、问卷访问、统计推断、回归分析、简单相关分析、趋势分析等理论也得到了广泛地应用和发展。1949 年,全美有 200 多家专门从事市场调研的公司,仅尼尔森公司一家,1962 年营业额就越过了 4 000 万美元。

第二次世界大战后,特别是 20 世纪 40 年代末之后,各国经济开始复苏,在第二次科技革命的推动下,社会生产力得到极大提高、产品日益丰富、消费者需求水平不断提高,这使市场竞争更趋激烈。买方市场的大规模形成,迫使企业更加关注消费者和市场。市场调查成为企业运营过程中的一个关键性环节,诸多公司开始在组织结构上设置正规的市场调查和研究部。市场调查进入发展的新阶段,主要表现为调查方法的创新、分析方法的发展和电脑技术的应用,并形成了一股研究市场调查方法的热潮。计算机和信息技术的发展,使各种统计技术和软件(如运筹学、多元统计分析等)被大量运用到市场调查中。同时,随着市场营销和市场调查理论、方法在世界范围内的普及,市场调查的理论体系日益充实和完善,各种各样的专业性市场调查公司开始出现在各国市场上,这标志着市场调查开始形成一个具有巨大发展潜力的朝阳产业,市场调查进入了全面推广、规范和成熟阶段。经过这么多年的发展,西方国家大约 73%的公司都设立有市场调查和研究部门,美国有 1 300 多家公司直接从事市场调查和咨询服务业。美国大多数的大公司也会将其销售额的 0.1%～3.5%用于市场调查,其中 25%～50%支付给专业市场调查机构。美国企业每年花在市场调研方面的费用超过 100 亿美元。市场调查的结果在企业决策中越来越起着举足轻重的作用,同时,社会和企业对市场调查的普遍重视和广泛应用又反过来促进了学科的发展。很多大学把市场调查作为重要课程,有关市场调查的书籍、教材、报纸、杂志大量地出版发行。市场调查的理论、方法、技术越来越高级、系统和实用。

随着社会进一步发展,大多数国家都先后成立了全国性的市场调查组织,并设立了大量的国际性市场调查组织;国际性的市场调查准则得到实行,如《市场营销和社会调查业务国际准则》;各种调查技术,如动态分析、运筹学运用、态度测量表、多元回归分析、数理模式、计算机模拟、经济计量模型、决策理论和方法等都得到创新和发展。计算机的普及又促进了各种分析工具的应用,如 SPSS、SAS 等。这些分析工具大大促进了分析速度以及简化了分析过程,进一步推动了市场调查行业的电脑化。至今,市场调查业以及有关市场调查的理论和方法依然在发展完善中。

1.3.3　我国市场调查的情况

市场调查在发达国家已有 100 多年的历史,目前已发展到相当高的水平。我国的市场调查虽然起步较晚,但发展比较快。中华人民共和国成立后,国家、地方及各部门都设立了统计机构,以对国民经济、社会发展等资料进行全面的调查。但在开始阶段,市场调查仅在零星片段、局部地区开展,如 1923 年清华大学陈达教授组织的人力车夫和校工家庭生活费用调查,1927 年上海纱厂对 200 名工人家庭进行的全年记账调查,1938 年和 1942 年金陵大学农业经济系和社会系先后组织的职工家庭生活情况的调查等。这些对居民生活状况的研究,只是作为编制生活费用指数的依据,不能算是真正的市场调查。

1980 年 4 月国务院批准了《国家统计局　国家劳动局　中国人民银行　商业部　中华全国总工会关于恢复职工家庭生活调查工作所需人员问题的报告》,同意恢复职工家庭生活调查,这是我国历史上第一个由政府组织的调查。1982 年、1990 年,国家统计局进行全国范围内的两次普查,这为调整我国国民经济发展计划和人口政策提供了重要的数据依据。1984 年,民办的北京社会与经济发展研究所在内部成立了社会调查中心。1986 年,我国成立了北京社会调查所(后改称中国社会调查所、中国市场调查所)和北京社会调查事务所(后改称中国社会调查事务所),其中杜岩先生所领导的北京社会调查所(后文简称,社调所)是较早将民意调查结果推向媒体的机构。

自 20 世纪 80 年代中期,我国市场研究一直呈现高速发展的态势,其主要体现在市场调查公司数量的快速增长。20 世纪 80 年代末开始我国相继出现一些市场调查公司,1988 年 4 月 23 日,广州市场研究公司(GMR)正式获得广州市工商局核发的营业执照,这标志着我国第一家自筹资金、自负盈亏的专业市场研究公司的诞生。这段时期,市场调查公司只有几家,但随后市场调查业在我国得到了巨大的发展,各种性质的独立的市场调查机构大量涌现,产生了一批颇具实力的专业市场调查公司,如央视-索福瑞媒介研究有限公司、北京零点研究集团等商业性市场调查公司,它们已经成为行业内具有一定影响力和具有带动性的大型市场调查公司。很多国外著名的市场调查公司也纷纷将目光投向中国。1993 年,盖洛普与中方成立的联营调查机构从事市场调查业务,并陆续完成了一些大规模的全国性调查(例如,1994 年 5 月进行的一项涉及 3 000 户的全国范围的抽样调查)。1994 年,美国尼尔森国际公司多次来到中国,寻求与中央电视台及各省级电视台合作以进行收视率调查。亚太地区最大规模的市场调查公司 SRG 集团在北京、上海、广州设立了自己的分公司,并在全国范围内建立了一个大规模的媒介检测网,向客户提供媒体研究、消费者研究、个案研究以及零售研究等市场调查服务。1995 年以来,全国各大城市也相继成立了市场调查机构,市场调查公司像雨后春笋般出现。2005 年我国以市场调查为主业的研究机构约有 1 500 家,2008 年我国市场研究的营业额达到 63 亿元人民币(按当时汇率计算,约 9 亿美元),世界排名第七位。市场调查业的服务内容从最初的以简单数据提供为主,发展成为提供专业化的市场调查与咨询研究报告。

 **思考题**

1. 市场调查的概念是什么? 如何理解市场调查的作用?
2. 简述市场调查与管理决策之间的关系。
3. 决策过程、决策方法与市场调查的联系体现在哪些方面?
4. 怎样理解市场营销信息系统在市场调查中的重要性?
5. 市场调查有哪些分类? 简述不同分类的主要内容以及优缺点。
6. 在企业实际经营中如何坚持市场调查的原则?
7. 市场调查的起源说明什么现象?
8. 简述市场调查的相关概念和原理在经济建设中的综合应用。

 **案例分析题**

著名公司的成功策略

美国阿姆和汉默公司生产的小苏打牙膏是美国洁齿市场五大品牌之一。在牙膏大战的硝烟中,阿姆和汉默公司花了许多时间教育消费者,其宣传词是"你在刷牙时能获得一种更彻底更清洁的感受""使您的牙齿像刚刚被牙医专家清理过一样",激发消费者对这种牙膏的需求欲望。一段时间后,消费者的欲望被带动了起来,阿姆和汉默公司理所当然地成为新分割市场的领导者,并且带动了大批的追随者蜂拥而至欲分杯羹。

强生公司的婴儿用爽身香皂原本是专为婴儿提供清洁保健皮肤的产品,但是在市场策略和对顾客需求变化的研究中,强生公司发现成年人对皮肤越来越重视。于是强生公司决定对这种爽身香皂来一次大胆的细分市场,广告诉求为"成人使用效果也非常好,它将像呵护婴儿的皮肤一样使您的皮肤获得细致深层的护理"。此举居然大受成年消费者的追捧,强生爽身香皂成为护肤的新宠。强生公司成功地为产品找到了新的卖点,赚取了新的分割市场的利润。

众所周知,拜耳阿司匹林曾经一度是止痛剂品牌的领先者,但随着泰诺、阿迪威尔等品牌的出现,拜耳品牌的地位受到了极大的威胁。拜耳公司一方面在这块市场上与这些市场入侵者争夺市场份额,另一方面也在积极地寻找着可以实现差异化的产品需求,以建立新的分割市场。经过不懈的努力,20 世纪 90 年代中期,拜耳公司发现,拜耳止痛剂加上合理的饮食和锻炼能够使心脏病再次发作的机率下降50%以上。这是一个重大的发现,于是拜耳公司紧急组织医学专家进行反复试验以获取数据,取得证实后,拜耳公司毫不客气地把从未患过心脏病的消费者全部囊括其中,声称"拜耳阿司匹林新片剂不但具有止痛功效,而且对于防范心脏病的发作具有明显的效果"。结果拜耳阿司匹林的销量一再攀升,并在市场上赢得了"永久品牌"的称号。

请根据以上情况回答下列问题。

1. 市场调查的重要性体现在哪些方面? 你对市场调查有何深层次理解?

2. 阿姆和汉默公司、强生公司和拜耳公司的案例对你有何启示?

3. 企业决策与市场调查之间有什么关系?

第 2 章

市场调查的内容与程序

 导入案例

宝洁公司中国市场营销案例

目前，宝洁（Procter & Gamble）公司是世界上最大的洗涤和护肤保健品制造商之一，2018 年在世界 500 强排行榜中排名第 135 位。宝洁公司创立于 1837 年，是全球日用消费品界巨头之一。公司总部位于美国俄亥俄州辛辛那提，总雇员近 10 万人，在全球 80 多个国家设有工厂及分公司，所经营的 300 多个品牌的产品在 160 多个国家和地区畅销，其中包括织物及家居护理、美发美容、婴儿及家庭护理、健康护理、食品及饮料等。

1988 年，宝洁公司在中国建立合资企业，注册成立了广州宝洁有限公司。宝洁公司在中国销售的品牌有：玉兰油、海飞丝、沙宣、伊卡璐、飘柔、潘婷、舒肤佳、激爽、佳洁士、护舒宝、帮宝适、碧浪、汰渍等。与其他西方跨国公司相比，宝洁公司进入中国市场较早，改革开放之初就开始在中国市场进行大规模的市场调研工作，1988 年正式成立广州宝洁有限公司，后来又陆续在其他城市成立了若干公司。经过十几年的经营，宝洁公司在中国市场取得了巨大的成功，在品牌数量和市场占有率两方面都处于市场领先地位。中华全国商业信息中心对中国化妆洗涤用品市场的抽样调查显示，截至 1998 年 5 月，在洗发、美容、洗衣粉、香皂和牙膏五类产品的市场占有领先地位的前 5 家品牌中（共 25 个品牌），宝洁公司一家即拥有 8 个品牌，占主要品牌数的近 1/3，市场占有率分别为 43.1%、13.1%、28.1%、27.8%、13.9%。宝洁公司在中国市场的巨大成功一方面与它的全球市场优势地位有关，另一方面得益于它独具中国特色的营销策略。

在品牌营销方面，宝洁公司的独到的营销理念和营销策略起到了决定性作用。宝洁公司的市场分析（以洗发水为例），不是根据消费者人口统计变量特征（如年龄、性别）等，而是依据消费者头发的特性。海飞丝，针对的是需要去屑的头发；潘婷，针对的是需要营养的头发；飘柔，针对的是想要柔顺的头发；沙宣，针对的是想要专业美发的头发。每一个品牌的产品都有其特定的市场，并且每个品牌下的产品又有更具体的细分。例如，潘婷，针对缺少营养的头发，又细分为乳液修复系列、丝质润滑系列、强韧防掉发系列、染烫损伤系列等。可见，宝洁公司产品的市场细分是全面和精准的，几乎覆盖了所有的市场，最大限度地扩大了市场占有率。品牌差异化形成了公司内部的竞争，我们常说"最好的竞争对手就是自己"，宝洁公司内部的竞争使宝洁公司不断地挑战自我，推动宝洁公司不断前进。

宝洁公司的多品牌战略，从功能、价格、包装等各方面划分出多个市场，满足不同层次的顾客需求，从而培养消费者对本企业的品牌偏好，提高其忠诚度，使公司在顾客心中形成实力雄厚的印象，提升宝洁公司的市场领导地位和品牌美誉度。多品牌战略使产品全面覆盖市场，阻止了竞争对手的进入，且各品牌与各自的竞争者竞争，提升了每个品牌的竞争实力。

宝洁公司针对不同的发质进行的市场细分,使每个产品针对不同的发质,并在产品外包装上有明显的说明,这使顾客在选择洗发水的时候能根据自己头发的情况选择合适的产品。宝洁公司在所有的产品上都印了 800 免费电话号码,方便顾客咨询。宝洁公司深入调查顾客需求,把研究消费者需求和消费趋势作为一项最重要的基础性工作来做。宝洁公司在中国推出的第一个产品是海飞丝。当时,经过对中国市场的详细调查,宝洁公司发现许多中国人有不同程度的头皮屑,而国内生产洗发水的厂家又没有这方面的技术,所以经过一年多的时间,海飞丝成为国内去屑洗发水的代表。

由于市场环境的复杂性、产品服务的变动性、消费者需求的多样性,因此在市场研究过程中,有针对性地进行市场细分、开展市场调查活动可以帮助企业顺利开展经营活动,并在激烈的市场竞争中获得竞争优势。根据消费者群体的不同特征,企业需要准确确定市场调查的内容以及采取有效的市场调查方法。宝洁公司成功的案例告诉我们市场调查的内容不仅要准确,更要结合市场上消费者的不同需求展开。市场调查内容和市场调查方案的设计至关重要。

2.1 市场调查的内容

市场调查所涉及的内容很广泛,各种调查者出于不同的调查目的,其市场调查内容各有侧重点。下面将从市场环境调查等方面介绍市场调查的主要内容。

2.1.1 市场环境调查

市场环境是指对企业生产经营活动产生影响的外部因素的总和,包括政治、经济、文化、科技、自然以及竞争等方面。企业生产经营活动与外界环境相适应,就能促进企业各项事业的发展;反之,企业在市场上就无法立足,甚至可能会被市场淘汰。当然,消费者也离不开其所处的社会市场环境。对于企业和消费者来说,市场环境研究都非常重要,企业只有在充分了解市场环境并适应它的基础上,才能真正在复杂多变的环境中取得成功。因此,每一个企业都必须对主要的环境因素及其发展趋势进行深入细致的调查研究。

1. 市场环境调查的内容
1) 市场政治环境调查
政治环境是指企业面临的外部政治形势、状况和制度,分为国内政治环境和国际政治环境。市场政治环境主要是指国家各项政策、方针、法规等。市场政治环境调查主要是了解国家有关政策、方针和法规的具体内容,如国家在一定历史时期生产发展的方针政策、工资政策、物价政策、税收和信贷政策、对外贸易政策等,也包括企业法、经济合同法、环境保护法、商标法、消费者权益法等。这些具体的方针政策和法规对市场有着直接影响,是进行市场调查时必须认真分析和了解的内容。

(1) 经济政策。一般来说,政府的经济政策(包括对外经济政策)是为了适应本国经济条件和利益而制定的。我国各地区产业水平、经济发展程度不同,政府对各地区的经济政策也不同,有些地区的经济政策宽松些,有些地区的经济政策严格些。政府对不同行业采取的政策会在不同时期有所不同,对不同的行业采取不同的优惠、扶持或控制政策,这些都会对企业的经营活动产生影响。进入国际市场的企业还需要进一步了解当地政府的对外经济政策:当地政府对于外国投资是鼓励,还是限制? 对产品优惠、保护、减税或限制、加税的政策是怎样的? 这对投资方或供应方都会产生影响。此外,在不同时期,国家的经济政策也会作出相应的改变或调整,从而影响到各个地区和各个行业,对企业的经营也会产生影响。因此,企业必须对所在地区和所处行业的经济政策进行充分的市场调查,并在此基础上制定企业战略决策和具体营销策略。

(2) 政治体制。政治制度是指统治阶级为实现阶级专政而采取的统治方式、方法的总和,包括国家政权的组织形式、国家结构形式、政党制度及选举制度等。由于国家的类型不同,或同一类型国家所处的具体历史条件不同,其政治制度也会有差异。政治体制是关于国家管理形式、机构设置、实际措施等的具体制度。政治体制可理解为局部的微观的政治制度,是政治制度在政治生活中的具体化,也影响国家根本政治制度的实施和巩固。政治体制方面的调查,是进入国际市场的企业所必须考虑的问题。外国的体制是否与本国相同,是资本主义,还是社会主义? 其政党是多党制,一党制,或者两党轮流制? 各个国家或地区的政治体制,会对国家经济政策、法规的制定和实施产生影响。当地政府对外国产业和投资所采取的积极或消极的态度,都会对企业短期或长期的经营活动产生影响,这些都是市场调查中需要考虑的。

(3) 政策的连续性和政府的稳定性。政策的连续性对于企业有一个良好的外部经营环境具有重要作用。政策随着时间和条件的改变而改变,但相对稳定则是必须的。企业应对政府有关经济政策和法规的目前状况、未来一段时间内将做何调整、会在什么时候、什么条件下做调整等有一定的了解。当地政府的稳定性直接影响对外经济政策的连续性,政府不断更迭所引起的政策多变,换届政府不继续采取上届政府的政策等,都会直接影响企业的长期经营以及一些国际化企业的投资收回和利益。

2) 市场经济环境调查

经济环境主要是指一定时期社会生产的规模、动态、生产、流通、分配和消费的总体状况,宏观经济运行态势,产业结构及其调整,市场总需求与总供给,货币流通,物价总水平,固定资产总投资和交通运输情况等。市场的经济环境主要是指市场所处的人口、收入水平、消费水平及结构、国民经济比例关系等方面的环境。经济环境是制约企业生存和发展的重要因素,企业必须认真调研和分析现阶段和未来一段时期所处的经济环境总体情况。

经济发展水平主要影响市场容量和市场需求结构。经济发展水平增长快,就业人口则会相应增加。而失业率低、企业开工率高以及经济形势的宽松,必然引起消费需求的增加和消费结构的改变。经济特征包括某一地区或国家的人口、收入、自然资源及经济基础结构等,这些因素都在不同程度上影响市场,如每一个地区和国家由于资源条件的不同,总是会对所缺乏的资源或产品产生需求。此外,重工业区、高新开发区以及农业区等某种行业比较集中的地方,因其市场需求也有自己的特点,因此,某种产品的适用程度会有所不同。国际市场的贸易政策和法规是进入国际市场的企业所必须了解的,有关贸易的政策和法规,包括该国的税收情况、配额分配情况、国内税、货物管制措施以及卫生与安全规定等。在贸易保护主义日益加重的情况下,各国的非关税壁垒也日益严重,如果不全面了解当地的有关法规,必然会导致经营的失败。

很多国家都把对市场经济环境的调查作为研究一个国家或地区居民消费及经济发展的必经之路。消费经济学中,著名的恩格尔系数和定律是以食品类支出比重为基础建立的,市场调查为此提供了必需资料。目前,我国居民的收入水平和消费水平的绝对数虽然有较大幅度的提高,但食品类消费在总消费中所占比重,特别是在一些不发达地区,仍高于发达国家。

国民经济比例关系是指各项基本经济结构,包括国民经济第一、第二、第三产业的比例关系,生产部门内部的比例关系,消费和积累的比例关系等。国民经济基本结构的健全、合理,为市场活动创造了良好条件;反之,就会对市场造成一些制约。市场所处的经济环境是进行市场调查时,需要花较大力气了解的重要内容。

3)市场社会文化环境调查

市场社会文化环境主要是指消费者的文化水平、社会教育水平、民族与宗教状况、社会价值观念及社会物质文化水平等,包括家庭组成、民族风俗、风土人情、社会阶层、伦理道德、价值观、审美观等多方面内容。消费者的文化水平和社会教育水平,是影响消费水平和消费结构的重要因素。一般来说,不同文化程度的消费者,具有不同的消费观念和消费结构。随着社会教育水平和消费者文化水平的提高,消费者对市场商品的鉴别能力会有所提高,理性购买程度会越来越高,消费结构也会日趋合理。我国不同消费市场上的差异比较明显,如农村消费品市场和城市消费品市场,在商品规格、质量、消费结构等方面就有着明显的区别。消费者的文化水平和受教育程度的差异反映在市场上,主要是消费结构、消费层次的区别。民族与宗教状况也是对市场产生重要影响的社会文化因素。虽然我国少数民族人口占总人口不到 10%,但由于各民族有自己的传统民俗,也具有相对集中的生活地域,因而会影响其消费行为。

每一个地区或国家都有自己传统的思想意识、风俗习惯、思维方式、宗教信仰、艺术创造、价值观等,它们构成该地区或国家的文化,并直接影响人们的生活方式和消费习惯。对于市场经营人员来说,经营活动只有适应当地的文化和传统习惯,才能得到当地消费者的认可,产品才能被人们接受。构成文化的诸因素中,知识水平影响人们的需求构成及对产品的评判能力。知识水平高的地区或国家,科技先进、性能复杂的产品会有很好的销路;而性能简单、易于操作、价格便宜的产品在知识水平相对较低的地区或国家能找到很好的销路。在文化因素中,还有一个不容忽视的方面,即宗教信仰及传统的风俗习惯,市场营销活动应尊重当地的宗教信仰,否则会引起当地人的反感,导致营销活动的失败。

文化是人类后天习得的,并为人类所共享。文化使一个社会的规范、观念更为系统化,解释着一个社会的全部价值观和规范体系。在不同国家、民族和地区之间,文化上的区别要比其他方面的区别更为深刻,它决定着人们独特的生活方式和行为规范。文化环境不仅建立了人们日常行为的准则,也形成了不同国家和地区市场消费者态度和购买动机的取向模式。因此,市场社会文化环境调查对企业经营至关重要。

4) 科学技术环境调查

科学技术环境主要是指国内外科学技术的发展动态,新技术、新材料、新产品、新能源的发展状况,国际和地区间科技成果交流、扩散和转让情况,产品技术标准等。科学技术的发展,使商品的市场生命周期迅速缩短,生产的增长也越来越多地依赖科技的进步。以电子技术、信息技术、新材料技术、生物技术为主要特征的新技术革命,不断改造着传统产业,使产品的数量、质量、品种和规格有了新的飞跃,同时也使一批新兴产业建立并发展了起来。技术进步能够创造企业的竞争优势,使企业在不增加成本的前提下提供更优质的产品和服务。新兴科技的发展和新兴产业的出现,可能给某些企业带来新的市场机会,也可能给某些企业带来环境威胁。新技术发展使企业更多关注社会责任和可持续发展问题。

5) 自然环境调查

自然环境主要是指自然地理、人文地理、自然景观、气候条件、季节因素和自然资源等方面的情况。一个国家和地区的自然地理条件也是影响市场环境的重要因素,与企业经营活动密切相关。自然环境对企业的市场营销活动产生多方面的影响,一个国家和地区的海拔高度、温度、湿度等气候特征,影响着产品的功能与效果。气候影响人们的服装、食品等。地理因素也影响着人们的消费模式,还会对经济、社会以及民族性格产生影响。企业市场营销人员只有熟悉不同市场下自然环境的差异,才能搞好市场营销。自然环境的各方面因素并不以企业的意志为转移,因此市场调查要对企业所处的自然环境进行调查,以便对这些不可控的因素有充分的了解,从而避免出现在经营中与周围环境相冲突的情况,并尽量去利用环境中的有利因素,保证经营活动的顺利进行。

6) 市场竞争环境调查

竞争环境是指企业在特定的区域市场和特定的产品范围内所面临的同行动向。竞争环境是从企业角度思考问题,观察各家同行与特定企业的竞争状况,或者观察同行在原材料取得、产品市场占有上与其他企业的竞争情况。在任何市场上销售产品,企业都面临着竞争:市场上从事同类商品生产经营的企业,其竞争者包括现实的竞争者和潜在的竞争者;同一市场上同类企业数量的多少,造成了竞争强度的不同。企业调查竞争环境的目的是认识市场状况和市场竞争强度,根据本企业的优势,制定正确的竞争策略。通过市场竞争环境调查,企业可以认识其市场地位,了解竞争对手优势,取长补短、扬长避短,与竞争者在目标市场选择、产品价格、服务策略等方面有所差别,从而与竞争对手形成良好的竞争态势。

2. 市场环境调查的方法

市场环境调查的目的在于找出环境中的机会与威胁,依据企业本身的优势与劣势,确定企业的发展方向和策略。在进行市场环境调查时,企业可以采用常见的 PEST 理论模型、竞争分析模型以及 SWOT 分析等方法。

1) PEST 模型分析

PEST 模型分析,即宏观环境分析(宏观环境又称一般环境)是指对影响行业和企业的各种宏观因素进行的分析。不同行业和企业根据自身特点和经营需要,其对宏观环境因素分析的具体内容会有差异,但一般都应对政治(Political)、经济(Economic)、社会(Social)和技术(Technological)这四大类影响企业的主要外部环境因素进行分析,故称为 PEST 分析法。

PEST 最初是被称为“ETPS”,在《*Scanning the Business Environment*》这本书中,作者 Aguilar·Francis 使用“ETPS”这个词,是他对于四种企业外部宏观环境因素的一种缩写总结,即经济、科技、政治、社会。这本书发行之后,人寿保险协会的 Arnold Brown 将之称为“STEP”,美国学者 Johnson·G 与 Scholes·K 于 1999 年提出了 PEST 模型。由于“Pest”的英译指“害虫”,含负面意,因此依然有人沿用“STEP”的表述方法,但为数不多。

有些学者认为 PEST 模型分析已足够应付各种情况,但在之后的发展中,许多学者加入了其他不同的因素。他们认为,加入其他的因素能更有效地帮助个人或团队进行宏观环境扫描。例如,增加了生态因素(Ecological)、法律(Legal)、环境(Environmental)与人口统计(Demographics),因此有了 PESTLE、STEEPLE 等不同的排列法。

2) 竞争模型分析

我们常常采用的竞争模型是波特的“五力模型”,其属于外部环境分析方法中的微观分析。五力模型是迈克尔·波特(Michael Porter)于 20 世纪 80 年代初提出,他认为行业中存在着决定竞争规模和程度的五种力量,这五种力量综合起来影响着产业的吸引力以及现有企业的竞争战略决策。五种力量分别为同行业内现有竞争者的竞争能力、潜在进入者的威胁、替代品的威胁、供应商的讨价还价能力、购买者的讨价还价能力,具体如图 2-1 所示。任何产业,无论是国内的或国际的,无论是生产产品的或提供服务的,其竞争规律都将体现在这五种竞争的作用力上。

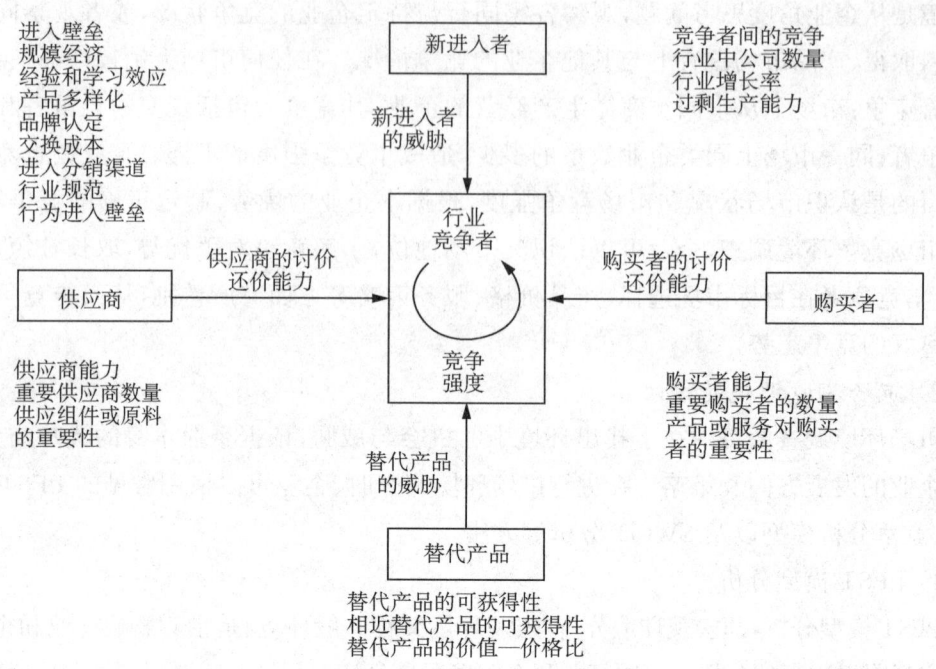

进入壁垒
规模经济
经验和学习效应
产品多样化
品牌认定
交换成本
进入分销渠道
行业规范
行为进入壁垒

新进入者

新进入者
的威胁

竞争者间的竞争
行业中公司数量
行业增长率
过剩生产能力

供应商的讨价
还价能力

行业
竞争者

购买者的讨价
还价能力

供应商

竞争
强度

购买者

供应商能力
重要供应商数量
供应组件或原料
的重要性

购买者能力
重要购买者的数量
产品或服务对购买
者的重要性

替代产品
的威胁

替代产品

替代产品的可获得性
相近替代产品的可获得性
替代产品的价值—价格比

图 2-1　波特五力模型竞争分析图

同业竞争者的竞争程度与其所处行业内现有企业的数量、规模等相关。行业中,各企业之间的利益都是紧密联系在一起的。各企业竞争战略的目标都在于使自己的企业获得相对于竞争对手的优势,所以,在实施战略时,就必然会产生冲突与对抗现象,这些冲突与对抗就构成了现有企业之间的竞争。现有企业之间的竞争常常表现在价格、广告、产品介绍、售后服务等方面,其竞争强度与许多因素有关。

供应商的讨价还价能力,主要是供应方通过提高投入要素价格与降低单位价值质量,影响行业中现有企业的盈利与产品竞争的能力。供应方力量的强弱主要取决于他们提供给买主的投入要素,当供应方所提供的投入要素的价值占了买主产品总成本的较大比例,且对买主产品生产过程非常重要、或者严重影响买主产品的质量时,供应方对于买主的潜在讨价还价能力就大大增强。

购买者的讨价还价能力,与供应商的讨价还价能力是类似的,只是与现有企业之间的角色互换了位置。购买者主要通过压价与要求提供较高质量的产品或服务的能力,来影响行业中现有企业的盈利能力。

新进入者的威胁主要是指新进入者在给行业带来新生产能力、新资源的同时,希望在已被现有企业瓜分完毕的市场中赢得一席之地,这就有可能会与现有企业发生原材料与市场份额上的竞争,最终导致行业中现有企业盈利水平降低,严重的话还会危及这些企业的生存。竞争进入威胁的严重程度取决于两方面的因素,即进入新领域的障碍大小与预期现有企业对于进入者的反应情况。进入障碍主要包括规模经济、产品差异、资本需要、转换成本、销售渠道开拓、政府行为与政策、不受规模支配的成本劣势、自然资源、地理环境等方面。

替代品的威胁主要是指两个处于不同行业中的企业,可能会由于所生产的产品是互为替代品,从而在它们之间产生相互竞争行为,这种源自于替代品的竞争会以各种形式影响行业中现有企业的竞争战略。替代品价格越低、质量越好、用户转换成本越低,其所能产生的竞争压力就强;而这种来自替代品生产者的竞争压力的强度,可以具体通过考察替代品销售增长率、替代品厂家生产能力与盈利扩张情况来进行分析。

波特的五力模型分析,可以有效地分析客户的竞争环境。波特的五力模型分析是对一个产业盈利能力和吸引力的静态断面扫描,说明的是该产业中的企业平均具有的盈利空间,所以这是一个产业形势的衡量指标,而非企业能力的衡量指标。通常,五力模型也可用于创业能力分析,以揭示企业在本产业或行业中具有何种盈利空间。

3) SWOT 分析法

SWOT 分析法是基于内外部竞争环境和竞争条件的态势分析,将与研究对象密切相关的各种主要内部优势、劣势和外部机会、威胁等,通过调查列举出来,并依照矩阵形式排列,然后用系统分析的思想,把各种因素相互匹配并加以分析,从中得出一系列相应的结论,进而制定相关决策或为决策提供支持的方法。运用这种方法,可以对研究对象所处的情景进行全面、系统、准确的研究,从而根据研究结果制定相应的发展战略、计划以及对策等。

S(strengths)代表优势、W(weaknesses)代表劣势、O(opportunities)代表机会、T(threats)代表威胁,具体如图 2-2 所示。按照企业竞争战略的完整概念,战略应是一个企业"能够做的"(即组织的强项和弱项)和"可能做的"(即环境的机会和威胁)之间的有机组合。由于企业是一个整体,并且由于竞争优势来源的广泛性,所以,在做优劣势分析时必须从整个价值链的每个环节上,将企业与竞争对手做详细的对比。如产品是否新颖、制造工艺是否复杂、销售渠道是否畅通,以及价格是否具有竞争性等。如果一个企业在某一方面或几个方面的优势正是该行业企业应具备的关键成功要素,则该企业的综合竞争优势也许就强一些。

图 2-2　环境的 SWOT 分析模型

SWOT 分析有四种不同类型的战略组合：优势—机会（SO）战略、弱点—机会（WO）战略、优势—威胁（ST）战略和弱点—威胁（WT）战略。

优势—机会（SO）战略是一种发展企业内部优势与利用外部机会的战略，是一种理想的战略模式。当企业具有特定方面的优势，而外部环境又为发挥这种优势提供有利机会时，可以采取该战略。例如，良好的产品市场前景、供应商规模扩大和竞争对手有财务危机等外部条件，配以企业市场份额提高等内在优势，可成为企业收购竞争对手、扩大生产规模的有利条件。

弱点—机会（WO）战略是利用外部机会来弥补内部弱点，使企业改劣势而获取优势的战略。当存在外部机会，但由于企业存在一些内部弱点而妨碍其利用机会时，企业可采取措施先克服这些弱点。例如，若企业弱点是原材料供应不足和生产能力不够，从成本角度看，前者会导致开工不足、生产能力闲置、单位成本上升，而加班加点会导致一些附加费用。在产品的市场前景预期较好的前提下，企业可利用供应商来扩大规模、新技术设备降价、竞争对手财务危机等机会，实现纵向整合战略，重构企业价值链，以保证原材料供应，同时可考虑购置生产线来克服生产能力不足及设备老化等缺点。通过克服这些弱点，企业可能进一步利用各种外部机会降低成本、取得成本优势，最终赢得竞争优势。

优势—威胁（ST）战略是指企业利用自身优势，回避或减轻外部威胁所造成的影响。如竞争对手利用新技术大幅度降低成本，给企业造成很大成本压力；同时材料供应紧张，其价格可能上涨；消费者要求大幅度提高产品质量；企业还要支付高额环保成本等。这些都会导致企业成本状况的进一步恶化，使之在竞争中处于非常不利的地位。但若企业拥有充足的现金、熟练的技术工人和较强的产品开发能力，企业便可利用这些优势开发新工艺，简化生产工艺过程，提高原材料利用率，从而降低材料消耗和生产成本。另外，开发新技术产品也是企业可选择的战略。新技术、新材料和新工艺的开发与应用是最具潜力的成本降低措施，同时它可提高产品质量，从而回避外部威胁影响。

弱点—威胁（WT）战略是一种旨在减少内部弱点，回避外部环境威胁的防御性技术。企业存在内忧外患时，往往面临生存危机，降低成本可能成为改变劣势的主要措施。当企业成本状况恶化、原材料供应不足、生产能力不够、无法实现规模效益、设备老化、企业在成本方面难以有大作为时，企业将被迫采取目标聚集战略或差异化战略，以回避成本方面的劣势，并回避因成本带来的威胁。

2.1.2　市场需求调查

市场需求调查是市场调查的核心内容。市场需求是指一定时期、一定市场范围内有货币支付能力的购买商品（或服务）的总量，又称市场潜力。由于市场需求的大小决定着市场规模的大小，对企业投资决策、资源配置和战略研究等方面都具有直接的重要影响，因此,必须对市场需求调查展开研究。

市场需求调查的主要内容包括市场需求总量及其构成、消费动机与行为、市场需求变动影响因素等,涉及各种商品的需求数量、质量、品种、规格、包装,各种商品的需求地点和时间,商品需求的满足程度等。

市场需求总量及其构成,表明全国或地区市场的需求总量和构成,是从宏观上对市场需求的调查研究。它由居民购买力的实现和不同投向来反映。对市场需求总量及其构成的调查,主要由国家统计局和各地区统计局组织,有关经济管理部门也会组织此项市场调查。所取得的资料可供宏观管理和中观管理使用,也可作为企业生产与营销的间接市场资料。各种商品需求数量、质量、品种、规格、包装,其需求的时间、地点,是企业组织市场调查的重要内容,也是企业组织生产与营销的重要依据。上述内容的市场调查,都可以直接命名为市场调查课题。

1. 市场需求量测定

市场需求总量的测定可以就市场全部商品、某类商品或某种商品分别进行测定。市场全部商品需求总额的测定由于涉及的范围大、要素多、难度大,一般不予测定。就某类商品或某种商品而言,其市场需求量的测定需要考虑人口数量(或用户数量)、人均购买量(或户均购买量)和其他需求量三个要素,市场需求量的决定模型如下。

市场需求量 = 人口数量(用户数量) × 人均(户均)购买量 + 其他需求量

(1) 人口数量或用户数量是计算需求量的基础变量,一般来说人口或用户数量多,市场规模就大,对商品需求也必然大。在分析时,既要考虑现有人口的多少,还要考虑人口的自然增长率;既要考虑人口总量,也要考虑人口的类型和结构,因为某些商品可能只涉及部分人群的需要,如烟酒、妇女用品、儿童用品等。对于某些生产设备而言,市场需求量的测定应重点考虑用户数量的多少及其变动。

(2) 市场需求量的大小除了受到人口数量或用户数量多少的影响外,还受到货币支付能力的影响。在人口数量或用户数量一定的条件下,市场需求量与购买力成正比。分析消费者的购买力需主要考虑消费者的收入水平与变化、需求支出水平与方向、储蓄状况等。消费者的购买力通常可通过人均或户均购买量来度量,即利用历史统计数据或抽样调查资料进行测定。测定时,应考虑人均(户均)购买量的发展变化趋势和规律。

(3) 市场需求量的测定,除了应考虑居民的消费需求外,还应考虑企业、事业、机关团体的需求,即社会集团消费需求。此外,还应考虑出口需求与流动人口需求等。

从人口构成的角度了解商品需求,主要是对人口的年龄、性别、民族、职业、文化程度、地区构成进行调查,以便分析和研究由此引起的商品需求的状况及其变动规律。由于人口的性别、年龄、职业、文化程度、民族等的不同,其消费投向会有很大的差异。

知识水平的高低同样影响消费投向,知识水平高的消费者注重商品性能的科学性、外包装的艺术性，突出个性也是这部分消费者追求的目标。不同的民族由于风俗习惯、宗教信仰的不同，消费投向更是具有各自的特点。因此，在市场调查中，为了更准确地瞄准目标市场，必须把人口特征作为重要的调查内容，从而了解不同特征的消费者对商品的看法及其偏好程度，以此为依据来确定消费群体，并针对消费意愿进行产品的设计和市场营销活动。

2. 消费心理和购买行为研究

消费心理是消费者在满足需求过程中产生的意愿或认识，消费心理对消费行为起着支配作用。消费者心理需要是促成消费者购买行为的关键因素，由于心理需要具有多变性、多样性和复杂性，所以有必要调查消费者出于何种心理需要来购买某种商品，进而满足消费者需求的这种心理需要进行产品的宣传。

（1）消费者心理需求。消费者心理需求具体表现为：第一，习俗心理需要。消费者所处地理环境、风俗习惯、宗教信仰、传统观念以及种族不同，其心理需要也会不同。第二，同步心理需要。例如，在社会风气、潮流、时尚的影响下，赶时髦、随潮流的心理需要。第三，偏爱心理需要。受心理素质、文化程度、业余爱好、职业习惯和生活环境的影响，消费者会产生对某种商品的特殊爱好。第四，经济心理需要。即注重经济实惠、价廉物美、货价相等的心理需要。第五，好奇心理需要。即对新事物、新构想的求知心理及追求新颖、奇特的心理需要。第六，便利心理需要。即要求购买方便、迅速、服务周到、热情、商品易携带、维修和使用的心理需要。第七，美观心理需要。要求商品的美观、使人赏心悦目或产生舒适感的需要。第八，求名心理需要。保证商品的质量以及体现一定的社会和经济地位而产生的挑选名牌、以商品品牌来决定购买的心理需要。在促成消费者发生购买行为的过程中，可能是一种也可能是多种心理需要发挥了作用，如果能迎合起关键作用的几种心理需要，在产品设计、外观包装、广告宣传等方面强化某种效果，就会达到促进购买、吸引顾客的目的。

（2）购买行为类型。购买行为类型主要是根据消费者购买行为的不同态度所进行的分类，主要分为：①习惯型购买，即根据以往形成的习惯或效仿他人的经验购买。其表现为长期惠顾于某种型号的商品或某家商场而不易受外界的干扰。②理智型购买，即根据自己的经验和学识判别商品，对商品进行认真的分析、比较和衡量后才购买，而不愿意外人介入。③感情型购买，即在购买时因被感情因素支配，容易受到某种宣传和广告的吸引，所以经常以商品是否能符合感情需要的标准来决定购买行为。④冲动型购买，即消费者被商品的某方面（商标、样式、价格等）强烈吸引，迅速作出购买决定，而不愿对商品进行反复比较。⑤经济型购买，即消费者多从经济方面着眼考虑购买，特别是对价格非常敏感，购买高级商品以求好而购买低级商品以求廉的购买行为。⑥随意型购买，即消费者缺乏购买经验，或随大流或奉命购买，并乐于听取别人的指教。

尽管企业的营销管理人员无法直接塑造或操纵消费者文化以及人格或其他心理特

征,但可以通过调查来了解这些因素,以便能积极主动地去影响消费者的决策。在调查过程中,完全有必要以某种消费者购买方式的知识为基础,来组织对消费者进行的信息传递和输送,说服消费者对某一特定产品、服务或社会活动采取实际购买行为。

3. 市场需求结构和变动因素研究

需求结构是指消费者将其可支配收入用于不同类别商品(服务)支出的比重,它决定着消费者的需求投向或消费投向。需求结构研究通常可利用家庭购买商品支出的分类数据,分析研究食品类、衣着类、日用品类、文化娱乐用品类、文化教育类、医药及医疗用品类、交通通信类、住居类、燃料类等支出所占的比重、分布特征及其发展变化的趋势。在某一类中,亦可根据研究目的进一步研究小类的需求结构和品种需求结构。

市场需求是一个动态的概念,不论是需求总量还是需求结构,它们总是发展变化的。了解影响市场需求变化的因素,有利于把握市场需求变化的趋势和规律,正确认识市场需求量的需求结构。影响市场需求变化的因素很多,通常有经济总量及其增长率、宏观政治经济环境、居民货币收入、储蓄、物价总水平、固定资产投资、货币流通、货币政策、产业政策等。

2.1.3　市场供给调查

市场供给是指在一定的时期内、一定条件下以及在一定的市场范围内可提供给消费者的某种商品或劳务的总量。市场供给调查是市场分析的重要内容之一,市场供给的大小能够反映市场供应能力的大小。市场供给调查主要包括产品生产能力调查、产品实体调查等,具体为调查某一产品市场可以提供的产品数量、质量、功能、型号、品牌等,生产供应企业的情况等。市场需求,是决定市场供求状态的重要变量。对市场供给能力分析也应考虑整个项目寿命期,市场范围包括国内市场和国际市场。市场供给分析还可以分为实际的供给量和潜在的供给量,前者是指在预测时市场上的实际供给能力,后者是指在预测期(项目寿命期内)可能增加的供给能力,实际的供给量和潜在的供给量之和为市场供给量。

1. 市场供应量与市场供应结构

市场供应量的测定可从全部商品、某类商品、某种商品等三种途径进行计算。由于市场全部商品供应量的测定涉及的范围广、产品多、要素多,一般情形下不对其进行全部测定,通常只测定某类商品和某种商品的市场供应量,其决定模型通常为:

$$市场供应量 = 当年生产量 \times 商品率 + 国外进口量 + 其他供应量$$

当年生产量是决定市场供应量的关键变量,它取决于生产厂家的多少和生产能力的大小,通常可根据历史数据进行推断;国外进口量是指从国外进口的商品量,可依据进出口统计数据作推断;其他供应量包括商品储存量的增减,国家储备的增减;局部市场的供应量还应包括外地购入量。

　　为了了解市场供应与市场需求的结构是否相适应,以及二者之间是否存在结构失衡,应在调查和测算各种主要商品和各类商品供应量的基础上,研究市场供应结构及其变化。市场供应结构可以分为大类结构、小类结构和品种结构三个层次,可依据行业生产分类统计数据进行分析研究,也可以根据企业抽样调查资料进行分析研究。

　　为了研究市场供应的具体情况,市场供应研究还应研究主要商品的产供销情况,主要产品的产量、质量、品种、规格、包装、成本和价格变动,生产者的生产、供应能力,供应范围,生产布局,调整与新产品开发等。

　　除了上述内容,对影响市场供应变动的一些因素也需要进行研究,以便准确地测定市场供应量和供应结构,掌握市场供应发展变化的趋势和规律。影响市场供应变动的因素主要有政治经济环境、产业政策与产业布局、资源的稀缺程度、能源与原材料的供应、交通运输条件、固定资产投资、资金供给、劳动力供给、科学技术发展等。

　　2. 市场供求关系研究

　　市场供求关系是指市场商品供应与市场商品需求之间的对比关系。市场供求关系有供不应求、供大于求和供求均衡三种状态。市场供求变动关系研究的主要内容如下。

　　(1) 市场供求总量研究,以此判断市场供应总量与市场需求总量之间的平衡状态,是否存在总量失衡,总量失衡是属于供不应求,还是属于供大于求。

　　(2) 市场供求结构研究,即研究市场供应结构与市场需求结构之间的适应状态,是否存在结构性失衡,哪些商品供大于求(买方市场),哪些商品供小于求(卖方市场)。

　　(3) 市场供求变动因素研究,即从供应与需求两个方面分析,影响市场供求总量失衡或者结构失衡的主要因素有哪些,及其作用的程度、方向。

　　(4) 市场供求失衡对策研究,即研究治理供求总量失衡或结构失衡的经济政策、货币政策、投资政策、信贷政策和产业政策等,为宏观经济调控提供依据。工商企业则应研究怎样调整生产经营结构和投资方向,如何加强市场营销,怎样开发新的市场和新的产品,如何调整企业的发展战略等,以应对市场供大于求或结构失衡带来的不利影响。

 阅读案例 ∙∙

三个业务员寻找市场

　　一家制鞋公司要寻找国外市场,便派了一个业务员去非洲某个岛国,调查能否将本公司的鞋销售给他们。这个业务员到非洲待了一天后,发回一封电报:“这里的人都不穿鞋,没有市场,我即刻返回”。该公司又派出了一个业务员。第二个业务员在非洲待了一个星期后,发回一封电报:“这里的人都不穿鞋,鞋的市场很大,我准备把本公司生产的鞋卖给他们”。公司总裁得到两种不同的结果后,为了解更真实的情况,又派去了第三个业务员。该业务员到非洲待了三个星期后,发回一封电报:“这里的人都不穿鞋,原因是他们脚上长有脚疾,他们也想穿鞋,过去不需要我们公司生产的鞋,是因为我们的鞋太窄。

我们必须生产宽鞋，才能满足他们对鞋的需求。这里的部落首领不让我们做买卖，除非我们借助政府的力量和公关活动搞大市场营销。我们打开这个市场需要投入大约 1.5 万美元。这样我们每年能卖大约 2 万双鞋。在这里卖鞋可以赚钱，投资收益率约为 15%。"

市场占有率是指生产或营销企业的商品数量在市场同类商品总数量中所占的比重。市场占有率是用相对指标研究市场需求量。提高市场占有率是每个生产企业和营销企业的愿望。以上案例告诉我们，企业进行市场调查时候必须进行供求关系的分析和调查，不能仅仅单方面考虑市场。企业商品市场占有率是指借助一定时期内企业某种商品销售量与市场上同类商品总销售量的统计资料，加以测算得到的该商品的市场占有率指标。为此企业不但要做好本企业的商品销售统计，而且要搜集市场商品销售的资料，及时核算市场占有率，了解企业在市场中的地位，以便提高企业经济效益。

2.1.4　消费者市场调查

消费者市场调查就是对消费者的消费行为进行的调查，主要是针对消费者的使用习惯和态度的调查。消费者市场调查的目的是了解消费者需求数量、结构及其变化，而消费者的需求数量和结构的变化受到多方面因素的影响，如人口、经济、社会文化、购买心理和购买行为等。对消费者市场进行调查，除了直接了解需求数量及其结构外，还必须对诸多的影响因素进行调查。在对市场环境、人口特征、生活方式、经济水平等基本特征进行研究的过程中，必须对消费群体的认知、态度、动机、使用等进行深入的系统的研究。

1．消费者市场研究的主要内容

消费者市场研究涉及的研究方向和研究内容较多，因此，应根据研究的具体目的和要求，认真界定研究的方向和内容，特别要对购买能力、购买动机、购买行为、认知度和满意度等关键项目和要素进行调查研究。消费者市场调查研究的内容主要包括：①消费者数量与分布，包括研究现有消费者和潜在消费者的数量、构成与区域分布状况。②消费者基本特征，主要按年龄、性别、职业、民族、文化程度、城乡等研究不同消费群体的特点及其需求差异。③消费能力与水平，主要研究消费者的人均收入、人均生活费支出、购买力水平、购买力投向（消费结构）、购买商品的数量及其要求等。④消费者购买动机，主要研究消费者的消费目的与消费用途、消费习惯、消费倾向、消费嗜好、消费预期等。⑤消费者购买行为，主要研究消费者的消费决策、购买什么、购买多少、何时购买、在何处购买、由谁购买、如何购买等。⑥消费者满意度，主要研究消费者对产品、服务和广告的认知程度；研究消费者对产品的质量、功能、性能、外观、包装、价格和售后服务等要素的满意度；研究消费者对企业形象的评价等。

2．顾客满意度研究

顾客满意度是指消费者或用户在对一种产品或服务的可感知效果与他的期望值相比较后，二者之间所形成的差异函数。大量研究表明，顾客满意度越高，顾客对企业越忠诚,产品或服务的重购率越高。当用户重购率达到一定水平后,利润的增长会随重购率的增长迅速增长,即"顾客满意、利润之源"。而顾客满意度的提高,是由企业内部员工的素质、工作效率、工作质量所决定的,即由员工的满意度决定的。

顾客满意度研究是指通过构造顾客满意度评价指标体系,调查研究获取顾客对本企业产品或服务的有关评价信息,对顾客的满意度进行综合性评定,分析其认知度、满意度、忠诚度或重购率水平的高低,剖析顾客缺憾的原因,揭示提升顾客满意度的关键因素,为企业制定提高顾客满意度的策略、减少顾客抱怨和顾客流失、增加重购率、创造良好口碑、提升企业形象、确保稳定持续的利润增长提供信息支持。

2.2 市场调查的程序

市场调查是一种有目的、有计划的调查研究活动,是正确认识市场现象的本质和规律性的过程。市场调查是为了掌握市场过去和现在的资料,为了认识市场发展变动规律,为经营管理决策提供信息支持。根据市场调查的资料,对市场未来的发展趋势作出预测。科学的市场调查必须按照一定的程序进行,以保证市场调查的顺利进行和达到预期的目的。市场调查的内容涉及不同方面,在正式开展市场调查工作之前需要充分了解其具体程序。在市场调查的不同阶段需要对应开展相关活动,市场调研的过程通常包括这样几个方面:明确调查目标、设计调查方案、组织实地调查、整理和分析调查资料、撰写调查报告。

2.2.1 明确调查目标

市场调查过程通常开始于营销问题或市场机会的识别,由于企业外部环境的变化,企业面临很多问题,诸如"是否应该进行新产品开发?""现有营销组合是否合适?"。市场调研中评估产品与服务、定价、分销及促销策略,寻找和评估新的市场机会的过程,被称为机会识别。

进行市场调查,首先要明确市场调查的目标。按照企业的不同需要,市场调查的目标有所不同。企业实施经营战略时,必须调查宏观市场环境的发展变化趋势,尤其要调查所处行业未来的发展状况。企业制定市场营销策略时,要调查市场需求状况、市场竞争状况、消费者购买行为和营销要素情况。企业在经营中,应针对存在的问题及其产生的原因进行市场调查。

1. 定义问题

正确定义问题是市场调研过程中至关重要的第一步。如果没有正确定义所调研的问题,那么调研目标也会是错误的,并且整个市场调研过程都将会浪费时间和金钱。在明确市场调研目标的过程中,我们应思考调研什么问题以及调研类型,并具体涉及哪些探索性、描述性或解释性问题。

例如,一家大型的消费品包装企业想要在品牌的重度消费者中进行一次调研,来了解品牌资产,更特别的是,它想要将资产扩展到新产品中。由于品牌渗透率非常低,企业需要新产品来实现下一会计年度两位数的增长目标。但是由于品牌只有很小的赖以成长的基础,所以在最忠诚的用户中调查品牌资产无法帮助决策者实现两位数的增长。经再三考虑,企业将目标集中于确定能够提高品牌渗透和成长的营销手段。因此,企业将目标转换成了解现有品牌购买的屏障,并且确认能够激励类别用户购买品牌的桥梁。

调研结果表明,品牌主要由于意识问题而遭到损害,品牌和类别用户都喜欢这个产品,但却不如类别中其他产品使用那么频繁,因为他们忘记了这个品牌。以广告、刺激和新产品为形式的提醒,成为能够提高品牌渗透率和帮助品牌成长的工具。如果该企业在主要用户中间开展资产的研究,那么显然不会捕捉到这些信息。

图 2-3 中显示了问题定义的过程,请注意最终的目标是确定一个清晰简明并且有意义的市场调研目标,通过对这些问题进行调研将会为管理者提供确切的决策信息。

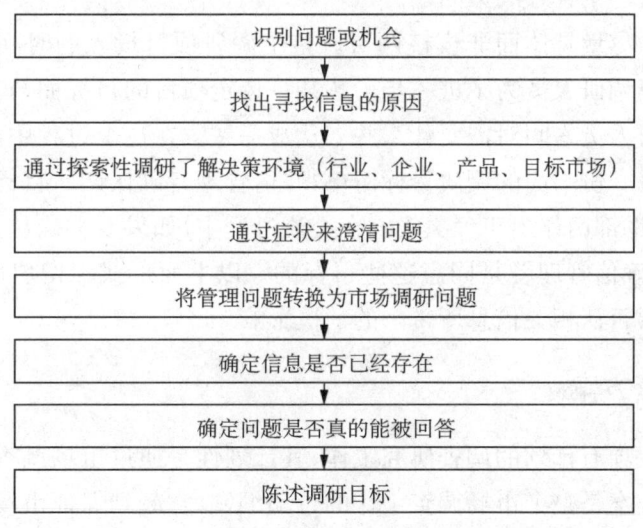

图 2-3　问题定义过程

值得注意的是,企业如果对市场调研信息没有进行清晰的表达,将会浪费大量的金钱和时间。例如,管理者对他们想要的结果并不十分清楚或者不能恰当地表达问题。因此,市场调研人员可以通过一些方法和手段清晰地表达出问题,例如,利用信息和调研结果制定决策,尽可能通过详尽的例子来澄清问题;让客户或管理者尽量优先考虑他们的问题,这有助于从那些次要的问题中整理出核心问题;用一些稍微不同的方式重新表达问题并讨论不同之处等。必须充分认清现实情况,当你考虑问题越清晰并且越快地感觉到这个问题很简单的时候,你应该多角度思考,以便确定自己真正理解调查的真实需求。

2. 确定调研目标

市场调研目标就是目标陈述,它界定了市场调研所需要的具体信息。管理者必须将这些信息与他们自身的经验以及其他相关信息联系起来,作出正确的决策。

管理者和市场调研人员必须要有创造力和良好的判断力,才能真正将问题识别出来。界定问题并不是一件容易的事。要深入一个问题的核心,就必须层层盘剥。一种排除"症状"的方法是通过询问类似于"这是由什么引起的?"的问题。当调研人员不能回答这一问题时,真正的问题就在眼前。例如,管理者经常谈论销路不佳、利润下滑、消费者投诉增加等问题,每个问题只是更深层次问题的一个症状。也就是说,某一因素正在导致消费者的流失,有可能是竞争者提供了更低的价格,也有可能是竞争者提供了更好的服务。

一旦识别了真正的管理决策问题,就必须将其转化为市场调研问题。市场调研问题详细规定了解决问题所需要的信息,以及如何有效率、有效果地获得这些信息。相比市场调研问题,管理决策问题是行动导向的。管理决策问题的范围更广,比市场调研问题更笼统。调研想要成功,就必须严密地界定市场调研问题并使其具体化,有时需要开展几项调研才能解决一个管理决策问题。

调研目标必须尽量具体而非模棱两可。整个调研项目投入的时间与资金都是为了达成目标。当市场调研人员为了进一步了解某一特定项目的目标而与某个部门接触时,该部门可能与调研人员之间对需要什么并未达成一致。在这个过程中,调研人员一开始就应该事先准备好一份书面的调研目标清单,并请管理者确认调研目标清单的合理性和有用性,确保能帮助部门作出正确决策。在交流过程中,如果双方确认目标可行,应该要求管理者签字,以确信管理者是同意这些目标的。以书面形式保留协商一致的目标,可以防止管理者事后否认相关信息所带来的消极影响。

2.2.2 设计调查方案

市场调查是一项有计划的调查研究工作,其计划性是通过市场调查方案具体表现出来的。市场调查方案是整个市场调查工作的行动纲领,它起到保证市场调查工作顺利进行的重要作用。设计市场调查方案一般必须包括以下主要内容。

1. 明确市场调查目的

明确市场调查目的是市场调查首先应解决的问题,它必须说明为什么要做此项调查,要解决哪些问题,要达到什么目标,即调查的经济价值和社会价值是什么。要明确地提出市场调查的目的,决不可过于笼统,因为调查目的直接决定着方案中的其他内容,如果目的不具体、不明确,就无法设计调查方案的其他内容。

2. 设计市场调查的项目和工具

市场调查的项目和工具是市场调查方案的核心部分,也是设计调查方案时应着重考虑的。市场调查的内容是通过调查项目反映出来的。调查项目是调查过程中用来反映市场现象的类别、状态、规模、水平、速度等特征的名称。现代市场调查十分重视对市场现象的定量分析。在设计调查项目时,要注意各种项目的结合应用,用相互联系的体系来反映和研究复杂的市场现象。在调查项目设计中,必须坚持科学性、完整性、准确性、简明性;同时要将调查项目的抽象定义与操作定义都设计出来。科学地设计市场调查体系,是取得有价值的市场资料的前提和基础。

市场调查工具是指调查指标的物质载体,如调查提纲、调查表、调查卡片、调查问卷等。设计出的调查项目最后都必须通过调查工具表现出来,因此在设计调查项目之后,必须进一步具体设计反映这些项目的调查工具。设计调查工具时,必须考虑到调查项目的多少、调查者和被调查者的方便性以及对资料进行整理分析时的需要等。科学的调查项目还必须以科学的形式加以表现,才能使调查过程顺利、调查结果满意。

3. 规定市场调查的空间与时间

调查空间是指市场调查在什么地区进行,在多大的范围内进行。调查空间的选择要有利于达到调查目的,有利于搜集资料,有利于节省人力、财力和物力。调查时间是指市场调查在什么时间进行,需用多少时间完成,调查市场现象在什么时间的表现。调查时间的选择,要有利于了解市场实际情况,找到调查的最佳时间。调查时间的长短与调查的方法、规模有关,必须根据具体的调查内容和方法,合理计算市场调查的起止时间。

4. 规定市场调查对象和调查单位

市场调查对象是指市场调查的总体。市场调查对象的确定决定着市场调查的范围。调查对象由调查目的、调查空间、调查方式、调查时间等共同决定。调查单位是指组成总体的个体,每一个调查单位都是调查项目的承担者。确定调查对象和调查单位,必须对总体单位数量、调查单位的选择方法和数量,作出具体的设计和安排。不论是全面调查还是非全面调查,调查对象和调查单位的确定都显得十分重要,它们决定着调查工作量的大小、调查结论的推广范围、调查费用的高低、调查方法的选择等具体问题,特别是在定量分析中,对调查对象和调查单位的确定更是必不可少的。

5. 确定市场调查的方法

确定市场调查的方法,包括选择适当的组织调查方式和搜集资料的方法,也包括整理、分析和研究市场资料的方法。调查方法的选择要根据市场调查的目的、内容,也要根据一定时间、地点、条件下市场的客观实际状况。由于同一市场调查课题可以采用的方法不仅一种,同一调查方法又能够用于不同的调查课题。因此,调查者必须认真地比较,选择最适合、最有效的方法。作为某项市场调查最终采用的方法,应既能节省调查费用又能满足调查目的。

6. 落实调查人员、经费和工作量安排

市场调查方案中,要计算调查人员、经费的数量,并落实其具体来源。这是市场调查顺利进行的基础和条件,也是设计调查方案时不容忽视的内容。此外,市场调查方案还应对市场调查人员的工作量进行合理安排,使市场调查工作有条不紊地进行。在计划这些内容时,必须从经济的角度出发,同时注意留有余地。对于设计好的市场调查方案,必须进行充分的可行性研究,要通过小样本试用或专家评定等方法,发现问题、反复修改,使之具有高度的科学性。

明确调查目标和设计调查方案是市场调查的准备阶段,这两个过程中的相关内容具体如图 2-4 所示。

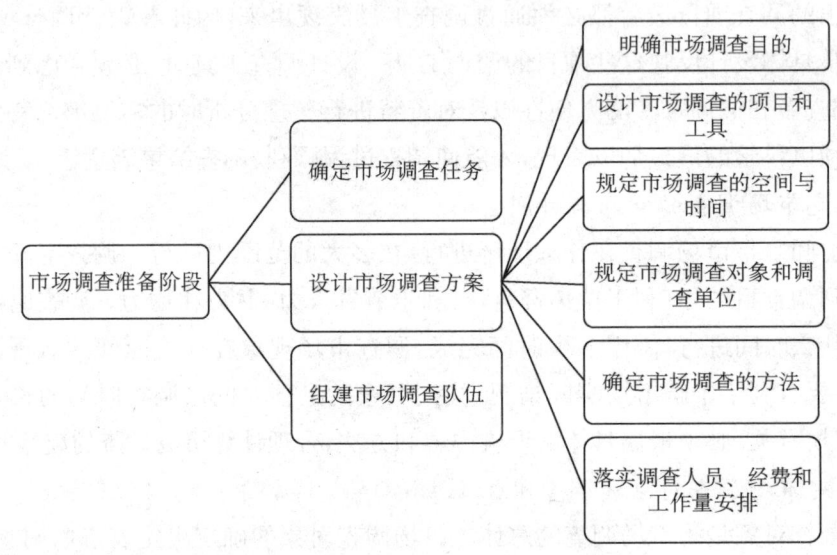

图 2-4　市场调查准备阶段结构图

2.2.3　组织实地调查

在确定了调查目标、设计好市场调查方案、组建起市场调查队伍之后,就进入了市场调查的实地调查阶段,需进行相关市场资料的搜集。搜集资料的主要任务是采取各种调查方法,按照调查方案的要求,精准搜集资料。实地调查阶段是市场调查的关键阶段。在这个阶段,调查者搜集资料的工作会受到多种外部因素的制约或影响,而这些因素的影响在其他工作阶段则没有那么突出。为了能够较好地控制和掌握实地调查阶段的进程,顺利地完成调查任务,调查者必须做好有关方面的协调工作,特别要依靠被调查单位或地区的有关部门和各级组织,争取他们的支持和帮助;要密切结合被调查者的特点,争取他们的理解与配合。

在实地调查阶段,调查者要根据实际情况尽可能分散调查人员以便进行市场资料搜集。要使每个调查人员按照统一的要求顺利完成搜集资料的任务,就必须加强调查队伍内部的指导,而且这种内部指导要落实在调查的具体环节上。调查人员的选择,要从政治素质、知识文化程度、工作经验和技能等方面综合考察,决不能只注重其工作技能。合格的调查人员是保证市场调查结果可靠的重要条件，由于市场调查一般是由若干人组成的调查队伍来完成，所以在考虑每个调查人员个人素质的同时，还要注意调查队伍的整体结构。对调查队伍要从职能结构、知识结构、能力结构及年龄、性别结构等方面进行合理安排。对调查人员的培训要从思想教育、知识准备、方法训练等方面展开，思想教育是先导、知识准备是基础、方法训练是重点。

在整个市场调查工作中，调查搜集资料阶段是唯一的现场实施阶段，是取得市场第一手资料的关键阶段。在此阶段，调查人员的接触面很广、工作量很大，所遇到的情况比较复杂，会出现的问题也较多。市场调查的组织者必须集中精力做好外部协调工作和内部指导工作，力求以最少的人力、最短的时间、最好的质量完成搜集资料的任务。市场调查的资料是分析研究市场的依据，就像生产产品必须要有原材料一样。市场调查搜集的资料，必须做到真实准确、全面系统，否则准备阶段的工作和研究阶段的工作都会失去意义。

2.2.4　整理和分析调查资料

市场调查资料的整理和分析阶段的主要任务是对市场搜集的资料进行鉴别与整理，并对整理后的市场资料做统计分析和开展理论研究。鉴别资料就是对市场搜集的资料，包括全部文字资料和数字资料等进行全面的审核。审核的目的是消除资料中虚假、错误、短缺等现象，以保证原始资料的真实性、准确性和全面性。整理资料是对鉴别后的市场资料进行初步加工，使调查得到的反映市场现象个体特征的资料系统化、条理化，从而以简明的方式反映市场现象总体的特征。对资料的整理主要是应用分组分类方法，对调查资料按研究问题的需要和市场现象的本质特征做不同的分类。对资料进行统计分析，就是运用统计学的有关原理和方法，研究市场现象总体的数量特征和数量关系。通过统计分析，企业能够揭示市场现象的发展规模、水平，总体的结构和比例，市场现象的发展趋势和速度等。经过统计整理和分析得到的市场现象数量，不但是对市场现象准确而系统地反映，而且是对市场现象进行定量分析和定量预测的重要资料，也为进一步对市场问题的开展定性研究提供准确数据资料。

2.2.5　撰写调查报告

撰写调查报告是市场调查的最后一项工作内容，市场调查工作的成果将体现在最后的调查报告中。调查报告被提交给企业决策者，作为企业制定市场营销策略的依据。撰写调查报告是市场调查的重要环节，必须使调查报告在理论研究或实际工作中发挥重要作用。此外，还应对调查工作的经验教训加以总结，为今后的市场预测工作打下基础。对市场调查的评估，主要包括学术成果和应用成果两方面，其目的是总结市场调查所取得的成果。认真做好总结工作，对于提高市场调查研究的能力和水平有很重要的作用。

市场调查报告要按规范的格式撰写,一个完整的市场调查报告格式由题目、目录、概要、正文、结论和建议、附件等部分组成。具体调查报告内容见后续章节。

思考题

1. 什么是市场环境调查?市场环境调查的主要内容包括哪些?
2. 进行市场环境调查时,常用的分析方法有哪些?
3. 简述 PEST 理论模型的主要内容。
4. 如何运用竞争分析模型分析市场环境?
5. 简述企业如何通过 SWOT 分析开展市场调查。
6. 简述市场需求调查的主要内容。
7. 从企业角度分析市场供给调查的重要性。
8. 举例分析消费者市场调查过程中的关键环节。
9. 简述市场调查的程序。结合实际的市场调查,你认为其中最重要的是哪一个环节?为什么?
10. 举例说明如何在市场调查过程中定义有效的问题?

案例分析题

日本卡西欧公司的市场调查

日本卡西欧公司,自成立起便一直以产品的新、优而闻名世界,其新、优主要得力于市场调查。卡西欧公司的市场调查方式主要是销售调查卡,其卡只有明信片一般大小,但考虑周密、设计细致、调查栏目中各类内容应有尽有。第一栏是对购买者的调查,其中包括性别、年龄、职业等,分类十分细致;第二栏是对使用者的调查,使用者是购买者本人、家庭成员,还是其他人。每一类人员中,又分年龄、性别;第三栏是购买方法的调查,是个人购买、团体购买、还是赠送;第四栏是调查如何知道该产品的,是看见商店橱窗布置、报刊广告、电视台广告,还是朋友告知、看见他人使用等;第五栏是调查为什么选中了该产品,所拟答案有操作方便、音色优美、功能齐全、价格便宜、商店的介绍、朋友的推荐、孩子的要求等;第六栏是调查使用后的感受,是非常满意、一般满意、普通、还是不满意;另外几栏还分别对机器的性能、购买者所拥有的乐器、学习乐器的方法和时间、所喜爱的音乐、希望有哪些功能等方面作了详尽地设计。为企业提高产品质量、改进经营策略、开拓新的市场提供了可靠依据。

思考题:请结合案例内容,分析市场环境调查中的哪些因素对企业经营产生决定性作用?案例带来的启示有哪些?

酒店的经营之道

某大酒店坐落在南方某省会城市的繁华地段,是一家投资几千万元的新建大酒店,开业初期生意很不景气。酒店经理为了寻找症结,分别从该市的大中型企业、大专院校、机关团体、街道居民中邀请了 20 名代表参加座谈会,并亲自走访了东、西、南、北四区的部分居民及外地旅游者。经过调查后发现,本酒店生意不景气的原因如下:停车场地较小,顾客来往很不方便;本市居民及游客对本酒店的知晓率很低,更谈不上满意度;大部分居民不清楚本酒店的经营特色。为此,酒店做出了扩建停车场、在电视上做广告、开展公益及社区赞助活动等决策以突出酒店的经营特色、多样化服务。决策实施之后,酒店的生意日渐红火。

思考题:请结合案例内容,分析企业经营成功的关键因素,试运用竞争分析模型进行市场环境分析。

第 3 章

市场调查方法

瑞幸咖啡的经营数据

瑞幸咖啡公司(以下简称"瑞幸咖啡"或"瑞幸")由神州优车前首席运营官钱治亚在2017年11月离职后创办,自2018年5月8日正式营业。截至2018年12月31日,在瑞幸咖啡的收入与利润结构中,净营业收入为8.407亿元人民币,营业成本为24.387亿元人民币,净损失为16.192亿元人民币。2019年5月17日瑞幸咖啡在纳斯达克上市,创立18个月就实现了IPO上市,创下中国创业公司最快上市记录。该企业快速上市,倡导以技术为驱动,以数据为核心,通过互联网的方式销售咖啡,通过线上线下的方式协同营销,通过APP线上预定,然后通过线下门店来进行配送。可以说,瑞幸咖啡是快消费零售的一种新型O2O商业模式。上市后瑞幸咖啡在资本市场股价不断走高,特别是2019年11月之后,股价从最低13.71美元上涨到最高45.73美元,上涨幅度高达233.87%。两年内,瑞幸在全国市场上开设4 507家门店,超越咖啡店巨头星巴克在中国的门店数量,成为我国门店数量最多的咖啡连锁品牌。资本市场与产品市场的靓丽表现,在2019年四季度,就吸引了64家机构新进入场,股价摸高51.38美元,市值123亿美元;2020年1月瑞幸又进行增发融资,规模超过11亿美元。然而在2020年4月2日,瑞幸咖啡公开宣布,在2019年二季度至四季度期间,公司伪造了22亿元人民币的交易额,同时也虚增了相关的费用和成本。公开"自爆"财务造假,让所有关注瑞幸咖啡的人惊耳骇目,当天股价暴跌,市值缩水至16亿美元。瑞幸咖啡自成立以来就受到很多外界的关注,特别是它的商业模式和价值创造理念持续引发理论界和实务界的广泛争议。但此次财务造假事件给企业带来致命打击。2020年6月27日,瑞幸咖啡发布声明称,将于6月29日停牌并进行退市备案。

瑞幸咖啡是互联网下快速成长的企业,用互联网的思维和速度来满足消费者需求可以获得核心竞争力,但在竞争过程中,所有企业都必须按照市场规则和相应的国家法律法规从事企业经营活动,否则将会付出惨痛代价。

市场调查材料的处理是从大量的、可能是杂乱无章的、难以理解的各类原始材料中抽取、提纯、推断,以此获取对企业有价值、有意义的材料并作为重要的资源存储起来的过程。市场调查所获得的材料必须通过科学的分析与整理之后,才能呈现在调查报告以及决策方案中。这不仅保证调查材料的真实可信而且可以使材料更加规范,便于储存和提取,也是对材料去粗取精、去伪存真的过程,以此作为企业在未来市场战略决策的依据。本章将重点介绍市场调查资料调查。

案例来源:张新民,陈德球.移动互联网时代企业商业模式、价值共创与治理风险——基于瑞幸咖啡财务造假的案例分析[J].管理世界,2020(05):74-86。

3.1　二手资料调查

确定好市场调查主题,设计好调查假设,规划好可行的市场调查方案之后,必须选定合适的市场调查方法进行市场调查。其至,在确定市场调查主题、设计调查假设、规划市场调查方案的过程中,就应当考虑选用合适的市场调查方法。因此可以说,选定合适有效的市场调查方法对市场调查的顺利进行有着重要意义。市场调查获取信息资料,一般有两种形式:一种是通过"案头调查",收集"二手资料"或已经公开的信息,以便明确调查主题相关的背景材料,为深入调查指明方向;另一种是通过"实地调查",收集"一手资料"(即原始材料)。

几乎所有的调研项目都依赖于或者至少得益于二手资料的调研。它在一个项目的早期阶段尤为有用,可以帮助企业明晰思考的问题,通过调研设计和计划来帮助界定问题。它在项目实施过程中也是非常有用的,因为它能为分析和解释观测到的结果提供一个情境或框架。

3.1.1　二手资料来源途径

二手资料又称次级资料,是指特定的调查者按照原来的目的已收集、整理的各种现成的资料,如年鉴、报告、文件、期刊、文集、数据库、报表等。在市场调查中,进行实地调查获取第一手资料是十分重要的。如果所有信息都靠一手资料获得,那既费时又费事。大多数情况下,调查人员还可通过二手资料的收集,特别是公开信息的收集,使企业迅速了解有关信息,把握市场机会,快速、有效地了解调研项目的背景,据此确定调研方向,为进一步的直接调查奠定基础。

与实地调查相比,利用公开信息有以下优势:成本相对较低,资料比较容易找到,收集资料所用时间相对较短。正是鉴于上述优点,公开信息的收集常常是市场调查的首选方法,几乎所有的市场调查都可以始于公开信息收集。因此,利用公开信息获得新的发现也作为企业决策者以及市场调查人员的常规活动。

二手资料的来源主要有以下途径。

(1) 各级政府部门发布的有关资料。各级计委、财政、工商、税务、银行、贸易等部门经常定期或不定期地发布各种有关政策法规、价格、商品供求等信息。

(2) 各级统计部门发布的有关统计资料。各级统计部门每年都定期或不定期地发布国民经济统计资料。各级统计局每年还出版统计年鉴,内容包括综合、人口与就业、投资、财政、工业、农业、建筑业、商业、对外贸易、人民生活文化、教育、卫生、环保等许多重要的国民经济统计资料。

(3) 行业协会发布的有关统计资料。行业协会或行业管理机构发布的本行业的统计数据、行业市场分析报告、市场行情报告、工商企业名录、产业研究、商业评论、行业政策法规等数据和资料,这些资料是研究行业状况和市场竞争的重要依据。

(4) 各种信息中心和信息咨询公司提供的市场信息资料。这些专业信息机构资料齐全、信息灵敏度高、专业性强、可靠程度高,为满足客户需要有时还代办咨询、检索、定向服务或进行市场调查。

(5) 各种公开出版物。如订阅有关科技书籍、杂志、报纸。这些出版物经常登载科技信息、文献资料、广告资料、市场行情、预测资料和各种经济信息。

此外,还有电视广播提供的各类资料,各类研究机构的调研报告、研究论文集,各类专业组织的调查报告、统计报告以及相关资料,各种博览会、展销会、交易会和订货会,以及各种国际组织、外国使馆、驻外使馆、办事处等提供的国际市场资料。而随着互联网的发展,二手资料有了查寻方便、复制方便、存储方便、使用方便、成本低、可跨地域国界等特点。因而,来自互联网的信息将会越来越多。

3.1.2　二手资料的获取方法

(1) 查找法,这是获取公开信息的基本方法。首先,根据查找的原则在企业内部的信息资料库查找,这是最为快捷、方便的。如果企业信息系统完备,在企业内部不仅可以获得大量反映企业本身经营状况的资料,还可以获得关于供应商、竞争对手、客户、市场等方面的资料。其次,到企业外部查找,主要是到一些公共机构查找。

(2) 索取法,即向占有信息资料的单位或个人无代价地索要。由于索讨无代价,其效果在很大程度上取决于对方的态度。因此,在索取资料时应注意:①尽量向平时有联系的单位或个人索要;②索要资料时要和该单位人员友好沟通;③索取的资料数量应适可而止。

(3) 购买法,是指通过付出一定量的资金向有关单位和部门购买所需资料的方式。随着信息的商品化,许多专业信息公司的信息实行有价转让,如专业咨询机构、行业协会、信息中心等单位定期或不定期出版的市场分析报告等。在购买资料时,调查者应注意进行鉴别,确保购买到的信息的质量,同时控制有价二手资料的比例。

(4) 交换法,是指与信息机构或其他单位进行对等的信息交流。这是一种信息共享的合作关系,交换的双方都向对方无代价提供资料并获得对方无代价提供的资料。

(5) 接受法,是指接受外界主动、免费提供的信息资料。随着现代营销观念的确立,越来越多的企业或单位为宣传自身及其产品和服务,主动向社会传递各种信息,包括广告、产品说明书、宣传材料等。作为信息资料的接受者,要注意积累这些信息。

尽管公开信息对调研是很有帮助的,但由于公开信息存在一定局限性和缺点,因而在收集和使用公开信息时应当谨慎,需要注意以下四方面:①针对性。根据研究目的,有针对性地重点收集与调查课题有关的第二手资料。既要注意所收集内容的针对性,又要注意对资料的来源进行定向搜集。要注意资料的适用性和够用性,避免无用的垃圾信息产生。②时效性。二手资料的时效性较差,如果资料反映的情况发生变化,其就失去了利用价值。为此,应注意及时收集、分析和利用各种最新的数据和资料,及时更新数据库,以降低二手资料的时滞性影响,提高资料的时间价值。③全面性。应通过各种信息渠道,利用各种机会,采用多种方式广开信息源,大量收集与调研课题有关联的、有价值的信息,确保二手资料收集的广泛性、全面性。④系统性。为了提高二手资料的利用价值,在收集和整理时,应力求资料具有系统化、层次化和系列化等特征。同一数据资料最好能够同时开发出属性数列等信息资源,定性资料最好能够划分为不同的类别或序列。⑤准确性。二手资料往往是为其他目的、由他人搜集整理的,调研者搜集和利用这些资料时,应注意评价数据和资料的适用性和准确性。

3.1.3　文案调查法

1. 文案调查法的定义

文案调查法又称间接调查法,是指通过查看、阅读、检索筛选、剪辑、购买、复制等手段收集二手资料的一种调查方法。文案调查法主要用于搜集与市场调查课题有关的二手资料,它与访问法、观察法等搜集原始资料的方法是相互依存、相互补充的。

文案调查法的优点是,资料收集过程比较简易,组织工作简便,二手资料比较容易得到,相对来说费用比较低,并能较快地获取。因此,能够节省人力、调查经费和时间。尤其是企业建有管理信息系统或市场调查网络体系,并与外部有关机构具有数据协作关系的条件下,文案调查具有较强的机动性和灵活性,能够较快获取所需的二手资料,以满足市场研究的需要。

二手资料的主要缺点是:二手资料是为原来的目的收集整理的,不一定能满足调研者研究特定市场问题的数据需求;二手资料主要是历史性的数据和相关资料,往往缺乏当前的数据和情况,存在时效性缺陷;二手资料的准确性、相关性也可能存在一些问题。因此,在使用二手资料之前,有必要对二手资料进行审查与评价。

2. 文案调查的程序

文案调查的资料来源主要有企业的内部渠道和外部渠道。内部渠道主要是企业各个部门提供的各种业务、统计、财务及其他有关资料;外部渠道主要是企业外部的各类机构、情报单位、国际互联网、在线数据库及图书馆等所持有的可供用户共享的各种资料。文案调查工作的具体流程主要包括以下内容。

(1) 确定信息需求。文案调查必须针对特定的目的收集资料,为此,调研者应考虑企业市场研究和经营管理的信息需求,包括现实需求和长远需求。现实需求是指文案调查应为解决什么样的现实问题提供信息支持;长远需求是指文案调查应为企业经常性的生产经营管理决策提供基础的、连续的数据和资料。

（2）确定资料收集的内容。根据确定的信息需求，进一步明确应收集哪些方面的内部资料和外部资料，才能满足市场研究和生产经营管理的决策需求。一般来说，应收集与市场调研课题有关的背景资料和主体资料，以便研究问题的缘由、特征和原因。同时，资料内容的界定应力求具体化、条理化。

（3）评审企业现有的内部资料。评审企业内部已取得或已经积累起来的统计资料、财务资料、业务资料和其他资料是否能满足特定的市场研究课题的需要，是否能满足企业经常性的生产经营管理的信息需求。通过评审，发现问题并进行整改，以完善现成资料的内部来源，规范内部信息流程和基础工作。

（4）确定外部资料的来源渠道。根据确定的外部资料的内容确定收集的方向和渠道，明确向谁收集、收集什么和何时收集等基本问题。外部资料来源的渠道很多，应根据资料收集的目的、内容和要求，综合考虑提供者的信誉、专业化程度和服务水平，及其所提供数据的质量、数据的系统性与可用性作出选择。

（5）确定收集资料的方法。要明确所采用的方法才能有效地收集第二手资料。一般来说，外部资料的收集需要采用多种方法组合应用，才能从不同的渠道有效获取各种不同性质的现成资料。内部现成资料收集的主要方法是核算法、报告法、汇编法及管理信息系统搜寻法等。

（6）实施与评审。第二手资料搜集的内容、渠道和方法确定之后，调研者则可实施资料的收集工作。对所收集的二手数据和相关资料，从技术、质量、内容、目的、时间、水平、系统性、可靠性等方面作出评审，以决定资料的利用价值。

（7）综合与汇集。对收集的二手数据和相关资料评审后，再进行分类、综合、加工、制表、归档、汇编等处理，使收集的资料实现条理化、综合化、层次化，为市场分析研究和满足管理的信息需求提供优质的信息服务。

3.1.4　数据档案

数据档案是数据的存储库。例如，每个商业组织都有自己的数据档案，而这些数据档案以内部数据库和内部数据仓库的形式存在，这些形成了决策支持系统（Decision Support Systeh，DSS）或管理信息系统（Management Information Systeh，MIS）的基础。内部组织也有自己的数据档案，内部人员可随意使用存储的数据。

例如，在英国，大量的社会和经济数据存储在英国数据档案馆（UK Data Archive）之中。这个档案馆内存储的数据是由代表英国政府的社会科学研究理事会正式且多次地调研获取，如劳动力调查、一般家庭调查、家庭支出调查。除了有政府获取的数据，此档案馆还存着其他学术性数据——来自（国际的）市场调查、独立研究学院和公共部门的数据。这个档案馆的网站——http://wwarchive.ac.uk/，包含数据集的所有描述及文件（包括定性数据），而且支持多种搜索信息的方式。该档案馆主要的在线检索系统，即著名的

BIRON，可以用科目和主题检索，也可以根据与研究相关的个人与组织名称进行检索，还可以根据数据收集的日期和地点来检索。BIRON 存储在上述档案馆中的目录有效，而这个目录由一些可描述的信息（元数据）组成。

科隆大学的经验社会调研中央档案馆（http：//www.gesis.org/）涵盖了来自德国和国际研究组织的数据。这个档案馆是国际社会调查项目（International Social Survey Programme，ISSP）的官方档案馆，"欧洲社会价值调查"是它的一个分部。ISSP 收集来自世界范围内超过 30 个国家的重要社会问题和社会科学问题。中心档案馆提供每个独立国家数据的访问入口和文件入口，这些文件包含了每个特定国家每年的调研数据。来自欧洲社会调查的数据被存档于卑尔根市的挪威社会科学数据服务中心[①]。

位于密歇根大学的政治社会研究大学联盟档案馆提供了全球超过 400 所大学科学技术数据的访问入口[②]。当然也有些其他性质的数据档案馆，如健康与药物档案馆、国际教育数据档案馆、国家刑事司法档案馆。

3.1.5　数据仓库

数据仓库是数据的存储设施，实际上它是一个巨大的数据库，包含一个来源或多个来源的数据。它是一个重要的存储设施，在数据存档的概念上向前走了一大步，因为包含数据仓库的数据集是综合的，而且里面的基本要素可以从这一个联系到另外一个（就像一个相关联的数据库）。

存储在数据仓库趋向于存储那些有助于组织制定管理决策的数据。在很多方面，这就是数据仓库的目的——支持管理决策，以取得进步。一些数据仓库经常被认为是决策支持系统、行政信息系统和企业情报系统。如果一个系统（还有它包含的数据）与客户有关，它可能被认为是客户关系管理系统。如果一个组织有客户关系管理系统，那么可能很多专业人员会使用里面的数据。在大多数情况下，组织所采用的一手调研数据不会是由相同的人负责的，尽管一些组织正在进一步发展整合调研功能，包括所有来源的数据、一手资料和二手资料。

数据仓库是被设计和构造出来的，里面的数据会被编排并给出目录，目的是增强其决策支持作用、快速且有效地访问数据仓库里面的数据。数据仓库有两种主要的设计和结构：一种是关系数据库结构，以一个中央事实表为依据进行星状设计，例如，销售量和几个相互关联的表格，如产品组、销售区域、销售期间等；另一种是多维数据结构，它是基于多维立方体的设计。比起多维数据结构，具有传统关系数据结构的数据库或数据仓库有两个优点：一是它允许用户相对简单地完善其他相关联的数据库；二是在数据存储方面，它是比多维数据结构更有效的方法，且更容易管理和更新。多维数据结构的主要优

---

① http：//www.nsd.uib.no/nsd/english/index.html。
② http：//www.icpsr.umich.edu/icpsrweb/ICPSR/index.html。

点是用户能直接得到数据的多维图像。正如数据档案一样，利用专门为处理大量数据而设计的软件工具，可以在数据仓库中检索、询问和分析数据。

3.2 一手资料调查

很多市场研究人员虽然对市场现象有一定的想法和推断，却没有通过一手资料的收集来体现这些想法和推断的正确性和准确性，从而导致研究结果没有说服力、可信度不高、缺少实践性。在社会发展日新月异的今天，新的市场发现亟须获取有效的一手资料。

第一手资料，也叫原始资料，是指调查研究人员自己直接经过搜集整理或通过经验所得，包括原创性的文献资料、实物资料、口述资料等。通过一手资料，研究人员可以直接获取事件、活动或行为的事实、信息或数据，了解人们对事物的看法、打算等。作为调查研究最直接的证据，一手资料的真实性、生动性、可信性、原创性、保密性的特点，使其比转手的、间接获取的二手资料更具价值。

3.2.1 一手资料收集的过程

调查是一项技术含量相当高的工作，从制定调查方案到选取样本，从调查执行到信息、数据的整理，从信息、数据的分析到形成结论指导决策，都要求研究人员具有一定的专业性。一般情况下，一手资料的收集按照以下步骤进行。

第1步：确定调查研究的目的。

第2步：确定收集一手资料的内容和来源。

第3步：确定收集资料的方法。

第4步：收集资料。

第5步：对收集到的资料再确认。

第6步：正确使用收集到的一手资料。

获取一手资料的市场调查方法主要包括观察法、问卷法、访问法、实验法等。有时，根据不同的分类标准，市场调查方法可进行不同的分类。

首先，按照调查的范围进行分类，市场调查方法可以分为普查法与抽样调查法。普查法是对所调查目标群体进行全部调查的方法；抽样调查法是对所调查目标群体进行抽样调查的方法。

其次，按照调查方式进行分类，市场调查方法可以分为电话调查法、邮寄调查法、网络调查法、入户调查法、街头调查法等。

最后，按照期望获得的调查结果性质进行分类，市场调查方法可分为定量调查法与定性调查法。定量调查法是对一定数量的有代表性的样本进行封闭式（结构性）问卷调查,然后对调查数据进行录入、整理和分析的方法。定性调查法是以小样本为基础、非结构式为形式,具有探索性的调查方法。二者在使用过程中,相辅相成,各有优缺点。

3.2.2　观察法

1. 观察法的定义与应用

观察法是指对自然状态中的研究对象进行观察,通过测量或记录来获取一定时间或时期内信息或资料的方法。从观测时间的角度来分类,观察法可以分为纵向观察、横向观察和纵横结合观察三种形式;从观测者参与的角度来分类,观察法可以大致分为非参与式与参与式的观察法;从观察的方式来分类,观察法还可分为直接观察法、仪器观察法和实际痕迹观察法。

应用观察法获取第一手资料,在观测和记录的过程中需要研究者将研究的主题与被观测的内容良好地联系起来,随时记录观测到的内容以及产生的想法,只要不影响被观测者的行为,应边观察边记录,并且对记录进行及时的整理,写下个人的印象、感受、观点、推断等。观察法作为实地研究获取资料的一种方法,常常需要有一定的研究假设作为前提,据此有的放矢地收集有用的资料或信息,发现支持或不支持研究假设的证据。同时在观测中,研究者要注意随时完善自己的假设,以动态的眼光来分析所观测的事件,从而获得更加有效和更高质量的信息或数据。研究者应具有丰富的经验和专业技能,对信息的收集具有高度的敏感性。

在市场调查研究中,观察法十分适用于研究人的行为,如调查消费者行为时,有目的、有计划地观察被调查者的言语、行动和表情等并以此来研究消费者心理活动的规律。此方法的优点是,身临其境地观察研究对象或研究事物,理解事件的原由或特征,直接获取详实的数据或信息资料。此方法的缺点则是比较耗时、费力;且被观察者发觉被观察时,可能会改变其最真实的活动,内在因素不一定能被观察出来;对观察人员的专业素质要求较高。

2. 神秘购物法

参与性观察是指调查者直接参与到特定的环境和被调查者中去,与被调查者一起从事某些社会经济活动,甚至改变自己的身份,借以收集、获取有关信息的一种观察。在市场调查中,参与性观察往往通过"伪装购物法"或者"神秘购物法"来组织实施。

神秘购物者收集有关商店的观察数据(例如,货架是否摆放整齐),以及顾客和员工间互动的数据。当然,在后一种情况下,神秘购物者和员工之间需要进行交流。神秘购物者可能会问,"这个产品多少钱?""这种款式是最新款吗?""这个颜色适合老年人吗?"等,这种相互交流不是为了访谈,而是为了观察员工的行动和评论。因此,虽然观察者经常卷入彼此间的交流,但神秘购物法仍可以看成是一种观察调研法,沃尔玛、麦当劳、星巴克等零售商都使用这种技术。

神秘购物法有四种基本形式,每种形式在深度和收集的信息类型上都有所不同。第一种是神秘购物者拨打神秘电话。在这种方法中,神秘购物者给客户打电话并根据电话内容评估所接受的服务水平,继而与其进行一番照本宣科式的谈话。第二种是神秘购物者参观某个展览并快速地购买一些产品,不需要过多或者完全不需要顾客与员工间的相互沟通。例如,神秘购物者购买了一些商品,并对其交易能力和场所的形象进行评估。第三种是神秘购物者造访某企业,用事先准备好的手稿或方案与服务或销售代表谈话。这里神秘购物通常并不包含真正的购买行为,如与销售代表讨论有关附带产品是否一起销售等。第四种是神秘购物者进行一次需要良好的沟通技巧以及有关产品的丰富知识的访问。例如访问有关家庭贷款购买新车的过程等。

神秘购物法主要是让接受过专门训练的"神秘顾客"作为普通消费者进入特定的调查环境,进行直接观察,主要围绕购物环境、服务质量、消费者的购买行为、同类产品的市场情况等方面展开。

3. 仪器观察法

仪器观察法是指在特定的场所安装录像机、录音机或计数仪器等器材,通过自动录音、录像、计数等获取有关信息。这种方法,不需要调查者进行观察,但应注意仪器设备安装的隐藏性,以免引起别人的误会。同时这种方法获取的信息是最原始的,调查者必须进行加工、整理和分析。在市场调查中,有些商场常在店门的进出口安装顾客流量观察仪器,用以测量顾客流量,并对顾客进行分类;或在某些柜台安装录像录音设备,自动拍摄顾客挑选、评议、购买商品的过程,然后通过音像的加工整理即可了解顾客的购买行为、购物偏好及其对商品和商场的评价意见。

观察法可用于产生定性资料和定量资料。收集定量资料的观察法倾向于机械化和自动化。机械化与自动化观察装置的例子,包括计算通过某一地段的汽车与行人数量的交通计数器;扫描、记录条形码和商品上产品代码的电子扫描仪,在数据库中记录顾客在商店购买的数量;射频识别电子标签,嵌入产品或标签或包装的微小芯片,以保证它们可以被处理;记录人们观看流量的闭路电视监测系统;记录和计算网站浏览量的网站计数器等。收集定性资料一般由调研者完成,有时需要借助相机与录音机。这种观察法可能会受到更多的干扰,如被观察者意识到他们被观察,从个体或活动中收集资料需要获得牵涉其中的人们的同意。

4. 神经营销学

神经营销学是研究消费者面对激励时的大脑模式和生理测定的过程。大脑模式通常是通过记录脑电活动的测量脑电图的。功能性磁共振成像测量大脑中和神经活动相关的血液流动变化。生理测定内容包括血压、心率和出汗情况。

神经营销学在市场调研中是一个很热门的领域,它既拥有坚定的支持者,也拥有坚定的反对者。该领域最大的公司是尼尔森的 NeuroFocus,该公司发明了一个便携的无线脑电波（electroencephalogram，EEG），可以直接将数据发送到远程遥控的笔记本电脑或iPad 上。消费者在看电视、观看广告或产品原型、看电影，或是在商店购物时佩戴该设备，被给予一定的报酬。一个 EEG 实时测量佩戴者的脑电活动；相反，一个磁共振（Magnetic Resonance Imaging，MRI）记录大脑里的血流变化会导致读取上的 5 秒延迟。MRI 提供清晰、高分辨度的画质，但在速度上不如 EEG。例如，假设你要想一个关于球的动作。在 200 毫秒内，你的大脑已经接收到了信号。脉冲移动到运动皮质层，使你的牙合器回应，你可能想说"扔"。这个过程发生的速度太快以至于 MRI 无法记录。但是，一个 EEG 可以捕捉从"球"这个词产生的每个虚拟神经脉冲。支持者认为，这就是神经营销学的存在之处——在一个无意识的想法产生之初，在大脑收到刺激和潜意识反应之间的一瞬间。因此，数据都是没有被意识过滤和处理过的，你也没有机会对字眼或手势作出有结构的回答。

例如，神经营销学中的"视线追踪"，一束红外线光直接射入眼睛，光线进入视网膜并反射回照相机，瞳孔中心和角膜反射之间的矢量被测量，发现关注点。通过视线追踪，可以记录人们能否从混乱的货架中、巨大店铺的陈列中看到或注意到产品包装？市场措施是否有力地吸引消费者的注意力？哪一种产品要素或者相关信息吸引消费者注意并且被一直注视？

3.2.3　访问法

1. 访问法的定义与应用

访问法是采用沟通交流的方式就所研究的问题收集信息资料的方法，可以通过直接的访谈（面谈），也可以通过电话访谈、邮件访谈、网上访谈等方式。访谈获得的样本量较少，但调查者通过与受访者的交流，可以详细了解事物、活动的情况，获取受访者的心理、意见、想法等丰富的信息。面谈的优点是访谈过程灵活、内容深入，可以及时确认信息和排除误解，方便发现更多的信息；缺点则是时间和费用方面的成本较高。电话、邮件和网上访谈省时便捷，但往往不如面谈所获得的信息丰富和深入。

根据研究需要，访谈可设计为结构式访谈和非结构式访谈。结构式访谈，在事前应明确需要的信息内容并且制订访谈提纲，事先对访谈中可能出现的回答做好准备，有时还需要引导被访谈者回答问题，目的是尽可能获得详实的信息；非结构式访谈则不依照一个已规划好的问题顺序提问，而是从开放式的问题出发围绕研究内容进行自由的沟通交流，非结构式访谈的目的往往是引出一些初步的议题，以帮助研究者确定变量。访谈调查要求调查者具有良好的倾听能力和洞察力，熟悉访谈主题或研究领域，善于捕捉关键问题，非结构式访谈对调查者的要求尤是如此。问卷调查是一种结构式的调查方法，可与访谈法结合使用。

2. 访问法的流程

访问法是市场调查资料搜集最基本、最常用的调查方法，主要用于元素资料的搜集。

访问法调查的流程有如下几个步骤。

第 1 步:确定访谈人员、受访人员、访谈的地点。

第 2 步:确定访谈的内容或问题。

第 3 步:进行访谈,并做记录。

第 4 步:复核访谈记录内容,整理访谈资料。

第 5 步:根据访谈资料进行分析研究。

制定访谈提纲时,可以进行预访谈,来完善访谈方案,以提高访谈效果。正式访谈前,调查者应告知受访者访谈的意图或目的、访谈者的机构(必要时出示证件、备用资料等)、访谈内容的用处、是否匿名访谈、是否录音、需占用的大概时间等信息。访谈的时间、地点根据调查目的和调查内容而定,以不易引起对方的反感为原则。访谈者要表现得礼貌而专业,开始时要自我介绍,结束时要表示感谢,要与受访者建立信任与和谐的关系,并注意鼓励受访者回答问题。在访谈开始时,调查者要注意制造良好的沟通氛围,在访谈中要注意聆听、细心观察,包括语言信息与非语言信息,做好记录,根据受访者的反应进行灵活的应变,围绕主题使沟通不断深入,以获得高质量的信息和数据。对于结构式访谈,尽量按照事先设计的访谈方案进行。访谈记录可以通过录音、摄像或速记的方式以原始形式保留下来,也可以是调查者将所有重要的信息或数据记录下来,事后再查阅相关资料对它们进行补充。无论哪一种形式,每次访谈后采访者应对访谈记录给予及时的复核。

3. 焦点小组座谈法

焦点小组座谈是市场调查中常用的一种通过特定小组访谈收集信息的方法,在市场调查中又叫特定人群研究。焦点小组是由一些特意挑选的具有代表性的被调查者组成的,他们被安排在一个房间内接受调查。经验丰富的营销调研者将与这些人在一起进行沟通,还可以安排他们接触产品实物(如样品)或视觉画面(如广告),让他们围绕一定的话题畅所欲言,从而收集到具有深度的、高质量的反馈信息,研究人员通常会在单面可见的屏幕后面观察特定人群的行为言语。一个焦点小组通常是由 8~10 位参与者组成的,主持人鼓励参与者进行讨论,发表各自意见,然后研究人员会将话题集中到对分析研究有用的特定的话题范围内。

焦点小组座谈法的特点是组织起来较为复杂、成本也较高,能否取得成功,其关键在于主持者主持会议和组织讨论的能力和水平,这些能力和水平又取决于主持者应具备的基本素质。从焦点小组座谈的要求来看,主持人应具备如下一些基本素质和要求。

(1)中立和善。为了促成必要的相互影响,主持人应将训练有素的、不偏不倚的超脱态度与理解对方并投入感情这两者很好地结合起来。

(2)宽容有度。主持人应容许小组出现兴奋点或目的不集中的情况,但必须保持警觉性。

（3）适当鼓励。主持人应鼓励热情的个人介入。

（4）指导有方。主持人应通过摆出自己对问题的不完全理解，进而鼓励参加者更具体地阐述其看法。

（5）调动参与的积极性。主持人应鼓励不发言的成员参与。

（6）随机应变。在小组座谈出现混乱时，主持人应能够随机应变并进行处理，及时变更计划的座谈提纲。

（7）高敏感度。主持人应具有敏感性，以便既有感情又有理解地引导小组的讨论。

4. 深度访谈法

深度访谈法是一种无结构的、直接的、个人的访问，又称个别访问法，即调研者按照拟定的调查提纲或腹稿，对受访者进行个别询问，以获取有关信息。在访问过程中，一个有经验的掌握访谈技巧的调查员可以通过深入地了解每一个被调查者，揭示调查者对某一问题的潜在动机、态度和感情。

深度访谈技术主要有三种：阶梯前进、隐蔽问题探寻和象征性分析。阶梯前进是顺着一定的问题线索进行访问探索，例如从产品的特点一直到使用者的特点，这使得调查员有机会了解被访者的思想脉络。隐蔽问题探寻是将重点放在个人的"痛点"而不是社会的共同价值观上，放在个人深切相关的而不是一般的生活方式上。象征性分析是通过反面比较来分析对象的含义，要想知道"是什么"，先设法知道"不是什么"。例如，在调查某产品时，其逻辑反面是：产品的不适用方面，"非产品"形象的属性，以及对立的产品类型。

调查员对深度访谈的成功与否是十分重要的。调查员应当做到以下几点。

（1）避免表现自己的优越和高高在上，要让被访者放松。

（2）超脱并客观，但又要有风度和人情味。

（3）以提供信息的方式问话。

（4）不要接受简单的"是""不是"回答。

（5）刺探被访人的内心。

深度访谈法比焦点小组座谈法更能深入地探索被访者内心的思想与看法。而且深度访谈可将反应与被访者直接联系起来，不像焦点小组座谈中难以确定哪个反应是来自哪个被调查者。深度访谈可以更自由地交换看法，而在焦点小组座谈中很难做到，有时会因社会压力而不自觉地形成小组一致的意见。深度访谈也有焦点小组座谈所具有的缺点，而且在程度上常常更深。调查的无结构使得调查结果十分容易受调查员自身的影响，调查结果和质量的完整性也十分依赖于调查员的技巧。其结果常常难以分析和解释，因此需要一定的心理学知识来解决这个问题。由于占用的时间和所花的经费较多，因而在一个调研项目中深度访谈的受访者数量是十分有限的。

此外，拦截式访问和入户访问，也是访问法的两种重要形式。拦截式访问，调查人员在固定场所拦截符合调查条件的消费者,进行面对面的访问。这是一种十分流行的调查方法,因为这种调查方法相对简单,超市、写字楼、街边、车站、停车场、商场等公共场所均可以进行这样的访问调查。入户访问,即调查人员按抽样方案的要求,选取适当的消费者,并按事先规定的方法,到抽中的消费者家庭中,依照问卷或调查提纲进行面对面的提问。问卷可为访问式问卷和自填式问卷,问题可以是封闭式的,也可以是开放式的。但由于入户访问成本、拒访率均较高,致使入户访问的使用越来越少。

3.2.4　实验调查法

实验调查法又称实验观察法,是通过实验设计和观测实验结果而获取有关信息的方法,即从影响调查问题的许多可变因素中,选出一个或两个因素,将它们置于同一条件下进行小规模实验,然后对实验观察的数据进行处理和分析,确定研究结果是否值得大规模推广。它是研究特定问题的各因素之间的因果关系的一种有效手段,因为它可以通过对实验对象和环境及实验过程的有效控制,来分析各因素之间的相互影响关系及其影响程度,从中提取出有价值的信息,为决策提供依据。实验调查的最大特点是把调查对象置于非自然状态下开展实验观察,将实验变量或所测因素的效果从多因素的作用中分离出来,并给予检定。

实验调查法的程序有以下几个步骤。

第1步:根据调查项目的目的要求,提出需要研究的假设,确定实验变量。例如,某种新产品在不同的地区销售是否有显著的差异,哪个地区的销售效应最好,不同的广告设计方案的促销效果是否存在显著的差别,哪个方案的促销效果最佳等。

第2步:进行实验设计。实验设计的方案很多,有单因素的实验设计和双因素实验设计两大类,其中每一类又分为许多具体的实验设计形式。一般来说,应根据因素数量、因素的不同状态或水平、可允许的重复观察次数、试验经费和试验时间等综合选择实验方案。

第3步:进行实验。按实验设计方案组织实施实验,并对实验结果进行认真观测和记录。要认真全程监视试验以便按计划完成,要使得每个试验结果(数据)都含有设计中规定的信息。这一过程所耗经费最多,时间最长,如果失控通常会导致实验有效性丧失。

第4步:数据处理与统计分析。对实验观察数据进行整理、编制,并运用统计方法,如对比分析、方差分析等,对实验数据进行分析和推断,得出实验结果,并解释实验结果。

第5步:编写实验调查报告。实验结果确认无误后,可写出实验调查报告。实验调查报告应包括实验目的的说明,实验方案和实验过程的介绍,实验结果及其解释,对今后行动的建议。

 **思考题**

1. 市场调查资料常见的收集方法主要有哪些？
2. 如何评价一手资料的价值？请列举主要的一手资料收集方法。
3. 请举例说明二手资料对企业经营决策的重要性。
4. 二手资料的来源和获取方法有哪些？
5. 简述数据档案与数据仓库。
6. 文案调查法的优缺点有哪些？文案调查的资料来源有哪些？
7. 什么是观察法？举例说明不同观察法的应用。
8. 焦点小组座谈法的优缺点有哪些？应用中的关键点是什么？
9. 如何进行深度访谈？深度访谈过程中应该注意哪些内容？
10. 什么是实验调查法？举例说明具体开展实验调查的程序。
11. 从市场营销学的角度分析神经营销在市场调查中的意义。

 **案例分析题**

[案例 1]

格林斯潘的市场调查

　　格林斯潘——美联储前主席，开创了美国历史上最长的经济上升期，对美国经济繁荣作出了卓越的贡献。在他还是一名学生的时候，就作出了一份令人刮目相看的调查报告，为其以后的辉煌人生打下了坚实的基础。1950 年，朝鲜战争爆发，美国五角大楼把所有的军用物资购买计划列为保密文件，包括美国国际工业联合会在内的投资机构都想了解美国政府对原材料的需求量，从而预测备战计划对股市的影响。这在平时只要翻看有关的文件就行了，但在战时则不可能。所以，在人才济济的美国工业联合会里没有人愿意调查这一切。有个年轻的兼职调查员自告奋勇，他就是当时还是纽约大学学生的格林斯潘。

　　格林斯潘是怎么开展调查的呢？他首先想到 1949 年，朝鲜战争还没有爆发，军事会议还没有保密。于是他花费大量精力研究一年来的新闻报告和政府公告，了解到 1949 年和 1950 年美国空军规模和装备基本一致。他又从 1949 年的记录中了解到美国有多少架飞机、新战斗机的型号、后备战斗机的数量，然后预计出损耗，从而预测出战争期间每个型号战斗机的需求量。格林斯潘还找来各种飞机制造厂的技术报告和工程手册进行仔细研读，弄清了每个型号战斗机需要的原材料。综合两方面的调查，格林斯潘算出了美国政府对原材料的总需求量。由于他计算出的数字非常接近美国政府保密文件里的数字，这给投资者带来了丰厚的回报，格林斯潘也引起了人们的关注。

问题：请根据本章内容分析案例中采用的市场调查方法，及其带来的启示。

[案例2]

照片中的市场信息

1959年9月25日，中国石油勘探队在东北松辽盆地陆相沉积中找到了工业性油流。当时正值国庆十周年，所以这个油田以"大庆"命名。

当时大庆油田的位置、规模和加工能力均严格对外保密，而日本根据当时《人民日报》登载的《大庆精神大庆人》的文章，确定了中国有大庆油田。出于战略上的需要，中国非常重视石油的发展，并将大庆油田的情况作为情报工作主攻方向。日本根据1966年第1期《中国画报》上刊登的铁人王进喜戴皮帽子的照片和运送原油火车上灰土的厚度，判断出油田在东北地区；根据《人民中国》杂志关于工人从火车站将设备人拉肩扛到钻井现场和王进喜在马家窑的有关报道弄清了油田的确切位置；从王进喜出席了人大会议判定油田出油了；之后又根据《中国画报》上刊登的一幅炼油厂反应塔的照片中扶手栏杆的比例，推算出油罐的外径及内径，进而推算出了油田的产油能力。在此基础上，日本企业马上按照大庆油田的特点设计出了有关设备，并在随后的中国设备进口中一举击败欧美各国的竞争对手，使其设备顺利地进入了中国市场。

问题：请根据案例内容简述市场调查常用的方法，结合现在互联网时代特征分析市场调查资料准确获取的重要性。

第 4 章

抽样调查

大数据在保险行业的应用

保险行业并非技术创新的指示灯，然而 MetLife 保险公司已经投资 3 亿美元建立一个新式系统，其中的第一款产品是一个基于 MongoDB 的应用程序，它将所有客户信息放在同一个地方。

MongoDB 汇聚了来自 70 多个遗留系统的数据，并将它合并成一个单一的记录。它运行在两个数据中心的 6 个服务器上，目前存储了 24TB 的数据。它包括 MetLife 的全部美国客户，尽管其目标是扩大国际客户和多种语言，同时也可能创建一个面向客户的版本。它的更新几乎是实时的，当新客户的数据输入时，MongoDB 就能像 Facebook 墙一样。

大多数疾病可以通过药物来达到治疗效果，但如何能够让医生和病人专注于一两个可以真正改善病人健康状况却极具挑战的干预项目。安泰保险目前正尝试通过大数据达到此目的。

安泰保险为了帮助改善代谢综合症患者的状况，从千名患者中选择 102 个完成实验。在一个独立的实验室工作内，安泰保险通过患者的代谢综合症的一系列检测试验结果，在连续 3 年内，扫描 60 万个化验结果和处理 18 万件索赔事件，将最后的结果组成一个高度个性化的治疗方案，以评估患者的危险因素和重点治疗方案。这样，医生可以通过建议食用他汀类药物及减重 5 磅等方法而减少患者未来 10 年内 50% 的发病率。若被检查者目前体内含糖量高于 20%，医生则建议其降低体内甘油三酯总量。

4.1 全面调查

4.1.1 全面调查的定义

全面调查是对调查对象的所有单位进行一一调查的调查方式，主要目的在于取得总体现象比较全面系统的总量指标。例如，要掌握全国人口总数及构成情况，就需要对全国每一户居民进行调查。各种普查和多数定期统计报表都属于全面调查。全面调查需要耗费较多的人力、物力、财力和时间，因此通常只用来反映最基本、最重要的社会经济现象的资料。

特别是 20 世纪 90 年代以后，随着信息技术和市场的发展，企业数据管理不再仅仅是存储和管理数据，而转变成用户所需要的各种数据管理的方式。数据库有多种类型，从最简单的存储各种数据的表格，到能够进行海量数据存储的大型数据库系统，这些都在各个方面得到了广泛的应用。在当今瞬息万变的市场环境中，全面分析的灵活度、敏捷度和确定性更高，满足顾客需求的数据数量也会呈几何级数增加，市场细分更加精细，产品与服务的市场定位也将更加准确,精准销售也会变为现实。

全面调查可以使管理层分离复杂活动和生态系统的各个组成部分,并且查看和了解其业务与所在市场的动态关系。通过全面洞察并分析市场趋势和商业模式变化,企业管理者能够预测未来可能发生的事。借助建模技术和假设分析场景,管理层甚至可以制订应对市场变化的最佳方案,以此获得收益、规避风险。同时,企业把任何一项活动都记录下来,作为下一次工作的参考,这就丰富了大数据的宝库。例如,快餐业可以通过视频分析等候队列的长度,同时自动变化电子菜单显示的内容。如果等候的队列较长,则电子菜单显示那些能够快速供给的食品;如果等候的队列较短,则电子菜单显示那些利润较高但准备时间相对长的食品。

4.1.2 全面调查的特点

全面调查在实际应用中具有一定的特点,具体表现在以下几个方面。

(1)全面性。全面调查的对象通常空间范围广、样本(个体)数量多、调查的内容复杂、信息结构多样化。对国家而言,全国性的调查有人口普查、企业资产状况普查等。在企业层面上,企业可以就某一特定产品或服务采取全面调查。

(2)成本高。全面调查通常是对调查对象的总体进行无一遗漏的调查,一般需要耗费大量的人力、物力和时间。同时,结构化与非结构化数据混合,信息处理难度大、成本高。现代信息技术和网络技术的使用,可以使调查成本大幅度降低。

(3)组织难度大。全面调查需要系统管理,特别是跨地区调查,需要动用社会资源以形成合力来协同配合完成。所以除了使用先进数字技术外,还要做好组织工作,如信息收集整理、信息分类分析、信息管理区域协调同步等。

(4)一次性。全面调查是在特定时间对调查对象的数量表现进行登记,而不是经常性的调查,通常每隔一段时间才登记一次。

(5)标准化程度高。全面调查由于统一规定调查项目、时间和方法,以及统一组织、统一标准和统一数据处理,因而获取的数据具有较高的标准化程度。

全面调查的优点是,能够获得较为全面、准确、系统的调查数据,能够研究总体的基本特征,能够为重大决策提供信息服务。但全面调查也存在一些缺点,如调查费用较高、调查工作的时间较长、应急性和时效性较差、调查工作量大、非抽样误差大等。因此,全面调查只有在非常需要的时候和调查经费允许的条件下才采用,不宜过多采用。

4.2 抽样调查的程序

4.2.1 抽样调查的定义

抽样调查是指调查者为了特定的调研目的,按照随机原则从调查总体中抽取一部分单位作为样本而进行的一种非全面调查。抽样调查的目的在于根据样本调查的结果来推断总体的数量特征。抽样调查虽然是非全面调查,但它的目的却在于取得反映总体情况的信息资料,因而,也可起到全面调查的作用。

由于全面调查所涉及的时间和财力代价很大,因此在总量非常大、总体单位数非常多的情况下,不可能进行全面调查。市场调查中这种现象不少,如居民家庭收支是市场购买力及其构成的直接表现,但居民户很多、普查的工作量太大、费用也过高,因而无法进行全面调查;再如,对商品进行检验或测量的过程会对商品产生破坏性,根本不能用全面调查的方法,只能用抽样调查。随着市场调查工作的深入开展,市场抽样调查已经成为一种最重要的组织调查方式,得到极其广泛的应用。

全面调查的缺点除了时间和成本因素外,还有其他方面。无回答(non-response)水平可能意味着比起同一总体下使用好的样本,通过全面调查得到的结果的代表性要差一些。无回答是指受邀参加调查的人没有参加,这就给样本带来偏差,因为不知道这些没参加的和那些参加的人有何不同。另外,实施全面调查的规模和宽度可能会增加非抽样误差(non-sampling error),也就是那些源于抽样之外的误差。对于缺乏管理的全面调查,实地调查和数据处理资源很可能遭遇"天花板效应",导致在调研前、调研中和调研后出现误差。最终,比起对精心设计出来的样本进行调查的结果,普查得出的结果质量可能较低,而使用节约时间和成本的样本也可能降低无回答和非抽样误差。

使用抽样调查,还是全面调查取决于两点:一是有关时间和成本的实践因素;二是有关样本代表总体能力(具有外部效度)的方法论因素。代表性意味着样本调查得出的结果与全面调查得出的结果是相似的。当然这不大可能,无论我们如何仔细地选择样本,所得结果与总体的值不会完全匹配。抽样理论告诉我们,当样本调查得出的结果每次都大体和全面调查得出的结果相同时,那么这个样本设计就是可靠的。得出代表性的结果是可操作性研究的一个重要方面。如果对老年人的健康和社会福利的调研不能应用于所有老年人的时候,那么这项调研就没有意义。

4.2.2 抽样调查的特点

抽样调查数据之所以能用来代表和推算总体,主要是因为抽样调查本身具有其他非全面调查所不具备的特点,具体包括以下几点。

(1)调查样本是按随机的原则抽取的。在总体中每一个单位被抽取的机会是均等的,因此,能够保证被抽中的单位在总体中的均匀分布,减少倾向性误差,增强代表性。

(2)用样本数据推断总体的数量特征。抽样调查是以抽取的全部样本单位作为一个"代表团",用整个"代表团"来代表总体。而不是用随意挑选的个别单位代表总体。

(3)样本数量有保证。所抽选的调查样本数量是根据调查误差的要求,经过科学的计算确定的,因此在调查样本的数量上有可靠的保证。

（4）抽样误差不可避免，但可以计算和控制。抽样调查的误差在调查前就可以根据调查样本数量和总体中各单位之间的差异程度进行计算，并控制在允许范围以内，调查结果的准确程度较高。

4.2.3 抽样调查的优点

1. 调查方式的科学性

抽样调查有充分的数理依据，能够将调查样本的代表性误差控制在允许的范围内。由于调查样本的抽取具有随机性，受主观因素的影响较小，因而调查结果的精确度并不比全面调查低，有时还高于全面调查。

2. 调查费用的经济性

抽样调查仅仅是从总体中抽取少部分单位组成样本并对此进行调查，调查规模比全面调查小，资料收集、汇总处理工作量小，因而可以节省人力、物力和财力，从而可降低市场调查费用。

3. 信息获取的时效性

由于抽样调查的样本单位少，搜集、整理、汇总调查资料的工作量相对较少，信息传递的时间必然比全面调查短，因而可提高信息的时效性。

4. 调查结果的准确性

抽样调查的样本是按照随机原则抽取的，从而排除了主观因素的干扰，能够保证样本推断总体的客观性。同时，由于调查单位少，所需的调查人员较少，易于通过培训提高业务能力，因而能在很大程度上克服全面调查因涉及面广、工作量大、人员庞杂、容易产生重复、遗漏和大量的非抽样误差所产生的消极影响。

4.2.4 抽样的专业术语

抽样调查由于具有很多优点，在市场调查实践中已经得到广泛的应用，为了在实际调查中更好地掌握抽样调查技术，我们必须了解常用名词，具体包括以下内容。

1. 总体与样本

总体是指所要研究对象的全体，它是根据一定研究目的而规定的所要调查对象的全体集合。组成总体的各研究对象称为总体单位。样本是总体的一部分，它是从总体中按一定程序抽选出来的部分总体单位的集合，样本中包含的单位个数成为样本量。

2. 参数与统计量

参数是总体的数量特征，即总体指标。参数在抽样时往往是未知的，是需要进行推断的。参数通常有总体均值、总体标准差、总体比率等。统计量是样本的数量特征，即样本指标。统计量随样本不同而不同，因而是一个随机变量。统计量通常有样本均值、样本标准差、样本比率等。

3. 抽样框与抽样单位

抽样框是一个包括全部总体单位的框架，用来代表总体，以便从中抽取样本的一个框架。抽样框可以是一个一览表（名单或名录）、一本名册、一幅地图、一段时间等。抽样框在抽样调查中处于基础地位，是抽样调查必不可少的部分，其对推断总体具有相当大的影响。抽样单位是指样本抽取过程中的单位形式，即从抽样框中直接抽取的单位，它可能是总体中的基本单位，也可能是总体中的基本单位的集合。

4. 样本量与样本单位

样本量是指样本的大小，即一个样本中包含的样本单位的多少。样本单位是构成样本的基本单位，与总体单位的形式是一致的，样本单位可以直接从总体单位中抽取，亦可从抽样单位中产生。样本量的大小，取决于抽样调查的精度要求，受各总体单位的标志变异程度、抽样估计的可信程度、抽样方式方法等因素的制约。

5. 总体分布、样本分布与抽样分布

总体分布是指各总体单位标志值的分布状况，又称总体结构；样本分布是指样本中各样本单位标志值的分布状况，又称样本结构。当样本量足够大时，样本分布趋于总体分布。抽样分布是指从总体中抽取的所有可能的样本的统计量构成的分布。根据中心极限定量，当样本量足够大时，样本均值等统计量的分布趋近于正态分布，因而可用正态分布来作区间估计。

6. 重复抽样与不重复抽样

从总体单位中抽取样本，有两种抽取方法。一是重复抽样，即每抽出一个单位进行登记后，放回去，混合均匀后，再抽下一个，直到抽满为止；二是不重复抽样，即每次抽出一个单位进行登记后，不再参加下一次抽取，依次进行，直到抽满为止。实践证明，不重复抽样可以避免极端样本，抽样误差比重复抽样小。

7. 抽样误差与抽样标准误差

在抽样调查中，通常对样本作出估计值以对总体的某个特征进行估计，当二者不一致时，就会产生误差。因为由样本作出的估计值是随着抽选样本的不同而变化，即使观察完全正确，它和总体指标之间也往往存在差异，这种差异纯粹是抽样引起的，故称为抽样误差。

抽样误差是一种偶然性的代表性误差，不包括系统性误差和非抽样误差。抽样误差的大小通常受样本量大小、总体标准差、抽样方法和抽样方式 4 个因素的影响。抽样误差的大小常用抽样标准误差来反映，而抽样标准误差是指所有可能的样本均值（或样本比率）与总体均值（或总体比率）的标准差，抽样标准误差的平方称为抽样方差。

8. 点估计与区间估计

点估计和区间估计是总体参数估计的两种形式。点估计也叫定值估计。当样本容量足够大时，可直接用样本均值代替总体均值，用样本比率代替总体比率，据此计算的有关总量指标，就是点估计。区间估计是用一个取值区间及其出现的概率来估计总体参数。具体来说,区间估计是用样本统计量和抽样标准误差构造的区间来估计总体参数的取值范围,并用一定的概率来保证总体参数落在估计的区间内。其概率称为置信概率,概率的保证程度称为可靠性或置信度,估计区间称为置信区间。

4.2.5　抽样调查的程序

抽样调查必须遵循一定的程序,才能保证调查顺利进行,取得预期的效果。

1. 提出抽样调查的课题

提出抽样调查的课题,即根据管理决策的信息需求提出市场调研的课题,并考虑调研课题的难易程度、覆盖范围、总体分布、调研要求和经费限制等因素,决定是否有必要采用抽样调查。一般来说,当调查总体范围大,对数据的时效性、准确性要求高,调查经费又有限,不可能或不必要采用全面调查时,抽样调查就成了首选。

2. 确定抽样调查的内容

确定抽样调查的内容,即在抽样调查课题界定的目的和任务的要求下,进一步明确抽样调查应收集的项目数据,需要对总体的哪些主要指标作出推断。调查项目确定后,应对调查表或问卷进行设计。

3. 确定调查总体和抽样框

确定调查总体和抽样框,即根据抽样调查的目的和要求,明确调查对象的范围和总体单位数量,并对总体分布进行必要的分析。在此基础上,对抽样框作出设计。

4. 确定抽样的组织形式

要求先对总体分布特征和总体范围大小及抽样实施的难易程度进行分析,然后考虑何种抽样组织方式和抽样方法是最合适的。

5. 设计和抽取样本

应先根据抽样精度要求、总体变异程度、抽样组织方式和方法及调查经费等因素确定样本量,然后再依据抽样框抽取样本单位以组成样本。

6. 收集样本资料

样本确定之后,可先对调查人员进行必要的培训,然后组织调查人员深入样本单位,利用调查表或问卷进行实际调查,收集样本资料。

7. 数据处理、推断总体

样本资料收集后,应对调查数据进行审核、分类和汇总,然后计算样本指标和抽样标准误差,利用点估计或区间估计的方法对总体指标作出推断。

8. 编写抽样调查报告

编写抽样调查报告,即在数据处理、推断分析的基础上,得出调查结论和主要启示,然后用调查报告的形式向决策者报告抽样调查的过程、调查问题的分析、调查的结论和主要启示。

4.3 抽样方法

抽样方法对调查活动的开展非常重要,其具体取决于研究目的、经济实力、时间限制、调查问题的性质等。根据抽选样本的方法,抽样调查可以分为概率抽样和非概率抽样两类。

4.3.1 概率抽样

概率抽样是按照概率论和数理统计的原理从调查研究的总体中,根据随机原则抽选样本,并从数量上对总体的某些特征做出估计推断,对可能出现的误差可在概率意义上加以控制。在概率抽样中,调研人员必须严格遵守正确的选择程序,即要求避免不合理地或有偏见地选择抽样单位。当严格遵守这些程序时,概率论中的法则都是有效的。即对预测的范围来说,样本中的数据可被允许与总体的实际值有差异,这个差异被称作抽样误差。

概率抽样的总体中的每个单位都具有同等可能被选中的机会。四种常见的概率抽样方法有,简单随机抽样、分层抽样、整群抽样和等距抽样。

1. 简单随机抽样

简单随机抽样是一种众所周知并被广为使用的概率抽样法,它是最基本的概率抽样。在简单随机抽样下,抽样概率公式为:

$$抽样概率 = 样本单位数 \div 总体单位数$$

例如,如果总体单位数是 10 000,样本单位数是 400,那么抽样概率为 4%。计算过程为:400 ÷ 10 000 = 0.04。

如果一个抽样框可以得到,那么调查人员可以选择简单随机抽样方式,简单随机抽样有如下几个步骤。

第 1 步:对总体的每个单位进行编号,总体单位数为 10 000 的总体编号为 1～10 000。

第 2 步:在随机数表中从任意的一个编号开始向上数或者向下数或者跳跃数选编号。在编号为 1～10 000 的总体中选出 400 个样本,样本包括从明确了具体的总体元素的表格中选出的数字。

简单随机抽样的优越性在于,它看起来简单,并且足以满足概率抽样的一切必要的要求,保证每个总体单位在抽选时都有相等的被抽中机会。简单随机抽样是以一个完整的总体清单为依据的,在现实中编制这样一个完整的表是极其困难的,也是不可能做到的。简单随机抽样可以通过电话随机拨号功能完成这个步骤。其样本可以从顾客名单等计算机文件中获得,从随机样本的软件程序中也容易获得或编写,能够满足所有必要的要求。

简单随机抽样最符合随机原则,它完全排除了抽样中的主观因素的干扰,并且简单易行。当总体各单位的变异较大时,简单随机抽样不能保证所取得的样本单位在总体中有较均匀的分布,所抽取的样本可能缺乏代表性,那样的话,抽样误差就较大。为减少抽样误差,保证抽样推断结果的精确程度,就需要抽取较多的样本单位数。因此,简单随机抽样只适用于总体单位数不多、总体单位标志变异度较小的情形。

2. 分层抽样

分层抽样又称类型抽样或分类抽样,实际上是将分组法与随机抽样法结合起来而形成的抽样方法。其具体程序如下。

(1)把总体各单位分成两个或两个以上的相互完全独立的组。

(2)从两个或两个以上的组中简单随机抽样,样本相互独立。

第一步就是将总体各单位按主要标志加以分组。尽管分层抽样的要求没有指明分组标志,但是根据常识的判断,分组的标志与总体特征相关。例如,如果正在进行一次政治民意调查,要预测选举结果。结果表明,男性和女性的投票方式大不相同,那么性别是划分层次的恰当标志。如果不以这种方式进行分层抽样,分层抽样就得不到什么效果,花再多时间、精力和物资也是白费的。前面的例子中,将性别作为分层抽样的标志,我们得到男、女两组,各组都完全独立。在一组中(男性组或女性组)保证每个总体单位都有被选的机会,没有哪些单位是不能被抽中的。第二步就是进行简单随机抽样,在每个组中独立进行。

分层抽样与简单随机抽样相比,人们往往选择分层抽样,因为它有显著的统计效果。也就是说,一方面,如果从相同的总体中抽选两个样本,一个是分层样本,一个是简单随机样本,那么相对来说,分层样本的误差更小一些;另一方面,如果目标是获得一个确定的抽样误差水平,那么更小的分层抽样将达到这一目标。由于排除了一种变差的来源,所以分层抽样在统计上更为有效率。

但是由于分层抽样还有一些缺点,因此在实践中并不是一直使用这种方式,主要体现在两方面:一方面,适当划分样本层次所需的信息通常是得不到的。例如,几乎没有人会找到某种特定产品的消费者的人口统计特征。注意,这里强调的是"适当"分层。要适当分层并得到分层的好处,必须选择以使得各层次间存在明显差异的因素为分层基础。如果不能定义这样的因素,样本就不能被适当分层。另一方面,即使必要的信息是可以得到的,但是从所得信息的价值看,分层所需时间和费用并不经济。

3. 整群抽样

整群抽样是将总体按某一标志分群后形成的、将每个群视为单位进行随机抽样,然后对抽中的每个群体进行全面调查。例如,已经装箱的小件商品、单位时间内生产的小件商品、住户调查的居委会等,都可视作总体中的群体。为方便起见,可以整群为单位进行抽样。整群抽样的特点是先分群后抽样,作为样本单位,在抽中的群内实行全面调查,不再从中抽样。整群抽样的调查单位集中,可以方便调查工作,节约调查费用。但是,由于整群抽样的样本单位比较集中,样本不能均匀地分布在总体的各个部分,不同群之间的差别往往比较大,因而抽样误差常常大于简单随机抽样。

在整群抽样中,样本是对一组单位整体进行抽取。通常有以下两个步骤。

第1步:同质总体被分为相互独立的完全的较小子集,如地理区域。

第2步:随机抽选子集构成样本。

由于整群抽样对群内的总体单位实行全面调查,因而群内方差并不引起抽样误差,因而计算整群抽样误差,只需以群间方差代替总体方差。当总体的群间方差未知时,可用样本群间方差代替。

4. 等距抽样

等距抽样又称机械抽样或系统抽样,是将总体各单位按一定顺序排列,然后每隔 n 个总体单位抽取一个样本单位以组成样本,并对此进行调查。例如,从某种产品生产线上每隔相等的距离或相等的时间抽取一件产品作质量检验;在作居民家计抽样调查时,可按居民家庭门牌号码每隔若干户抽取一户组成样本。等距抽样能使样本十分均匀地分布在总体中,从而能增加样本的代表性,减少抽样误差,提高抽样效率。

(1)等距抽样的排序方法。采用等距抽样时,必须首先对总体单位按某种标志进行排序或排队,有两种排队方法。一是按无关标志排队,即总体单位排列的顺序与所要研究的标志是无关的。如调查职工的收入水平,可按姓氏笔划排列的职工名单进行抽样;工业生产质量检验可按产品生产的时间顺序进行等距抽样等。一般认为,按无关标志排队的等距抽样是一种比抽签法、随机数表法更好的纯随机抽样方式,又称无序系统抽样。二是按有关标志排队,即总体单位排列的顺序与所要研究的标志是有直接关系的。例如农产量抽样调查时,可依据当年估产或前几年的平均实产以由低到高或由高到低的顺序进行地块排队。这种按有关标志排队的等距抽样又称有序系统抽样,它能使标志值高低不同的单位,均有可能选入样本,从而提高样本的代表性,减小抽样误差。

(2)等距抽样的方法。使用等距抽样,必须对总体进行编号,这一点与简单随机抽样一样。调研人员必须决定一个样本距离,并在此基础上选择样本,样本距离的计算公式为:

$$样本距离 = 总体单位数 ÷ 样本单位数$$

例如,使用本地电话簿进行抽样并确定样本距离为100,那么从100个中抽取一个组成样本。这个公式保证覆盖了总体。

等距抽样起点的选取也应是随机的。例如,使用一本电话簿进行抽样,必须随意取出一个号码并决定从该页开始翻阅,假设从第53页开始,在该页上再选另外一个数从该行开始。假设选择从第三行开始,最后在该行选一个数,这就决定了实际开始的位置。

假设从第 17 个数开始,那么以此为起点,样本距离就确定下来了。

相对于简单随机抽样方式,等距抽样方式最主要的优势就是经济性。等距抽样方式比简单随机抽样方式更为简单,花费的时间和资金更少。等距抽样方式最大的缺陷在于总体单位的排列上。一些总体单位数可能包含隐蔽的形态,使调研人员因疏忽而把它们抽选为样本。然而,这种缺陷可以在使用字母表时消除。

4.3.2　非概率抽样

非概率抽样又称非随机抽样,是指不按随机原则,而由调查者根据调查目的和要求,主观地从总体中抽选样本的抽样方式。非随机抽样的基本原则是在选择样本时,加入人的主观因素,使总体中每一个个体被抽取的机会不均等,它是一种主观的抽样方式。非随机抽样与随机抽样的根本区别在于样本的抽取过程是否遵循随机性原则,这个区别导致了两种抽样技术在认识上的差别。更重要的是,从整体上看,其认识效果也存在差别。非随机抽样具有如下特点。

(1)抽样过程的主观性。非随机抽样在样本的抽取过程中不像随机抽样那样,事先知道总体中每个单位被抽中的概率,再按某种程序遵循随机性原则抽取样本单位。而非随机抽样的样本产生过程取决于调查者的主观判断。非随机抽样的这一特点直接关系到样本的代表性,因为在非随机抽样的情况下,样本的代表性取决于以下两点:一是抽样者的认识能力和判断能力,若抽样者对所认识的对象有基本正确的认识,则有可能抽出一个代表性较高的样本;二是抽样者的责任心和科学态度,在正确认识的基础上,抽样者必须克服样本抽取过程中的困难,抽出具有代表性的样本单位,而不能应付了事。如果两点同时具备,就能保证抽出一个有代表性的样本。

(2)误差的不可测性。非随机抽样是一种定量认识的方式,它是由样本对总体作出的数量估计,但是非随机抽样估计的精度,即抽样误差,是不可计量的,这是非随机抽样与随机抽样的一个重要区别。非随机抽样的估计误差之所以不可测,主要是由于抽样过程具有主观性。

(3)要求已知总体分布的更多信息。从纯粹的随机抽样的估计结果看,可以不对总体的分布情况作出假定,或者并不要求事先对总体的分布有所了解,而对总体的估计完全可以用统计方式作出。而非随机抽样在很大程度上依赖于对调查总体分布的大量假设的有效性上,即在进行非随机抽样时,要求事先对总体情况应有较多的了解或充分的预计,这样才能使非随机抽样的估计有较充分的可靠性。但在市场实践中,非随机抽样方式常常满足不了这一要求。

(4)简便易行。由于非随机抽样没有像随机抽样那样在多项技术上有所限定,因而简便易行。在多数情况下,抽样是在现场完成的,这使非随机抽样方式在市场调查中具有较广的运用范围。

1. 任意抽样

任意抽样又称便利抽样,是根据调查者的方便与否来抽取样本的一种抽样方法。"街头拦人法"和"空间抽样法"是任意抽样中两种最常见的方法。"街头拦人法"是在街上或路口任意找到某个行人,将其作为被调查者进行调查。"空间抽样法"是对某一聚集的人群,从空间的不同方向和方位对他们进行抽样调查。

任意抽样简便易行,能及时取得所需的信息资料,省时、省力、节约经费,但抽样偏差较大,只有在调查总体各单位之间的差异不大时,抽取的样本才具有较高的代表性,一般用于非正式的探测性调查。

有人认为,与概率抽样相比,任意抽样应用比率增长得很快,其原因是在低发生率和难以分类情形下消费者数据库的可获得性。例如,一家公司开发出一种新型脚癣治疗仪并且需要在受疾病困扰的人中做一次调研。电话调研发现这些人仅占人口的 4%,调研人员在找到一个忍受脚癣痛苦的人之前,不得不与 25 个人交谈。一个变通的办法是努力取得一个已知目标者(忍受脚癣痛苦的人)名单。这样,调研成本和所需时间就会大大减少。尽管一个名单中也许会包括那些购买产品时使用优惠券的人,公司还是愿意以低成本快速获得低质量的样本。

2. 判断抽样

判断抽样又称为目的抽样,是凭借调查人员的主观意愿、经验和知识,从总体中选择具有代表性的样本作为调查对象的一种抽样方法,如焦点小组访谈调查。

判断抽样的方法有两种:一种是选择最能代表普遍情况的调查对象,常以"平均型"或"多数型"为标准,应尽量避免选择"极端型";另一种是利用总体的全面统计资料,按照主观设定的某一标准,选择样本。

判断抽样的优点:简便易行;可以根据调查目的和特殊需要,充分利用调查样本的已知资料;被调查者配合较好;资料回收率高。

判断抽样适用于总体的构成单位极不相同而样本数很小的情况,同时在设计调查者对总体的有关特征具有相当的了解,特别是了解研究的具体指向的情况下,也适合特殊类型的研究,如产品口味测试等。操作成本低、方便快捷等优点使其在市场调查中被较多使用。

判断抽样的缺点:该类抽样结果受研究人员的倾向性影响大,一旦主观判断偏差,则易引起抽样偏差;不能直接对调查总体进行推断。

基于这种情况,要充分发挥判断抽样的正面作用,对总体的基本特征必须相当清楚,做到心中有数。这样才有可能使选定的样本具有代表性、典型性,从而能够透过对所选样本的调查研究,了解、掌握整个总体的情况。

3. 配额抽样

配额抽样是调查人员按一定标志将调查总体样本分类或分层,确定各类(层)单位的样本数额,在配额内任意抽选样本的抽样方式。配额抽样和分层随机抽样既有相似之处,也有很大区别。配额抽样和分层随机抽样相似的地方是都事先对总体中所有单位按其属性、特征分类,这些属性、特征被称为"控制特性"。

例如,在市场调查中消费者的性别、年龄、收入、职业、文化程度等,按各个控制特性分配样本数额。但配额抽样与分层抽样又有区别,分层抽样是按随机原则在层内抽选样本,而配额抽样则是由调查人员在配额内主观判断选定样本。

配额抽样的实施方法有两种:独立控制配额抽样和相互控制配额抽样。独立控制配额抽样是指调查人员只对样本独立规定一种特征(或一种控制特性)下的样本数额。例如,在消费者需求调查中,按年龄特征分别规定不同年龄段的样本数目,就属于独立控制配额抽样。人们通常把消费者的年龄、性别、收入分别进行配额抽样,而不考虑三个控制特性的交叉关系。相互控制配额抽样是指在按各类控制特性独立分配样本数额基础上,再采用交叉控制安排样本的具体数额的抽样方式。

配额抽样方法简单易行,可以保证总体的各个类别都能包括在所抽样本之中,因此配额抽样的样本具有较高的代表性。但也应注意到这种方法具有一定的假设性,即假定具有某种相同特征的调查对象。其行为、态度与反应都基本一致,因此,对同一层内的调查对象,是否采取随机抽样就无关紧要了。由于抽样误差不大,只要问卷设计合理、分析方法正确,所得的结果同样值得信赖。而这种假设性是否成立,在很大程度上取决于调查者的知识、水平和经验。

配额抽样法适用于设计调查者对总体的有关特征具有一定的了解且样本数较多的情况。实际上,配额抽样属于先"分层"(事先确定每层的样本量)再"判断"(在每层中以判断抽样的方法选取抽样个体);其费用不高,易于实施,能满足总体比例的要求,但容易掩盖不可忽略的偏差。

4. 滚雪球抽样

滚雪球抽样是指通过初始被调研人员的推荐来挑选另外的被调研人员的程序。这种方法主要用于低发生率或少见的总体。低发生率或者少见的总体,是指总体中所占比例很小的那一部分。要找到这些少见总体中的个体,代价是很大的,这使得调研人员因为费用的原因不得不使用滚雪球抽样那样的方法。例如,某保险公司可能想得到过去6 个月从健康保险转入康复组织的全国性个体样本,为了找到符合条件的 1 000 个样本,它可能需要在全国范围内进行大量的调研。然而,若先取得特征总体中 200 个最初样本单位,平均从每个最初调研人员那里得到另外 4 个人的名单,以此完成这 1 000 个样本单位的调研就经济多了。

滚雪球抽样的主要优点是调查费用的大大减少,只是这种成本的节约是以调研质量的降低为代价的。整个样本很可能有偏差,因为那些个体的名单来源于那些最初被调研过的人,而他们之间可能十分相似。结果,样本不一定能很好地代表整个总体。

人们普遍认为，以推荐方式接触到的被调研人员数量应该有所限制，但是并没有具体的界线。另外，如果初始的被调研人员不愿意提供人员名单，那么这种方法的实施就会受阻。

 **思考题**

1. 大数据的特点包括哪些？说明大数据与传统调查方法之间的联系与区别。

2. 什么情况下全面调查优于抽样调查？为什么调查者经常选择抽样调查而不是全面调查？

3. 大数据分析与全面调查是如何从根本上解决不确定性风险对企业经营造成损害的问题？举例分析。

4. 抽样调查的特点主要有哪些？举例分析抽样调查的优点。

5. 抽样调查的程序包括哪些环节？其中最重要的是哪一个？为什么？

6. 概率抽样和非概率抽样有哪些区别？这两类抽样方法各自具有哪些优势？请结合实例说明在市场调研中哪一类更受欢迎？

7. 举例说明简单随机抽样的优缺点。

8. 举例说明分层抽样、整群抽样和等距抽样的区别。

9. 说明分层抽样和配额抽样的区别。

10. 举例说明滚雪球抽样方法在应用中可能遇到的问题。

 **案例分析题**

[案例1]

在线课程情况调查

2020年受全球疫情的整体影响，国内外很多高校选择开展线上课程，根据需要，现准备调查上海1 000名高校大学生在疫情期间的整体学习情况。该样本将代表所有上海就读大学生的总体。研究内容包括：大学生在这个特殊期间的愿望和烦恼，他们的家庭和学校针对在线学习有什么具体要求，在疫情期间，大学生生活学习等方面发生的具体变化等。

思考题：请根据需要设计抽样调查方案，说明为何采用该种抽样调查方法，具体有哪些优缺点？

[案例2]

数据深度分析

美国一名男子闯入他家附近的一家美国零售连锁超市Target店铺（美国零售商塔吉

特)并进行抗议:"你们竟然给我 17 岁的女儿发婴儿尿片和童车的优惠券。"店铺经理立刻向来者承认错误,但是其实该经理并不知道这一行为是总公司运行数据调查分析的结果。一个月后,这位父亲来道歉,因为这时他才知道他的女儿的确怀孕了。Target 比这位父亲足足早一个月知道他女儿的怀孕时间。

Target 通过分析女性客户购买记录,"猜出"哪些是孕妇。Target 从数据仓库中挖掘出 25 项与怀孕高度相关的商品,制作"怀孕预测"指数。例如,Target 通过数据分析发现女性会在怀孕四个月左右,大量购买无香味乳液。以此为依据推算出预产期后,他们就抢先一步将孕妇装、婴儿床等折扣券邮寄给客户来吸引客户购买。

问题:请问什么情况下企业可以作出精准的数据分析?请尝试结合抽样调查的相关理论进行说明。

第 5 章

市场调查问卷设计

 导入案例

中国在校大学生的学习教育状况调查

同学您好！我们是上海商学院市场营销研究会的成员,本调查旨在考察中国当代大学生的在校学习状况及其对大学教育的看法,希望能通过您所填写的问卷来帮助我们更好地完成项目研究。我们保证:①您所填写的调查数据仅用于项目研究,不会用于其他行为或活动;②您所填写的调查数据将被存储到我研究会的档案库中,将得到绝对保密。请您放心。非常感谢您能在百忙之中抽出时间完成这份问卷,祝您生活愉快。

上海商学院　市场营销研究会

2019.3.13

问卷内容及结果如下。

第 1 题　请填写您所在的学校。　[填空题]

第 2 题　请选择您所在的年级。　[单选题]

选项	小计(人次)	比例①
大一	798	37.66%
大二	863	40.73%
大三	296	13.97%
大四	162	7.65%
本题有效填写人次	2 119	

第 3 题　请选择您的性别。　[单选题]

选项	小计(人次)	比例
男	762	35.96%
女	1 357	64.04%
本题有效填写人次	2 119	

第 4 题　您认为对大学生来说,大学教育成功的两个最重要标志是什么？　[多选题]

选项	小计(人次)	比例
掌握专业技能	1 492	70.41%
培养创新能力	952	44.93%
适应社会需要	1 031	48.66%
塑造健康人格	738	34.83%

---

①　因四舍五入的影响,比例加总会回答大于或略小于100%。

选项	小计（人次）	比例
其他	25	1.18%
本题有效填写人次	2 119	

第 5 题　您认为通过大学学习，自己在哪些方面获得了最明显的提高？　［多选题］

选项	小计（人次）	比例
职业修养	911	42.99%
基础知识	1 316	62.1%
管理技能	463	21.85%
业务技能	420	19.82%
情感修养	718	33.88%
其他	33	1.56%
本题有效填写人次	2 119	

第 6 题　对于大学教师，您最看重的要求是什么？　［多选题］

选项	小计（人次）	比例
有声望	240	11.33%
讲课好	1 546	72.96%
有研究成果	331	15.62%
有实践经验	813	38.37%
关心学生，经常与学生沟通	1 018	48.04%
其他	19	0.9%
本题有效填写人次	2 119	

第 7 题　您现在的大学中是否有令您钦佩或欣赏的教师？　［单选题］

选项	小计（人次）	比例
很多	402	18.97%
较多	621	29.31%
一般	695	32.8%
不多	362	17.08%
没有	39	1.84%
本题有效填写人次	2 119	

第 8 题　您认为目前我国大学最需要改进的方面有哪些？　[单选题]

选项	小计(人次)	比例
学费太贵	163	7.69%
课程老化,学非所用,不少课程基本无用	900	42.47%
教师对学生比较冷淡	187	8.82%
专业课教师不专业	180	8.49%
实践太少	657	31.01%
其他	32	1.51%
本题有效填写人次	2 119	

第 9 题　如果您以后成为一名大学教师,将怎样使自己做得更好？如果您有其他方面的想法,也可以写在下面。　[填空题]

第 10 题　除了教科书,您在校期间每学期平均看几本书？　[单选题]

选项	小计(人次)	比例
50 本以上	69	3.26%
30～50 本	145	6.84%
10～20 本	528	24.92%
10 本以下	1 347	63.57%
其他	30	1.42%
本题有效填写人次	2 119	

第 11 题　您主要阅读哪一类课外书籍？　[多选题]

选项	小计(人次)	比例
专业类	862	40.68%
历史类	578	27.28%
名人传记类	501	23.64%
商业创业类	245	11.56%
文艺小说类	1 357	64.04%
科幻类	540	25.48%
心灵鸡汤类	388	18.31%
其他	72	3.4%
本题有效填写人次	2 119	

第 12 题 您平时看书主要通过哪种方式? [单选题]

选项	小计(人次)	比例
纸质书	1 091	51.49%
电子书	924	43.61%
听书	88	4.15%
其他	16	0.76%
本题有效填写人次	2 119	

第 13 题 您阅读书籍的途径主要有哪些? [多选题]

选项	小计(人次)	比例
借阅	995	46.96%
购买书籍阅读	864	40.77%
手机阅读	1 007	47.52%
电子书阅读器阅读	394	18.59%
其他	10	0.47%
本题有效填写人次	2 119	

第 14 题 您为了完成课程作业或撰写论文,通常从什么途径获取相关资料? [多选题]

选项	小计(人次)	比例
浏览器搜索栏直接搜索	1 404	66.26%
询问相关人士	459	21.66%
图书馆查阅	1 181	55.73%
权威数据网站查询	1 241	58.57%
自己调查	380	17.93%
外包给别人	51	2.41%
其他	6	0.28%
本题有效填写人次	2 119	

第 15 题 您是否知道"挂科保"? 如果您知道,那么您是否用过"挂科保"? [单选题]

选项	小计(人次)	比例
并不知道	1 782	84.1%
知道,而且用过	114	5.38%
知道,但并不用这个	223	10.52%
本题有效填写人次	2 119	

第 16 题　您对"挂科保"的态度是怎样的？　[单选题]

选项	小计(人次)	比例
觉得对"降低挂科风险"很有用	210	9.91%
觉得这个保险赔偿额有些低,作用不大	405	19.11%
觉得自己不会挂科,根本用不上这个保险	1 111	52.43%
其他	393	18.55%
本题有效填写人次	2 119	

第 17 题　除了上述问题,您对大学生活还有什么诉求与自己的想法,请写在下面。[填空题]

_____

请结合调研目的思考该问卷的设计是否合理,并根据问卷调查结果进行分析。

5.1　问卷设计的概述

5.1.1　问卷设计的含义

1. 问卷的含义

市场调查问卷又称调查表,是指调查者根据一定的调查目的和要求,按照一定的理论假设设计出来的,由一系列问题、调查项目、备选答案及说明所组成,向被调查者收集资料的一种工具。如消费者购买偏好调查问卷、消费者满意度调查问卷、消费者购买动机调查问卷,这些问卷能从不同角度了解到消费者的个人喜好、个人态度,亦可以衡量产品和服务的可行性。

由于问卷提供了标准化和统一的资料收集程序,比如表述的方式、提问问题的顺序等。这样就避免了因调查人员的个体差异而产生的数据结果差异。而且,问卷的问题多为结构化的问题,因此回答过程相对固定,能够简化测量。程序标准、过程简单、信息收集快速也使得问卷成为了除二手数据收集之外的成本较低的一种资料获取方式。此外,一般问卷被默认为是一种较好的测量工具,因此能够有效地减少非抽样的误差。通过问卷进行信息收集也存在着缺点,由于问卷的问题是具体的、明确的、固定的,因此一些新的观点,或者深层次的思考难以获取。

2. 问卷的类型

问卷的类型,可以从不同角度进行划分。如按问题答案划分,可以分为结构式、半结构式、开放式三种;如按调查方式划分,可以分为访问问卷和自填问卷;如按问卷用途划分,可以分为甄别问卷、调查问卷和回访问卷等。

1) 按问卷答案划分

按照问卷答案类型,问卷可分为结构式、开放式、半结构式三种基本类型。

(1) 结构式问卷。结构式问卷通常也称为封闭式调查问卷、闭口式调查问卷、标准化调查问卷或者控制式调查问卷。这种问卷的特点是问题的提问方式和答案都是固定的,被调查者只要从给定的选项中进行选择即可。这种调查问卷的优点在于:答案标准化,便于归类整理;可事先编码,有利于信息处理;被调查者只需选择给定的答案,可以节省答卷时间。但是,结构式问卷由于答案是限定的,因此不能得到被调查者更深层次的想法和意见。同时,不同的被调查者对同一问题的理解存在差异,甚至会产生相反的理解,因而对问题的不正确理解难以识别。

(2) 开放式问卷。开放式调查问卷也称为开口式调查问卷,这种问卷只提出问题,不设置任何备选答案,被调查者根据自己对题目的理解进行自由回答。其优点在于回答者可以充分发表自己的看法和意见,可以获得丰富的调查资料,对某些答案过多或者不确定的问题尤其适宜。但开放式调查问卷得到的答案多种多样、不规范、资料分散、难以量化与归类、编码困难,且若设置难以回答的或者敏感问题,回答者要用较多的时间去思考,容易引起回答者的不快或拒绝。此外,这种问卷要求回答者具备一定的写作技巧和语言表达能力。

(3) 半结构式问卷。半结构式调查问卷是结构式问卷和开放式问卷相结合的问卷。问题的答案既有固定的、标准的,也有让回卷者自由发挥的,吸取了两者的长处。如在一个问题中,除给出一定的标准答案外,还列出"其他"等开放式答案以备被调查者在"其他"下自由作答。或者在整个调查问卷中,一部分问题是结构性的,一部分问题是开放性的。

2) 按调查方式划分

按调查方式,问卷可分为自填问卷和访问问卷两种方式。

自填问卷是由被调查者自己填答的问卷;访问问卷是访问员通过采访被调查者,由访问员填答的问卷。自填式问卷由于发送方式的不同而又分为发送问卷和邮寄问卷两种:发送问卷是由调查员直接将问卷送到被调查者手中,并由调查员直接回收的调查形式;邮寄问卷是由调查单位直接邮寄给被访者,被访者自己填答后,再邮寄回调查单位的调查形式。

这几种调查形式的特点分别如下:访问问卷的回收率最高,填答的结果也最可靠,但是成本高、用时长,这种问卷的回收率一般要求在 90% 以上;邮寄问卷,回收率低,对调查过程不能进行控制，因此可信性与有效性都较低，而且回收率低会导致样本出现偏差，影响样本对总体的推断。一般来讲，邮寄问卷的回收率要求在 50% 左右；发送式自填问卷的优缺点不显著，介于上述两者之间，回收率要求在 70% 以上。

3）按问卷用途划分

按照问卷用途，问卷可以分为甄别问卷、调查问卷和回访问卷（复核问卷）三种类型。

（1）甄别问卷。甄别问卷是指在对被访者做一份正式的完整的问卷调查之前，首先对被访者是否属于自己问卷调查的人群作出一个筛选。它是一个成功问卷调查的十分重要的一步。如果没有经过甄别而直接开始问卷调查的话，很有可能得出毫无意义的结果。甄别问卷一般包括对个体自然状态变量的排除、对产品适用性的排除、对产品使用频率的排除、对产品评价有特殊影响状态的排除和对调查拒绝的排除五个方面，具体内容如下。

一是对个体自然状态变量的排除。对个体自然状态变量的排除主要是为了甄别被访者的自然状态是否符合产品的目标市场。主要的自然状态变量包括年龄、性别、文化程度、收入等。

【示例 5-1】 对性别甄别。假设某一产品为女性所专用，那么甄别问题的设计如下。

您的性别：

A．男（中止访问）

B．女（继续）

二是对产品适用性的排除。

【示例 5-2】 假设某种化妆品只适用于油性和混合性皮肤，那么其对产品运用性的甄别问题的设计如下。

您的皮肤是：

A．油性（继续）

B．混合性（继续）

C．中性（中止访问）

三是对产品使用频率的排除。若使用频率过低，就不可能成为调查产品的目标消费群体。

【示例 5-3】 您平时多长时间使用一次化妆品：

A．几乎不用（中止访问）

B．每月一次以下（中止访问）

C．每月一次或以上（继续）

四是对产品评价有特殊影响状态的排除。这种排除主要是排斥职业习惯可能对调查结果的影响。它一般有固定的设计格式。人们对产品评价有特殊影响状态的甄别问题设计如下。

【示例 5-4】　您和您的家人是否有在以下单位工作：

A. 市场调查公司或广告公司(中止访问)

B. 社情民意调查机构、咨询公司(中止访问)

C. 电台、电视台、报社、杂志社(中止访问)

D. 化妆品生产或经销单位(中止访问)

E. 以上都没有(继续)

五是对调查拒绝的排除。

(2) 调查问卷。调查问卷是问卷调查最基本的方面,也是研究的主体形式。任何调查,可以没有甄别问卷,也可以没有复核问卷,但是必须有调查问卷,它是分析的基础。

(3) 回访问卷。回访问卷又称复核问卷,是指为了检查调查员是否按照访问要求进行调查而设计的一种监督形式问卷。它是由卷首语、甄别问卷的所有问题和调查问卷中一些关键性问题所组成。具体实例见甄别问卷。

通过问卷进行调查可以进一步明确调查主题,使调查内容具体化、条理化、规范化,这有利于在调查中简明地填写记录所需的数据或资料,也有利于调查后对这些数据或资料进行分类、汇总、整理和分析。问卷的设计是否科学完善,直接影响调查的质量与效果,它是执行市场调查的重要环节。

5.1.2　问卷的基本结构

一份完整的调查问卷需要具备以下组成部分。

1. 引言

引言部分,包含问卷的标题、说明信和填表说明。

首先,标题要与市场调查项目的主题一致,要简明扼要、一目了然,同时还要能够激发被调查者的兴趣等。一个明确的调查问卷名称能够使被调查对象在一开始就了解填答问卷的重要性。

其次,说明信又称说明词,是调查者向被调查者写的一封简短信。说明信在问卷调查的过程中有着非常重要的作用,因为在调查最初很多的被调查者都会有一些疑虑,如为什么要对他们进行调查,而说明信就是对问卷内容的简单介绍,能够让被调查者消除疑虑、接受调查并认真填写问卷。在说明信中必须阐明问卷调查的目的,表明调查单位或调查者的身份,调查对象的选取方法和对结果保密的措施,以及致谢等。一般包括以下几点。

(1) 我是谁——表明调查单位或调查者的身份。

(2) 我们要调查什么——说明调查的大致内容。

（3）我们为什么要调查你——被调查者的重要性。

（4）我们为什么进行这项调查——说明调查的目的和意义。

（5）我们为什么会找到你做调查——说明被调查者的选取方式。

（6）我们的调查会不会损害被调查者的利益——说明保密的措施和匿名的方式，承诺保护被调查者的隐私。

（7）感谢语——请求被调查者合作。

（8）反馈方式——如果被调查者想要知道调查的结果，可以如何获取。

【示例 5-5】 关于全家便利店就餐服务调查。

尊敬的朋友：

您好！

我们是某大学 2019 级工商管理学院市场营销系的学生，非常感谢您配合我们完成此调查。为了了解顾客对全家便利店早午晚餐服务的意见建议，改进全家便利店的服务，为越来越多的便利店就餐人群提供更加优质的服务，我们利用本次机会对在全家便利店进行就餐的顾客进行抽样调查。您的回答没有正确与错误之分，都将得到高度的重视和充分的尊重。您的资料仅供研究绝不公开。在完成访问后，我们将赠送您一份纪念品以表谢意。

再次感谢您的配合与对此调查的支持！

上例中的说明信可以解构如下：

调查者身份：某大学 2019 级工商管理学院市场营销系的学生。

调查内容：了解顾客对全家便利店早午晚餐服务的意见和建议。

调查目的：改进全家便利店的服务，为越来越多的便利店就餐人群提供更加优质的服务。

调查对象的选取方法：抽样调查。

对资料的保密承诺和措施：资料仅供研究绝不公开。

致谢：感谢语和小礼物。

最后，填表说明也称指导语，是用来指导被调查者回答问题的各种解释和说明。在问卷开头的填表说明又称为卷头指导语，是对整个问卷回答方式的一个总体介绍。

例如，作答过程中请仔细阅读题目并根据实际情况作答，在符合您情况的项目旁"□"内打"√"；请在每一个问题后适合您自己情况的答案序号上划圈，或在"＿＿＿＿"处填上适当的内容；若遇到有难以理解或者表达不准确的题目，请记录下题号并在问卷最后的两道填空题中进行反馈。

2. 主体内容

主体内容是调查问卷的最主要的部分，也是问卷设计的主要内容，包括问卷问题、答案以及一些具体的说明。

一般把问卷的问题分为两部分:一是被调查者的背景资料,即关于个人的性别、年龄、婚姻状况、收入等问题;另一部分就是调查的基本问题。很多问卷为了降低被调查者的敏感性,将背景资料的问题放在基本问题的后面,也就是问卷的末端。

对回答问题方法也要说明清楚,在问卷中的填写说明又称作卷中指导语,主要为达到以下目的:第一,限定回答的范围,如单选、多选或不定项选择题;第二,指导回答的方法,如根据喜爱程度由高到低排列,请在适合您情况的答案后的方框中打"√";第三,指导回答过程,经常有些题目并不需要回答者全部进行回答,如相依问题,如若不是,请跳至第 10 题;第四,规定或解释概念和问题的含义,对于一些容易引起歧义的概念和问题进行界定,消除被调查者的疑虑,如计算个人收入的时候,请按照个人税前收入进行填写。

问卷问题的设计准则和问卷类型将在下一节中具体介绍。

3. 结束语及问卷附注

结束语及问卷附注等相关资料包含感谢语、问卷编号、以及一些优惠券、购物券等。最后我们需要对被调查者的配合再次给予感谢,还可以记录调查的一些基本信息,如调查员的姓名、调查时间和地点,被调查者的联系方式等。同时还可以描述问卷调查的过程,征询被调查者填写问卷的感受和看法,以及是否愿意接受回访,记录被调查者的联系方式等。

5.1.3　问卷设计的原则

问卷设计是一项科学的、艺术的工作,虽然不同的问卷其类型、内容和风格存在差异,但是在问卷设计时,必须遵循一定的设计标准。这便于使问卷问句紧扣主题、逻辑合理、简明扼要、全面清晰地呈现给被调查者。在设计问卷时,应该注意以下原则。

1. 目的性原则

在问卷的设计中,拟定的问题只有紧扣调研项目的主题、反映调查的目的,才能从被调查者那边收集充分的资料,以帮助决策者进行决策。因此在进行问题设计时,要围绕调研目的来提前拟定问题的结构,设计问题的层次。

2. 逻辑性原则

逻辑性原则要求从被调查者的思维角度出发,有序合理地安排各种问题。例如,将简单的、轻松的、封闭的、客观的问题放在前面,复杂的、敏感的、开放的、专业的问题放在后面。这样既方便调查人员提问和整理,又便于被调查者作答。

3. 简明性原则

问卷问题的设置一定要符合被调查者的回答习惯,要能够让被调查者容易接受、充分理解、乐于作答且客观作答。因此在提问的时候用词要简明扼要、通俗易懂、客观中立,以便被调查者快速地、正确地理解调查的内容和目的。

4. 易处理原则

易于处理是指通过问卷收集得到的信息要便于进行检查、数据处理与分析。因此在设计问题前，应该充分考虑对问卷调查结果的整理和分析工作，这样问题的结果能便于分类和解释。否则，可能会出现得到的资料很多却无法下手的局面。

5. 可维护性原则

问卷应当结构清晰，不同的调查项目之间要有明确的界限，一个项目的内容在需要调整时，不会影响到问卷的其他部分。

5.1.4 问卷设计的程序

问卷设计的目的就是通过设计与调查主题一致的问卷，从而收集充足和准确的资料，以确保市场调查工作能够顺利地完成。因此问卷设计要符合一定的要求与逻辑，其基本步骤如下。

1. 问卷准备阶段

1）确定调查的目标

设计是为了实现调查工作所希望达到的目标，因此任何的设计工作都必须围绕调查目标来开展。在明确调查的目标的基础上，研究者或者调查人员才能对研究假设变量、研究类型、样本特征、问卷类型、问卷内容设置、问卷使用方式等一系列问题做到心中有数。如果调查目的只是了解被调查者的一般情况或者属性，那么问卷就应该主要围绕被调查者各方面的基本特征来进行设计；如果调查目的是作出解释和说明，那么就要基于研究假设，在问卷中设计相关研究变量。

因此问卷主要可以分为两种：一是通过问卷调查定量呈现消费者的基本特征或客观事实数据，比如消费者的实际消费情况、消费者对产品的满意度、消费者的购买意愿、主要消费群体的特征等；二是需要调查和分析事物之间的因果关系，比如分析影响消费者满意度的主要因素，造成产品销量下滑的原因，影响消费者购买的主要产品功能，不同特征消费者对不同产品偏好差异等。

2）确定需要收集的信息

在确定调查目标的基础上，进一步确定需要收集的信息。收集的信息必须是与调查目标相一致的，还要考虑到被调查者对调查内容的熟悉程度，以及采用的市场调查方式。

（1）问卷调查的目标。对于不同的调查目标，问卷收集的信息不同。在前期准备阶段确定需要收集的信息是一个难点，问卷设计者必须根据研究的目的，明确到底要通过问卷收集哪些数据，或者进一步明确问卷中应该设计哪些具体的问题。这个时候就需要设计者把想要调查的目标，转化为常见的问卷的问题。这就类似在整体市场调研过程的开端，研究人员需要将企业管理者决策者所关心的管理问题，转化为市场研究的问题，并进一步转化为可以用数据来检测的测量问题。

问卷问题的转化并不是一个简单的过程,有时需要调查的目标,问卷中可能无法直接向被调查者询问。例如,"我想要了解自己设想的产品或服务的市场需求有多大",在问卷中无法直接向被调查者提出这个问题,因为他们无法回答。但这个问题可以通过问卷具体问题的转化来实现,也就是进行目标与问题之间的转换。例如,在评估产品和服务可行性的过程时,在需要了解市场需求的大小时,可以通过问卷去调查消费者对当前市场中的同类产品的喜好、认可程度、实际购买情况、对现有产品的满意度、偏好这类产品的人群特征、购买新产品的可能性、对新产品功能的改善建议等。针对这些信息的要求,设计相应的问卷问题,从而判断产品和服务的市场前景。

再比如说,研究消费者态度,就需要获得有关态度的三个维度的数据,消费者的认知、情感和行为意向。如果需要研究不同性别、年龄、学历背景、职业的消费者态度,则需要进一步在问卷中设计相应题项来获取被调查者的相关信息。总之,这个环节需要被调查者将目标进行细化,通过列表的形式将目标转化为可测量的具体问题,并且还要兼顾到被调查者对相关问题的熟悉程度、不同的分析方式与调查方式。

(2)调查对象的类型。不同调查对象的特点不同,对问卷设计的要求不同,设计问卷时要考虑到被调查者的社会背景、文化程度、心理反应、主观意愿、客观能力等,尽可能使问卷适合被调查者,从而保证问卷设计的合理性。因此在问卷设计之前,要明确调查的对象是个人还是企业,是生产商还是经销商,是现实消费者还是潜在消费者,等等。此外还要考虑调查对象对调查内容的熟悉程度,如果调查对象对调查内容非常熟悉且兴趣度较高,那么问题的设计可以直接、详细和深入,题量相应可以多一些;如果被调查者对调查内容不熟悉,或者调查内容比较枯燥或敏感,那么问题要设计得简单浅显,题量也要少一些。

(3)问卷的分析方式。不同的资料分析方式对问卷设计的要求也不同,如果对调查所得资料主要采用定性分析的方式,那可以在问卷中多设计一些开放式的问题;如果对调查资料主要采用定量分析的方式,那么问卷中的问题应该多为封闭式问题。

(4)问卷的调查方式。不同的问卷调查方式对问卷设计的要求也不同,问卷的发放方式是拦截访问、邮寄、电话还是网络问卷调查,是自填式还是访问式,是集体方式还是个别发放方式。在设计具体问卷之前要先明确调查形式,再根据调查形式来设计问卷。

例如,通过拦截访问来发放问卷,问卷中的题量应要求严格,一般不超过一页纸,但是问题可设计得深入、复杂一些,因为调查人员可以进行现场解释。这种形式也比较适用于问卷前测。若通过邮件或网络发放,问卷的问题可以稍多一些,但是最好不要超过30 道题,且问卷的说明信的设计应尽可能解释详细,问卷问题应非常明确和简单,还可以借助图片、音频、视频等多媒体手段对问题进行辅助呈现,更有利于填答者的理解和参与。电话访问的问题数量也不易过多,且问题不易太复杂,不然容易让被调查者失去耐心,拒绝回答。此外,对电话访问员的语言表达能力有一定的要求,访问员要用丰富的词汇来描述,及时对调查问题进行解释和补充,让被调查者及时理解正在讨论的问题。

3)探索性调查

为了使问卷设计的问题更加合理和准确,在正式地设计问卷之前还可以开展探索性调查,对各种问题的语言表达和答案设置有个初步感性的认识。探索性调查有以下两种形式。

一是收集和整理前人设计的相关问卷,进行补充和修缮,再进行应用。因为很多问卷中的问题或者量表经过反复地使用和检验,一般来讲,信度和效度都已经得到了验证,我们只需要根据自己的调研主题对已有问卷中的问题进行修改,使其符合当下调研的主题。

二是问卷设计者通过非结构式访问,围绕市场调查的主题与各类调查对象进行交谈,获取被调查者对相关问题的语言表达习惯,从而去设计相应的问题。另外,还可以获得填答者对问题的大致回答,并用于问卷答案选项的设置,使选项更加符合实际情况。对于封闭式问卷的设计,这种探索性调查形式尤为适用。

2. 设计问卷初稿

在准备工作的基础上,设计者根据初步调查得到的资料,按照问卷设计的原则,设计问卷初稿,包括确定问卷的结构、编排问卷的问题。对问卷的问题编排一般采用两种方法,一种是自下而上的卡片法,另一种是自上而下的框图法。

卡片法是指先尽可能详尽地列出各种问题,然后对问题进行检查和归类,形成不同的部分,最后按照一定的逻辑结构将不同类别的问题进行排序,汇编成一份完整问卷的方法。框图法是指从总体结构开始,先按照所需资料和逻辑结构设计出问卷的各个组成部分与顺序,然后写出各个部分的具体问题和答案,并按照逻辑对问题排好序,最后对全部问题的形式、前后顺序等从总体上进行修订和调整,并汇编成问卷初稿的方法。

这两种方法各有优缺点,在实际设计问卷的过程中,可以结合使用这两种方法,综合考虑问卷的设计,取长补短。无论使用何种方法编制初稿,都需要考虑问卷问题的数量和顺序,或需要向调查对象说明目的、要求、基本事项等,这些都是在设计问卷调查时的重要工作,必须仔细推敲、不断完善。

3. 问卷测试与修改

一般来说,设计出来的问卷初稿都会存在着一些问题,需要进行小范围的测试,从而发现问题、及时修正。问卷的测试主要有两种方法。一种方法是主观评价法,调查者邀请具有市场调查经验和行业经验的专家,从各个角度提出问卷中的不足或错误,并给出相应的改进建议,然后再发给下一类的测试对象。第二种方法是客观检验法,调查者利用非随机抽样的方法从调查对象中选取不同学历、背景的典型对象,小范围地进行实验性调查,了解他们是否愿意回答、是否能够准确理解、是否能够全部回答问卷的问题,回答时间是否过长等,并对所发现的问题进行修改、完善。

4. 问卷的发放与回收

当问卷定稿之后,按照调查工作的需要,考虑发放问卷的规模。问卷可以通过拦截、邮件或网络等渠道来发放。网络发放的问卷通常有两种方式,一是有偿发放,委托给专门的问卷调查网站或数据调查公司,通过其数据库筛选符合条件的对象并对其进行问卷发放,付费获取被调查者的填答资料,这种方法速度快、成本相对较低;二是免费发放,将问卷发布在免费的网站上,如各类网络社交平台,这种方法速度快,但是填答者多为亲戚朋友或网络的活跃用户,样本的代表性比较差,可以结合使用线下的拦截调查以弥补其不足。

5.2　问卷的设计技术

5.2.1　问卷问题的形式

根据问卷问题是否给出回答的选项,调查问题一般可以分为三种形式:封闭式问题、开放式问题和混合式问题。

1. 封闭式问题

所谓封闭式问题就是被调查者从给定的备选答案中选择其认为最恰当的一个或者几个答案的提问形式,或者给定"事实性"空格,要求如实填写。封闭式问题可以采取的形式较多,如两项选择题、多项选择题、填入式问题、顺位式问题、比较式问题以及矩阵式问题等。

封闭式问题的优点在于简单明了,便于被调查者作答,减少调查时可能产生的分歧。在进行大规模的调查中,研究者经常采用以封闭式问题为主的问卷,所得的调查结果转换成数字,以便录入计算机进行处理和定量分析。但是若问题的选项不能完全包含被调查者可能的、相关的回答,那很多信息就容易被忽视,从而产生大量的测量误差。因此在设计封闭式问题时,要对问题有全面的把握,考虑所有可能会出现的答案,从而使调查更为有效。

封闭式问题的形式如下。

(1)两项选择题。两项选择题也称是非题,是多项选择的一个特例,一般只设两个选项,如"是"与"否"、"有"与"无"等,是类似性别分类的一种定类测量尺度。

【示例 5-6】 "您是否购买过格力品牌的家用电器?"

"您是否打算在近五年内购买汽车?"

(2)多项选择题。多项选择题是从调查者设计的多个备选答案中,由被调查者从中择一或择几。这是各种调查问卷中采用最多的一种问题类型,但是数量不宜过多,一般设置 5~7 个。由于所设答案不一定能表达出填表人所有的看法,所以在问题的最后通常可设"其他"项目,以便使被调查者表达自己的看法,同时还可以检验选项范围设置的合理性与全面性。

【示例5-7】 在购买手机时您最先考虑哪些因素?请在答案选项的括号内打上"√":

品牌( )　　　价格( )　　　款式( )　　　性能( )　　　口碑( )
安全性( )　　　流行趋势( )　　　售后服务( )　　　其他( )

(3)填入式问题。填入式问题一般针对答案固定且唯一的问题,不同被调查者的回答不同,注意区别开放式问题中的句子完成法和词语联想法。

【示例5-8】 您的工作年限是_____。
　　　　　　您的年龄是_____。

(4)顺位式问题。顺位式问题又称序列式问题,是给出若干选项或者答案,要求被调查者按一定原则进行先后排序。顺位方法主要有两种:一种是对全部答案排序;另一种是只对其中的某些答案排序。

【示例5-9】 您选购电冰箱的主要条件是(请按照重要程度对答案进行排序):
A. 价格　　　B. 外型　　　C. 维修保养　　　D. 品牌知名度　　　E. 耐用性
F. 制冷效果　　　G. 噪音低　　　H. 其他

对于顺位式问题选项的设计,数目不宜过多,一般不超过十个。

(5)态度评比测量题。态度评比测量题是将被调查者的态度分为多个层次并对其进行测量,一般会设计一个中间层次,左右两端的层次数目相等,是一种定序尺度的测量。但若是将层次赋予相同间隔的数字,则是定距尺度测量,可以采用连续型变量的统计指标,如中位数、平均数等。这种题型对于深入研究消费者的心理活动,判断消费者的心理差异具有重要的意义。在使用这种题型时,若获得的结果多数为中间选项,如无所谓、不知道,则最好将封闭式问题改为开放式问题以便继续提问,获取更多详细的结果。

【示例5-10】 我认为某品牌很好地兑现了它的服务承诺。

很不同意　　　　1　□
不同意　　　　　2　□
无所谓　　　　　3　□
同意　　　　　　4　□
非常同意　　　　5　□

(6)矩阵式问题。矩阵式问题,是将若干同类问题及几组答案集中在一起、排列成一个矩阵,由被调查者按照题目要求选择答案。李克特量表(样表如表5-1所示)属于使用得较为频繁的矩阵式问题。

矩阵式问题可以采取表格式矩阵,也可以采取非表格式矩阵形式。

矩阵式问题由于将同类问题集中排列,大大节省了问卷的篇幅,且回答方式相同,也节约了被调查者的阅读和填写时间,但是这种集中排列的方式,容易使被调查者产生厌烦情绪。

表 5-1　消费养老方式认知情况量表

项　目 (填答说明:请您根据您的认知,而非您本人实际发生的,对以下各题的社会现象作出评价,在相应方格内打"√",每题仅选一项)	非常不同意	不同意	无所谓	同意	非常同意
父母一代对消费养老模式的认知。					
D1 如果有足够的经济条件,为了能更好地改善自己的老年生活,父母可能会接受消费养老的方式。					
D2 如果是有一个以上子女,因为涉及分配遗产的问题,父母一般不会接受这种新型的方式,而选择其他方式。					
D3 消费养老涉及必须有一个固定的养老保险账号,这其中涉及很多个人信息,可能有被卖家通过其他渠道泄露给他人,因此,这种方式不被很多人接受。					
D4 消费养老需要保险机构设立适合"消费养老"这种具有零星、间断和存款数额时大时小特征的新型养老险种。保险公司并不规范,大多数人不会放心进行大额消费。					
D5 在购买商家产品时,企业承诺的养老计划会涉及未来较远的年份,因此企业的信用在没有得到保障的情况下,不愿意尝试该方式。					
D6 基于传统的养儿防老的观念,仍然会选择对子女的财产转移,即家庭养老方式,而不是较新的方式。					
D7 我国的社会保障机构还需要逐步完善,仅仅借助自己的储蓄余额以及公共社保养老金已不能满足养老需求,可以考虑其他方式。					
年轻子女对消费养老模式的认知。					
D8 如果在没有其他养老模式(比如没有子女,或不愿社区养老)可选择的情况下,作为新型方式,年轻人会更多选择该模式。					
D9 如果没有较重的上一代的养老负担,或者经济上的压力,会将消费养老模式作为其养老的主要方式。					

资料来源:吴清,《基于李克特量表的消费养老方式认知度调查》,专题研究,2013,20(8):188-191.

(7) 比较式问题。比较式问题是将若干可比较的项目排列成两两对比的形式,由被调查者进行比较后选择。

比较式问题一般适用于评价类似产品的质量、效用和服务等。由于需要对选项两两进行对比,因此工作量较大。如有 10 个产品,则需要比较 45 次。且在应用这种方法之前,必须确保被调查者对问题选项较为熟悉,不然可能会产生空项目。

【示例5-11】 请比较下列不同品牌的奶茶,哪种更好喝? 在各项您认为好喝的牌子的括号( )中划"√"。

一点点( )coco( )　　　　一点点( )喜茶( )

一点点( )快乐柠檬( )　　coco( )喜茶( )

coco( )快乐柠檬( )　　　　喜茶( )快乐柠檬( )

(8) 相倚式问题。在问卷中,有些问题只适用于样本中的一部分被调查对象,而某个被调查者是否需要回答这一问题是由其对前面某一问题的回答结果决定的,这样的问题称为相倚式问题,而前面的某一问题称为过滤性问题。

【示例5-12】

1. 您经常参加社团活动吗?

经常(跳到第11题)　偶尔　从不

9. 您较少参加社团活动的最主要原因是什么?

没时间　自己本身不感兴趣　活动不吸引人　其他(请注明)_____

11. 您认为您所在社团目前收取的会费水平是否合理?

合理　不合理　不知道

2. 开放式问题

开放式问题又称自由回答题,调查者事先拟定好题目,但是对于答案不做任何限制,被调查者依据自己的想法进行回答。开放式问题的设计方式很多,主要有自由回答法、词语联想法、句子完成法、文章完成法、卡通测试法和角色扮演法等。

开放式问题的优点在于:不限制选项,被调查者可以充分表达自己的真实观点和想法,得到的结果往往更深入和丰富;提问的方式灵活,可以借助产品实体、图片等形式,有利于提高被调查者的兴趣。其缺点在于:回答所花费的时间较长,耗费的精力较多,容易遭到拒答;被调查者的参照标准不统一,回答差异性大;被调查者对题目的理解产生偏差,无法理解题目的含义,得到的结果误差较大或者直接出现空项;开放式问题对被调查者的表达能力有较高的要求,若被调查者无法准确表达自己的想法,可能会造成代表性误差。因此,开放式问题适合于答案复杂且数量较少或者答案不明确的问题,一般放在问卷的最后面,数量以2~3题为宜。有时候开放式问题还作为封闭式问题答案的补充,如在封闭式问题答案的最后添加"其他"选项。

【示例5-13】 您对我们餐厅还有其他意见或者建议吗? 欢迎反馈!

_____

开放式问题的方法如下。

（1）自由回答法。自由回答法是指被调查者根据问题要求，用文字的形式进行自由表述的方法。

【示例 5-14】　"你对这款产品有什么改进意见吗？"

（2）词语联想法。词语联想法是指调研人员给被调查者一个有许多意义的词或词表，要求其立即回答最先想到的词的方法。在立即反应下，可以获得与"刺激词汇"相对应的联想。在使用该方法时，调研人员逐一记录被调查者的反应词，并对反应时间进行控制。

【示例 5-15】　"当你听到下列汽车品牌时，你脑海中涌现的第一个词是什么？"

大众_____　　　沃尔沃_____　　　奔驰_____

（3）句子完成法。句子完成法是指由调研者给出一些不完整的词句，要求被调查者依自己的意见和想法，进行补充完成的方法。相较于词语联想法，句子完成法不对被调查者的反应时间进行控制，且得到的结果是完整的句子，更有利于分析。因此常用于调查消费者对某种事物或者某一特定现象的潜在心理态度或感受。

在使用句子完成法时，需要注意以下几点：刺激的字句不宜过短，否则回答范围过大，结果越多样化越难分析；在句子中，混合使用第一与第三人称，有利于消除被调查者的心理防线；避免出现诱导性的字句；尽可能避免采用否定式或者肯定式的语句。

【示例 5-16】　当我选择购买一辆汽车时，我最先考虑的因素是_____？

（4）文章完成法。文章完成法是指由调研人员向被调查者提供缺少开头或者结尾的文章，由被调查者按自己的意愿进行补充，使之成为完整的一篇文章的方法。这种方法常用于分析被调查者的隐秘动机。

【示例 5-17】　"前天，我在逛商场时，看到一款新的手机，我发现该手机外形特别漂亮，质感也很好，这使我产生了下列感想_____。"

（5）卡通测试法。卡通测试法是指根据调研的主题设计出两个人物的对话卡通图片，提供一个人的话，由被调查者按照自己的理解，以第三者的身份完成图片中虚构的对话的方法。这种方法可以提高被调查者的兴趣，而且以第三人称的角度进行回答，可以突破被调查者的心理防线，获得更真实的回答。尤其当一些现象无法用文字或者语言表达时，可以借助卡通或者图片的形式进行表示。

在使用这一方法时，为了使被调查者易于作答，卡通图片内容的设计尽量不要有诱导性，设计的任务形象和表情要中立、客观。

（6）角色扮演法。角色扮演法是指要求被调查者扮演一个特定的角色来观察别人的表现和态度，从而间接地获取被调查的真实动机和态度的方法。

3. 混合式问题

混合式问题又称半开放半封闭式问题,是一种介于开放式问题和封闭式问题之间的一种问题设计方式,即在一个问题中,只给出一部分答案,被调查者可从中挑选,另一部分答案则不给出,要求被调查者根据自身实际情况自由作答。

5.2.2 问卷问题的措辞

1. 表述简单明了

无论是问题的定义还是选项的设计,都要简单明了、通俗易懂,调查者和不同背景的被调查者对表述的理解要一致,从而可以避免由于理解错误而产生的回答偏差。

【示例 5-18】 比较一下两个关于天猫购物次数的提问。

(1) 你在天猫购物的频繁程度(　　)。

A. 从不　　　　　　　B. 偶尔　　　　　　　C. 经常　　　　　　　D. 定期

(2) 一般来说,你每月在天猫购物的频率是(　　)。

A. 不多于一次　　　B. 1~2 次　　　　　C. 3~4 次　　　　　D. 4 次以上

可以发现(1)的提问不明确,没有指明购物的时间是每天、每周还是每月,且选项为程度副词。对于不同的被调查者来说,含义存在差别,因此这个问题的结果是无法对不同被调查者进行比较分析的。而(2)中的提问明确,且选项给出了明确的数字,反应了被调查者的实际购物频次,结果具有市场价值。

无论是问题还是答案都要简单,尽可能使用简单明了、通俗易懂的语言,而不要使用太抽象的语言,如"核心家庭"。

【示例 5-19】 请问您家属于下列哪一类家庭?

A. 核心家庭　　　B. 主干家庭　　　　C. 单身家庭　　　　D. 联合家庭

上例中的选项,"核心家庭""主干家庭""单身家庭""联合家庭"都是比较抽象的语言,不够简单通俗,增加了被调查者的理解难度。

【示例 5-20】 您家本月的收入环比增加多少? 同比增加多少?

环比表示与上月相比较,同比表示与去年同期相比较,这两个词语是统计分析中的专业术语。对于不从事或者不涉及统计分析工作的被调查者来说,要明确地辨析这两个词语的含义是困难的,因此这样的提问方式很大程度上会影响被调查者的积极性和答案的准确性,甚至很多被调查者无法作出回答。因此,在问题的设计中,要尽可能地避免使用专业化的术语,使其符合不同背景的被调查者的语言习惯。

2. 避免不具体的问题

问卷中的用词必须明确、清晰、具有唯一性,避免使用不明确和含糊不清的词句。

【示例 5-21】 请问您是哪里人？

对于"哪里人"，不同的被调查者理解可能不一样，如出生地、籍贯、居住地、户籍所在地、国籍等，都可能成为答案，因此提问必须十分具体，如"请问您的籍贯是哪里？""请问您的现居住地是哪里？"。

【示例 5-22】 请问您的年收入是多少？

收入的表现形式有多种，如税前收入、税后收入、投资收入等，因此上例同样是一个不具体的问题，在提问时，应明确标出是什么收入。且收入对被调查者来说是一个比较敏感的问题，一般不采用直接询问的方式，而是给出不同范围的收入选项。

3. 避免不清晰的假设

问题的提问没有给出具体的背景或者给出的假设不够清楚。

【示例 5-23】 您赞成在我国采取高收入的政策吗？

这个问题其实隐含了"工资和物价同步增长"的意思，但若假设不明晰，绝大多数人都会选择"赞成"。因此，更合理的提问为"如果工资和物价同步增长，您赞成在我国采取高收入的政策吗？"。

【示例 5-24】 询问消费者对于新产品的购买意愿。

（1）假如有一种新品牌的洗衣粉能洗净其他洗衣粉所不能洗净的污渍，您是否愿意购买？

（2）假如有一种新品牌的洗衣粉能洗净其他洗衣粉所不能洗净的污渍，但是价钱比一般洗衣粉贵 10%，您是否愿意购买？

在（1）的提问中，只是基于洗衣粉性能的提升，让被调查者进行选择，但是在实际购买时，消费者除了考虑产品的性能之外，还有其他更重要的影响购买的因素，如价格、产品性能，因此会给结果带来偏差。而（2）的提问方式显然比（1）更具体，更合理。

4. 避免引导性问题

问卷的问题应该是客观的、中立的，不应该带有任何的暗示和诱导。如果问题中暗含了调查者的观点或者看法，将会对被调查者的回答产生引导，被调查者无法客观地表达自己的意见和想法，产生顺从的心理，不假思索地同意问题中暗示的结论，对结果造成偏差。

【示例 5-25】 科学家认为，钙是人体生理不可缺少的元素。您认为您的孩子需要补钙吗？

该问题用科学家观点作为前缀陈述进行引导，而科学家的观点在绝大多数人的心中具有较高的权威性，因此被调查者回答这一问题的时候会直接选择接受科学家的观点。在引导性的提问下，也许有些被调查者持有不同的观点，但是从众的心理会让他们不敢表达真实的想法,会得出与事实相反的结论,因此引导性提问是问题设计中的大忌。

【**示例 5-26**】 在使用该产品后,你觉得其存在哪些不足的地方?

该问题中,直接要求被调查者给出产品的不足之处。在使用后,被调查者觉得产品并没有不足,但在问题中并没有给出被调查者其他回答的选项,因此更好的提问方式可以是"使用后,您觉得产品是否存在不足?",然后根据回答情况进行下一步提问。

5. 避免概括、估计或推算的问题

问卷中的问题,不仅要具体明确,且要能够让被调查者快速地说出答案。对于被调查者来说,需要回忆、推算和估计的问题会增加作答的难度,他们可能会因此逃避回答,或者直接给出错误的答案。因此在设计调查问题的时候要进行两个假设:一是假设被调查者是"愚蠢的";二是假设被调查者是"懒惰的"。这种假设没有任何歧视的含义,而是提醒问卷设计者,要将问题设计得简单明确,不要给被调查者带来理解上的歧义和作答上的困难。

【**示例 5-27**】 过去一年来,您家庭的生活费用是多少?

这样的问题,要求被调查者对每一笔家庭支出有详细记录,且还需要对每笔支出进行汇总计算,否则很难进行作答。这种提问方式显然违背了问题设计的两个前提假设,对于被调查者来说都是困难的问题。

6. 避免双重含义

一个问题中只询问一个观点,避免出现两个或者两个以上的观点,否则不仅被调查者不知如何作答,且统计分析也会存在误差。

【**示例 5-28**】 您觉得大学生毕业后进行创业和考研是好的选择吗?

电商网红的知名度会使你产生购买想法和购买行为吗?

7. 敏感问题的处理

对于个人隐私,一些被调查者往往不愿意回答或者不愿意真实作答,比如年龄、收入、资产等,这些都是敏感问题,直接提问往往会遭到拒绝,因此可以采用非直接的提问,如第三人称法、关联提问法、反偏差陈述和数值归档法等。

对于收入、年龄、受教育程度等这些比较敏感的信息,往往采用数值归档法的方式进行提问,比如询问收入,可以设置 1 000 元以下、1 000~1 999 元、2 000~2 999 元、3 000 元以上。以区间的方式进行询问,在心理上被调查者认为其隐私没有完全被暴露,更容易接受。

8. 避免否定式的提问

在日常生活中,人们通常比较习惯于肯定形式的提问,而不习惯于否定形式的提问。否定式的提问有加强语句的作用,会影响被调查者的思考,也不符合人们的思维习惯。

【示例 5-29】　你是否赞成物价不进行改革？

A. 赞成　　　　　　　　B. 不赞成

人们在回答这种否定式的问题时,受思维习惯的影响,可能直接选择"赞成",从而使选择的答案和真实想法相悖。

9. 问题答案要互斥穷尽

在问卷中,要求每个问题可选择的答案不能存在重叠,要相互排斥。

【示例 5-30】　您每个月在校的生活费是多少？

A. 500 元以下　　　　　　　　B. 500～1 000 元

C. 1 000～2 000 元　　　　　　D. 2 000 元以上

对于上述问题的选项,可以发现对于生活费刚好是 500 元、1 000 元和 2 000 元的学生来说都有两种选择。因此,这里可以将选项 B 和 C 改为 500～999 元和 1 000～1 999 元。

5.2.3　问卷问题的顺序

在问卷设计构成中,安排问题的前后顺序是一项很重要的工作,问题顺序一般依据如下原则。

1. 先简单后复杂

根据预热效应,把容易回答的问题放在前面,把复杂难答的问题,或者具有很强针对性的问题放在后面。若在一开始被调查者的回答就遇到障碍,其回答的积极性将受到影响,从而影响回答的效率和答案的准确性。

2. 先轻松后敏感

根据激励效应,把轻松有趣的问题设置在前面。开始的问题要能够吸引被调查者的注意力,引起他们对问卷的兴趣,而一些敏感的问题放在后面。这样回答者可能已经逐渐习惯了回答各种问题,从而能顺利地进行回答,即使被调查者拒绝回答一些敏感的问题,也不至于影响调查结果。

3. 先封闭后开放

由于开放式问题的回答往往需要思考较长时间,若将其放在开头或者中间,会影响被调查者的信心和情绪,因此开放式问题都放置于问卷结尾处,而且一般来讲,开放式问题的数量不要超过两个,否则被填写者会产生厌答情绪,甚至不回答。

4. 先一般后专业

当被调查者对调查主题有一定了解后,调查问卷经常采用漏斗型的问题设置形式,也就是先设置一般性、普通的问题,之后才是一些专业性、比较严格的问题,这种方法避免了前后问题可能产生的分歧。

5. 先客观后主观

把涉及行为方面的问题放在前面,因为行为方面的问题属于客观问题,如购买频率等,容易回答,而态度看法方面的问题则属于主观问题,应该放在后面。个人背景资料可以放在结尾或开头,背景资料一般是指性别、年龄、文化程度、婚姻状况,职业这样的一些客观资料,但是这些也属于私密性的敏感性的内容,容易引起填写者的警惕性,填写者会怀疑个人资料能否得到保密,因此有时放在结尾。但无论是放在开头还是结尾,个人背景资料对于问卷调查来说都是必不可少的,因为这些资料是市场调查中最常使用的变量,比如经常对不同性别、不同年龄、不同收入水平、不同受教育水平的人进行比较。因此如果调查内容涉及比较敏感的问题,但在封面中进行较好的说明和解释,则这一部分背景资料也可以放在问卷的开头。

6. 先总后分

在问一个总的观点之前先问一些分支的问题是非常有必要的。例如,关于某购物平台的顾客满意度调查,往往会同时调查对平台的总体满意度和对平台各个功能的满意度,如对平台产品价格、质量、平台物流、平台售后服务等分支满意度。这时候就要先问总体满意度,后问具体满意度。如果最后提问总体满意度,那么总体满意度会受到最靠近的某类分支满意度的答案影响。假设消费者对产品的功能和价格很满意,但对物流不满意,而问卷正好是按照价格、功能、售后服务、物流服务和总体满意度的顺序开展调查,那么总体满意度的评价,会因为物流服务满意度不高而被拉低。

7. 同类问题集中安排

按照一定的逻辑,将问题进行分类,同类问题放在一起,避免不断转换话题让被调查者感到迷惑。且尽量将答题方式相同的问题集中安排,比如单选或者多选,最好分类提出,减少对被调查者回答的影响。

5.2.4 问卷的编码

问卷可以帮助调查人员获取大量的市场信息,通过对搜集所得的信息进行整理和分析,为市场预测和营销决策提供支持。但问卷收集到的数据是分散的、不系统的,为了便于计算机进行统计分析,调查人员可以对问卷进行编码,从而将所得信息整理为有组织的、统一的数据库。

所谓问卷编码其实就是给问卷进行赋值,使得问卷资料数码化,即给问卷中的每一个问题和问题答案赋予计算机可识别的数字、字符、字母符号,从而便于计算机识别和分析。问卷编码类型有事前编码(precoding)、事后后编码(postcoding)和无回答或无效编码。

事前编码是指在设计问卷的同时,就对问题和答案设计好的编码。事前编码适用于封闭式的问题,给予每一个变量和可能答案一个符号或数字代码。事前编码的优点在于简化编码过程和手续,同时也方便了被调查者的回答,其在回答问题时只需要填写一个编码。

事后编码是指在完成问卷调查之后,针对问卷问题和回答进行设计的编码。事后编码适用于开放性的问题,因为事先无法准确获知被调查者会如何作答且答案的类型也无法预估。在进行事后编码时,首先,编码人员应尽可能地将开放性问题的答案列出。如果答案的总量较少,则应该列出所有答案;如果答案体量较大,也要确保一定数量的样本答案。其次,编码人员应对答案进行合并处理,根据问题答案的性质,将相似或者相近的答案合并为一类,编码到一个变数上。

所谓无回答或者无效编码,就是对问卷中那些没有答案的问题的编码。在收集问卷的过程中,由于被调查者无法准确理解问卷问题,或者不想透露真实想法,或者不认真回答等,问卷中的某些问题答案会出现空项或者无效。对于这类问题的答案的编码,最常用的数字是 0,但其实只要是与有效回答有区别的数字,都可以用于编码数字,如 00、9、99 等。

5.2.5　提高问卷回答率方法

为了降低调查过程中的拒答率,在问卷设计阶段,问卷设计者可以采用一定的技巧有效地提高回答率。不管是何种问卷都是基于当前的调研目的而设计的,围绕调查者的信息需求展开的,因此问卷设计的出发点是调查者。但在回答问卷时,回答效果由被调查者掌握,被调查者的不同背景对问卷回答的效果影响各不相同,因此在设计问卷的过程中,问卷设计者不仅要考虑调查者需求,更要为被调查者的回答考虑,通过一定的方法,给被调查者提供方便,提高回答率。

1. 精减题目数量,浓缩调查表长度

虽然有研究表明调查表的长度及其回答率之间存在较弱的相关性,但是如果一份问卷问题题量过大,内容太多,需要思考、回忆、回答的时间过长,则容易使回答者产生为难和厌烦情绪。

2. 尽可能消除阻碍问卷调查的主客观因素

主观上的障碍多来自被调查者思想上和心理上的各种不良反应,例如,如果问卷问题涉及个人隐私等敏感问题,那么被调查者将产生警惕的心理;如果问卷的问题无法引起被调查者的兴趣,那么被调查者在回答的时候将比较懈怠。客观上的障碍来自被调查者自身的受教育程度等条件的限制,如阅读能力、理解能力、计算能力、记忆能力的欠缺。因此在设计问卷的时候,要设身处地为被调查者考虑,他们是学生、白领、公务员,还是大学老师,亦或是特殊群体。不同特征的人群,问卷设计要有差异:针对受教育程度较低的人群,调查问卷的语言设计应该通俗易懂和口语化,问题简单;而针对受教育程度较高的人群,调查问卷的语言设计可以更书面化,问题相对复杂,数量多一些。这样问卷的回答质量会得到提升。

3. 支付报酬承诺或礼品的馈赠

一般来说,在填写问卷之前支付报酬和馈赠礼品,可以有效地增强被调查者回答的积极性,回答率提升的效果比事后回馈更好,但是这种方式会提高调研的成本,有时候可能支付的报酬会高于获得的信息价值。

4. 联系权威机构或主管部门

把调查表填写作为应有的工作任务、必须完成的工作,由权威机构或者主管部门下发,回答率也会得到提高。

5.3 问卷信度和效度评价

在现实情况下,一份理想的调查问卷要能准确反映出所要研究事物的特征或者被调查者的真实态度,是很难实现的,因为问卷测量得到的结果与真实情况之间会存在误差。误差的来源有很多,如被调查者特性上的真实差异、回答问题时的状态、访问时的环境、调查访问的方式方法等。人们希望能够在一定的条件下将误差控制到最小,尽可能得到真实的、准确的信息。因此,我们需要对问卷所得的信息进行检验,可以通过信度和效度来评价信息质量。

信度检验的是结果的可靠程度,而不涉及测量所得结果能否达到测量的目的。效度检验的是结果的有效程度或者准确程度,考察测量结果是否达到测量目的。效度和信度是一个好的问卷所必备的两项重要条件。可以用这样一句话对效度和信度之间的关系进行概括:信度是效度的必要条件而非充分条件。这就是说,有的问卷测量结果是可信的,但是不一定有效;若要问卷有效度就必须要有信度。

5.3.1 信度评价

信度(Reliability)指测验结果的一致性、稳定性及可靠性,一般多以内部一致性来表示信度的高低。信度系数越高即表示该测验的结果越一致、稳定与可靠。信度指标多以相关系数表示,大致可分为三类:稳定系数(跨时间的一致性),等值系数(跨形式的一致性)和内在一致性系数(跨项目的一致性)。

对于随机误差 E,一般假定其期望值(平均值)为 0,且与真实值相独立,在此假定下,有:$E(X) = E(T)$。由于 T 与 E 相互独立,所以计算公式为:

$$Var(X) = Var(T) + Var(E)$$
$$Var(X) = Var(T) + Var(E)$$

$Var(E)$ 与 $Var(X)$ 的相对大小，即 $\dfrac{Var(E)}{Var(X)}$ 可用于描述调查结果的可信度，该值越大说明测量的随机误差越大，测量的可信度越低。我们用信度系数 R 来表示信度的大小。R 的定义为真实值的方差 $Var(T)$ 占测量值方差 $Var(X)$ 的比重，即计算公式为：

$$R = \frac{Var(T)}{Var(X)} = 1 - \frac{Var(E)}{Var(X)}$$

R 值越大，表明问卷调查的可信程度越大。

信度分析的方法主要有以下四种。

1. 重复检验法

重复检验法又称稳定性系数法，即对同一群被调查者使用同一份问卷，在不同的时间点前后测量两次，然后再根据两次测量的结果计算相关系数。重复检验法特别适用于事实式问卷，如性别、出生年月等无论在何时测量都不会产生差异，大多数被调查者的兴趣、爱好、习惯等在短时间内也不会有十分明显的变化。被调查者对事物或现象的态度和意见，除非受突发事件的影响，在前后两次测量中也应该维持一致，因此这种方法同样适用于态度、意见式问卷。这种方法是间隔一定的时间进行两次测量，因此容易受到记忆效应和练习效应的影响，且间隔的时间长短也有一定的限制。一般来讲，相隔时间越长稳定性系数就越低，因此在现实中很难实现。

2. 折半法

折半法就是根据随机的原则将一份调查问卷中的问题分成两半（一般要求这两部分问题的数目相等），然后再计算两半得分的相关系数，根据相关系数确定测量信度高低的方法。若是结果高度相关，调查问卷便是可信的，否则便是不可信的。这种信度被称为折半信度。把问卷分成两部分的方式有很多种，最常用的就是将奇数题与偶数题分开。折半信度属于内在一致性系数，测量的是两半题项得分间的一致性。这种方法一般不适用于事实式问卷（如年龄与性别无法相比），常用于态度、意见式问卷的信度分析。

3. 复本信度法

复本信度法就是指调查者设计两份等值问卷，每份问卷使用的问题不同，但测量的属性相同，对同一群被调查者同时使用这两份问卷进行测量，然后根据两份问卷测量结果的相关系数来计算问卷信度的方法。这种信度被称为复本信度。复本信度属于等值系数。

复本信度法要求两份问卷，在内容、格式、题量、难度和对应题项的提问方向等方面要完全一致，而在实际调查中，很难使调查问卷达到这种要求，因此较少采用这种方法。

4. α 信度系数法

Cronbach's α 信度系数是最常用的信度系数，计算公式为：

$$\alpha = \frac{k}{k-1}\left(1 - \frac{\sum \sigma_i^2}{\sigma_y^2}\right)$$

其中,K 为量表中题项的总数;σ_i^2 指第 i 题得分的题内方差,每一个方差所包含的信息都是以单一题目为基础的,而并非共有的;σ_y^2 指全部题项总得分的方差。从公式中可以看出,α 系数评价的是量表中各题项得分间的一致性,属于内在一致性系数。这种方法适用于态度、意见式问卷(量表)的信度分析。

通常来讲,信度的判别标准①如表 5-2 所示。

表 5-2　信度评价标准

0.9＜信度	非常可信
0.7＜信度≤0.9	很可信
0.5＜信度≤0.7	可信(最常见的信度范围)
0.4＜信度≤0.5	比较可信
0.3＜信度≤0.4	勉强可信
信度≤0.3	不可信

5.3.2　效度评价

效度(Validity)即有效性,是检测结果的有效性和准确性,即考察问卷准确性所需测量的变量的程度或者说准确真实地度量事物属性的程度。测量结果与要考察的内容越吻合,则效度越高;反之,则效度越低。效度分为四种类型:表面效度、内容效度、准则效度、建构效度,它们分别从不同的方面反映测量的准确程度。效度通常用相关系数表示,取值为 +1 到 -1,它只有程度上的不同,而没有"全有"或"全无"的区别。

我们可以通过以下两个层面来进一步理解效度的定义:一是指测量指标与所要测量的变量之间的相关性与吻合程度,如果问卷所设计的测量指标与想要测量的变量之间具有高度的相关性,那么说明问卷测到了想要测量的内容,测量的结果在一定程度上是有效度的;二是指是否接近该变量的真实值,也就是说问卷的测量结果是否比较准确地反映了变量的真实水平,这也在很大程度上表示了问卷效度的高低。

考察效度的方法有很多种,但由于每种方法侧重的问题有差异,因此名称也就随之不同。对于问卷设计,效度的度量可以从表面效度、内容效度、准则效度以及建构效度这四个角度来看。具体内容有如下几点。

1. 表面效度

表面效度,是指测量内容或测量指标与测量目标之间的一致性和逻辑相符性,也就是说测量所选择的题目从表面上看是否符合测量目的和要求,或者更通俗地说,就是从每一个题目的文字内容上来判断,该题目是否能够反映测量概念的基本特征。如为测量

---

① 简明,金勇进,蒋妍.市场调查方法与技术[M].北京:中国人民大学出版社,2004.

员工的工作责任心,调查者设计了如下题目——"不论领导是否在场均认真负责地履行工作职责",显然这个题目从文字的表述上来看,确实是在衡量一个人是否具有了工作责任心,具有表面效度。

2. 内容效度

内容效度又称逻辑效度,是指题项对欲测的内容或行为范围取样的适当程度(测量内容的适当性和相符性),即问卷内容涵盖或者体现调查问题的所有或者主要特征,实现所要调查的目的的程度。问卷内容与事先所要调查内容的一致性越高,就说明调查问卷的内容效度越高,调查结果也就越有效。一项调查内容或者一个测量概念往往包含多个维度,如态度,可以将整个概念分解为多项重要的测量方面。如果测量工具能够测到整个概念的所有或者主要的方面,那么这就是一个具有内容效度的测量工具。

表面效度和内容效度经常采用专家判断法来进行检验,但是两者是有区别的。表面效度是从表面的文字叙述判断一种测量工具测量的有效性,其是对题目逐个进行检查,检查每一道题目是否符合要反映的测量概念的内涵、是否具有逻辑的一致性;而内容效度则是需要把全部题目作为一个整体进行检验,检验题目是否涵盖了测量概念的所有重要方面。

3. 准则效度

准则效度是指用几种不同的测量方式或者不同的测量指标对同一个事物或者变量进行测量时的一致性程度。用其中的一种方式或者指标作为准则,其他的方式或者指标与这个准则相比较,如果不同的测量方式或者不同的测量指标的调查结果相关度较高,则说明具有准则效度。当某调查问卷 A 具有内容效度时,另外一种调查问卷 B 的准则效度则由调查问卷 A 决定;若是通过对某样本的调查,显示 A 和 B 高度相关,即说明 B 准则效度高,但关键在于作为准则的测量方式或者测量指标一定是有效的,否则效果将比较差。

4. 建构效度

建构效度也称为结构效度或构思效度,是指问卷能够测量到理论上的构想或者特质的程度。若问卷调查结果与理论预期一致,则认为有建构效度。简而言之,建构效度就是指调查结果与所要调查属性间的同构程度。理论中假设两个概念 x 和 y 之间有关系,那么在经验层次上对 x 和 y 的测量也应当是相关的。一个概念可以使用多个指标,用 x 和 y 的多个指标来测量两个概念之间的关系,如果不同指标的测量都反映出理论所假设的关系,那么这些测量就具有建构效度。假设博物馆内部要素与游客的情绪之间存在正相关的关系,把博物馆内部要素设为 X,游客情绪设为 Y。 在内部要素上,选择三个指标,分别是藏品数、举办教育活动的次数、技术感知率。经验分析发现,这三个指标和游客情绪都是正相关关系,则说明这个测量工具具有建构效度;反之,则称这个测量工具不具有建构效度。

 **思考题**

1. 问卷设计的概念和程序是什么？

2. 问卷的特点及类型有哪些？

3. 问卷基本结构由哪些部分组成？

4. 问卷中的缺失数据如何处理？

5. 封闭式问题和开放式问题各有何优缺点？

6. 在对问卷进行审核时,哪些情况的问卷是无效问卷？

7. 问卷设计时的注意事项有哪些？

8. 问卷设计的基本步骤有哪些？

9. 被调查者之间的差异会给问卷调查带来哪些难题？

10. 问卷设计时,应该如何避免各种主客观因素的影响？

 **案例分析题**

[案例1]

新冠疫情对线上会展的影响调查问卷

您好！感谢您在百忙之中抽出时间完成这份问卷。这是一份研究新冠疫情对线上会展业影响的无记名调查问卷,调查数据只用于学术研究,问题的选项无对错之分,只需要您选择认为最符合的答案即可。我们承诺严格保密,请您放心如实填写。您的意见很重要,感谢您的协助以及对本研究的支持。

1. 您对线上会展的了解:

   不了解　　　了解很少　　　有较多了解　　　很了解

2. 因新冠疫情,"广交会"改为线上举行,您的态度是:

   ◇ 会在很大程度上推进线上会展的发展(为发展提供经验)

   ◇ 不看好(大多相关配套还不完善)

   ◇ 持观望态度,看后期效果

   ◇ 其他＿＿＿＿＿＿＿＿＿

3. 您觉得线上会展和线下会展的关系是:

   ◇ 相互补充和促进、融合

   ◇ 部分替代关系

   ◇ 将来是彻底的替代关系

   ◇ 各自平行发展

4. 您认为理想中的线上展览：

　　◇ 可以是纯线上展示,没有互动、即时洽谈

　　◇ 可以是线上展示,但应该有即时视频互动、询盘

　　◇ 必须是线上展示 + 互动洽谈 + 交易达成

5. 从组织方来讲,举办线上会展的主要困难是:(多选)

　　◇ 无法商业化、无法盈利

　　◇ 缺乏资金

　　◇ 没有头绪,不知道该怎么做(缺乏经验)

　　◇ 内部员工不具备这方面的能力

　　◇ 不了解能提供专业技术服务的供应商

　　◇ 其他＿＿＿＿＿＿＿

6. 线上会展的主要收入来源可能是：

　　◇ 注册报名费

　　◇ 赞助、广告、冠名

　　◇ 同期的线上展览

　　◇ 版权的出售(如观看回放)、转化为培训课程

　　◇ 其他＿＿＿＿＿＿＿

7. 如果您了解到的线上展览效果不好,您认为主要是因为：

　　◇ 没有专业观众、买家,主办方不懂如何引导专业观众买家参与

　　◇ 展商、观众和买家之间无法即时真正互动、业务洽谈,达不成交易

　　◇ 无法全面展示展品的性能、无法演示,无法感知展品

　　◇ 不见面,因而无法建立信任感,达不成交易

　　◇ 无法提供线下展览的情感交流,深度洽谈等独特体验

　　◇ 难以同期举行有质量的线上会议或论坛

8. 疫情过后人们仍然会像以前一样出去开会、参展、观展吗?

　　◇ 会跟以前一样去参加实体会展

　　◇ 会,但倾向于选择就近,且规模较小的活动

　　◇ 不会,传染病太可怕了

　　◇ 不会,线上会展可以满足需求

9. 线上展览可以不依赖线下展览而独立盈利、自立门户吗?

　　◇ 可以

　　◇ 不可以

问题：

(1) 根据本问卷的内容,你认为本次调查的目的是什么? 调查对象是哪部分人群?

（2）问卷中是否存在错误或不足之处？如果有，请予以更正或补充。

（3）结合案例谈谈调查问卷应该包括哪些内容？

[案例 2]

疫情催生"宅经济"发展，金融界有何机遇？

2020 年初，一场突如其来的疫情为线下活动按下了暂停键，且在"宅经济"催化下，网络直播成为全民级爆发热点。前有初代网红罗永浩躬身入局引发淘宝、快手、抖音三家争抢，首场带货成交 1.1 亿元；后有格力总裁董明珠在快手和京东先后卖出 3 亿多元和 7 亿多元。一方面得益于直播市场的日渐成熟，另一方面则因疫情"催化"加速之下"宅经济"的来临，人们的工作、生活、娱乐和消费逐渐向线上转移，电商直播的发展，也每天都在刷新人们对该行业的认知。

根据中国互联网络信息中心（CNNIC）发布的第 45 次《中国互联网络发展状况统计报告》数据显示：截至 2020 年 3 月，我国网络直播用户规模达 5.6 亿人，较 2018 年底增长 1.63 亿人，占网民整体的 62.0%。

我国网络直播始于 2005 年，9158 最先开创视频聊天业务，呱呱、YY、六间房等跟进者涌现，形成直播模式的雏形。2014—2016 年进入爆发期，主流视频网站纷纷布局直播业务；2017 年以后，政策与资本双重压力下的直播行业迎来洗牌，老牌 PC 端直播逐渐没落。

随着网络技术的不断发展，"直播"已经成为商贸流通企业的标配，特别是受新冠疫情影响，传统线下销售模式受到冲击，线下店铺经营受阻，企业纷纷试水"直播"。直播成为线下店铺复工的工具，网红带货、店主直播、导购直播等多样化的网络直播纷纷涌现。

据了解，直播行业收入来源于直播打赏、广告收入、会员收入、游戏推广以及佣金分成五大渠道。其中以游戏和才艺为主的泛娱乐直播平台核心营收来源于直播打赏，占比超过 90%；以商品交易为主的直播电商核心营收来源于佣金分成、与用户形成双向互惠的关系。

企业直播作为网络直播的一种，亦迎来爆发式增长。据了解，企业直播主要面向企业级用户提供视频直播服务，以视频互动技术、大数据、人工智能等技术为依托，满足企业商业目的，为企业提供数字学习技术和数字营销解决方案，为企业增长赋能。

新冠疫情期间，企业的线下经营、办公、会议、培训等活动受到限制。为保障正常经营与内部协作，企业不得不寻求线上增长及拓展新的转化路径。直播因强互动性和高转化性等优势，成为当下企业开源节流、业务拓展、数字化转型的共同选择。企业直播作为一种 2B 端生态的直播形式，与泛娱乐直播和电商直播等 2C 端直播有所不同。企业直播主要为企业客户提供定制化服务方案，其技术要求更高、应用场景更为丰富、商业模式更为明确。

在庞大的用户及市场基础上，直播营销以其独特的魅力吸引公众视线。企业利用直播手段进行营销的主要目的有三个：

一是获得关注度。直播营销的本质是事件营销，除营销广告本身效应外，事件本身就是一个话题，企业通过一定的附属手段使事件的话题性呈爆发性增长，达到预期的营销目的。

二是培养用户忠诚度。工业时代以商品为核心，当今互联网时代以用户为核心，直播是一个可以和用户面对面的平台，以其强大的互动性与消费者产生真实的交流，随时随地，不受时间、空间限制，包括了消费者与直播主上下层次的互动，消费者与消费者间同层次的互动。全方位的深切体验和深度参与，丰富感和带入感，增加了消费者对企业和品牌的粘性。

三是促进形成直接购买。在直播中，能够植入产品、服务，模拟特定的场景，利用真人体验真实地展现产品功能；采用多样的形式，以最浅显易懂的方式介绍产品，从而有效地开发客户的潜在需求，激发客户的购买欲望。

资料来源：https://www.sohu.com/a/398942608_350221。

问题：在互联网不断发展的大背景下，网络直播的影响力逐渐扩展到各个领域，深入到人们生活的各个方面。为充分了解网络直播对消费者行为的影响，请设计一份调查问卷，并思考后疫情阶段网络直播会有哪些新的趋势？

第 6 章

市场调查资料的整理与分析

亚马逊的"信息公司"

如果问，全球哪家公司从大数据发掘出了最大价值，截至目前，答案可能非亚马逊莫属。亚马逊也要处理海量数据，这些交易数据的直接价值更大。

作为一家"信息公司"，亚马逊不仅从每个用户的购买行为中获得信息，还将每个用户在其网站上的所有行为都记录下来：页面停留时间、用户是否查看评论、每个搜索的关键词、浏览的商品等。这种对数据价值的高度敏感和重视，以及强大的挖掘能力，使得亚马逊早已远远超出它的传统运营方式。

亚马逊CTO Werner Vogels 在 CeBIT 上关于大数据的演讲，向与会者描述了亚马逊在大数据时代的商业蓝图。长期以来，亚马逊一直通过大数据分析，尝试定位客户和获取客户反馈。

"在此过程中，你会发现数据越大，结果越好。为什么有的企业在商业上不断犯错？那是因为他们没有足够的数据对运营和决策提供支持，"Vogels 说，"一旦进入大数据的世界，企业的手中将握有无限可能。"从支撑新兴技术企业的基础设施到消费内容的移动设备，亚马逊的触角已触及更为广阔的领域。

1. 亚马逊的推荐

亚马逊的各个业务环节都离不开"数据驱动"的身影。在亚马逊上买过东西的朋友可能对它的推荐功能都很熟悉。"买过 X 商品的人，也同时买过 Y 商品"的推荐功能看上去很简单，却非常有效，同时这些精准推荐结果的得出过程也非常复杂。

2. 亚马逊的预测

用户需求预测是通过历史数据来预测用户未来的需求。亚马逊对于书、手机、家电这些东西（亚马逊内部称为硬需求的产品，我们可以理解为"标品"）的预测是比较准的，甚至可以预测到相关产品属性的需求。但是对于服装这样软需求的产品，亚马逊干了十多年都没有办法预测得很好，因为这类东西受到的干扰因素太多了，比如：用户对颜色、款式的喜好，穿上去合不合身，爱人、朋友喜不喜欢……这类东西太易变所以需要更为复杂的预测模型。

3. 亚马逊的测试

你会认为亚马逊网站上的某段页面文字只是碰巧出现的吗？其实，亚马逊会在网站上持续不断地测试新的设计方案，从而找出转化率最高的方案。整个网站的布局、字体大小、颜色、按钮以及其他所有的设计，其实都是多次审慎测试后的最优结果。

4. 亚马逊的记录

亚马逊的移动应用在让用户有一个流畅的无处不在的体验的同时，也通过收集手机上的数据深入地了解每个用户的喜好信息；更值得一提的是 Kindle Fire，内嵌的 Silk 浏览器可以将用户的行为数据一一记录下来。

以数据为导向的方法并不仅限于以上领域,亚马逊的企业文化就是冷冰冰的数据导向型文化。对于亚马逊来说,大数据意味着大销售量。数据显示出什么是有效的、什么是无效的,新的商业投资项目必须有数据的支撑。对数据的长期关注让亚马逊能够以更低的售价提供更好的服务。

资料来源:https://blog.csdn.net/weixin_44099558/article/details/85782339。

6.1　市场调查资料的整理

数据资料收集工作完成后,调查人员往往会收到大量的、零散的、繁杂的原始资料。为了得到对企业有价值的、系统的、简明的市场调查报告,调查人员需要根据调查研究的目的,运用科学的方法、适当的技术对市场调查所获得的资料进行审查、检验、清洗、汇总等初步加工,使之成为进行统计分析的基本数据,为下一步资料分析做准备。

6.1.1　调查资料整理的意义

1. 调查资料整理有利于提高调查数据的质量

在市场调查活动中,根据不同的项目类别、不同的调查手段、不同的调查途径,从众多的市场调查单位获取的资料可能存在统计口径不一致、数据虚假、数据繁杂、数据缺失等现象。这些都大大降低了调查数据的质量,因此对数据进行整理,可以消除数据中的错、假、冗、缺等现象。

2. 调查资料整理是进行资料分析的前提

资料分析是用适当的、科学的方法对收集来的大量数据进行分析,提取有用信息和形成结论,从而为市场现状及趋势作出正确的判断,为企业管理部门和有关负责人提供决策依据。而这一切的前提是调查资料的准确、完整和统一。因此在将收集到的数据投入使用之前,需要对其进行审查、检验、清洗、汇总等初步处理,以保证数据分析得出正确的结果。

3. 调查资料整理有利于发现市场调查工作的不足

在市场调查的各个阶段,难免会出现考虑不周、计划有偏、工作有误的地方。比如,对市场调查的目的定义得不够准确,对市场调查过程的考虑不够全面,调查问卷的设计不够全面等。这些问题都会体现在收集到的数据上,因此通过对所得数据的检查和整理,可以及时帮助调研人员进行纠偏,弥补调查工作中的不足。

6.1.2　调查资料整理的步骤

市场调查资料整理就是对原始数据进行加工处理,形成有用的信息,使之符合统计分析的需求。市场调查资料的整理一般会遵循以下步骤。

（1）资料审核调查。为确保录入数据的准确有效，对调查所获得的资料进行审核和校订是进行数据分析之前的必要程序。对于一手资料，调研人员需要审查其真实性、准确性和完整性，对于二手资料而言除了以上两个方面之外，还应关注资料的适用性和时效性。

（2）数据编码。编码作为将调查资料量化的重要手段之一，就是将问卷的问题和答案进行分组并对其赋予对应的符号和数值，转化为计算机可识别的代码，以便于数据的准确录入和计算机统计软件的有效分析。

（3）数据录入。利用专门的数据录入软件（如 Excel、SPSS、SAS、STST）录入数据。

（4）调查资料的清洗和预处理。此阶段主要借助计算机统计软件（Excel、SPSS、Stata）对数据进行排序、筛选，从而为数据分析提供准确信息。

1. 审核校订调查资料

审核和校订调查资料可以帮助调研人员发现所获资料中是否存在明显的错误和缺失，从而及时进行纠正和弥补，以确保调查资料的准确和完整。

对于一手资料，调研人员主要从真实性、准确性和完整性三个方面进行审查。

（1）真实性审查，主要是检查市场调查资料来源的真实性问题，也就是说资料是否真正由被调查者所提供，以防调查员伪造资料。对于真实性的问题，调研人员可以通过对被调查者进行回访的方法来进行检验。如果资料失真，就会得到错误的结论，严重影响调查的质量，这样的资料应该视为废料并丢弃处理。

（2）准确性审查，主要是检查市场调查过程中获取的资料是否精准与正确。影响市场调查资料准确性最常见的一个因素是样本选择问题。市场调查中很少会以市场普查的方式进行资料的收集，往往会从总体样本中抽取一定比例的样本用于估计和推测样本。若样本是随机的，那所获取的样本数据就能够反映总体的相关特征，但是如果说抽取的样本不是随机的，那么无论样本容量多大，这些样本数据也无法反映所要研究的总体特征。比如，如果想研究消费者对健身房需求的影响因素，调研人员选择在健身房门口实施蹲点调查，对进出健身房的人员进行问卷调查。那么，通过这种方式获取的调研数据就存在选择性样本问题，因为调研人员选择的调研地点只能收集到对健身房有需求的样本，而那些对健身房没有需求的样本信息，可能都没有被收集到或者很少被收集到，这样的数据是存在误差的。

另一个影响调查资料准确性的因素就是问卷填写。对于收回的问卷主要存在三个方面的错误情形，逻辑性错误、答非所问、搪塞回答。对于问卷准确性的审查有三种方法，判断审核、计算审核和逻辑审核。判断审核根据已知情况来判断调查所得到的数据是否与客观事实相符，如果调查得到的数据违背了客观事实，这时就应该质疑资料的准确性问题。计算审核是通过计算的方式来检验数据的准确性。例如，一份调查问卷中调查了父母的年龄和子女的年龄,如果父母与子女的年龄差只有 10 岁,那么这个资料是有问题的。逻辑审核是从资料的逻辑关系来检验其是否准确。例如,某一个解答者回答他的年龄是 15 岁,但是在婚姻状况却填写了已婚,亦或一位正在就读研究生的学生的年龄为 12 岁。一般情况下,调研人员应该质疑这些资料的准确性。

对于逻辑性错误和答非所问这种错误我们可以通过返回调查对答案进行修正,或者按照"不详值"对待。对于搪塞回答错误,可以通过在问卷当中设置一些反向的方式,来检查被调查者是否有乱填的现象。若此类问题占比较小,则直接剔除,若此类问题问卷集中出现,且达到一定数量,那么应该将这些问卷当成一个独立样本进行分析,反思问卷的设计。

(3) 完整性审查,主要是检查是否涵盖所有的调研单位,是否所有问卷都得以收回,是否完整填写所有调查题项。首先,在问卷调查之前,必须明确调查样本,严格按照科学的抽样方案设计,找到被调查者,使得调查对象具有代表性,保证调查结果能够较完整地推断总体。其次,通过回收率来检查调查资料的完整性,回收率是决定和影响调查样本代表性的重要因素之一。目前学术界对问卷回收率尚无统一的标准,但若要进行分析和报告,问卷回收率至少要达到 50% 才被视为是好的反馈,达到 70% 可视为非常好。最后,还要对问卷填写内容的完整性进行审核,不完整的问卷有三种情况:大面积无回答、个别问题无回答和同一问题多数问卷无回答。对于第一种情况,直接选择剔除;对于第二种情况,可以返还调查,通过电话或其他方式联系被调查者进行补充回答;对于第三种情况,调查者需要反向思考,是否问题的表述不清晰,或者涉及了敏感的话题,亦或无法找到现成的答案进行回答。

对于二手资料,除了审核完整性和准确性外,还应关注资料的适用性和时效性。二手资料是指那些并非为正在进行的研究而是为其他目的的已经收集好的统计资料。因此对于调查人员来说,要确定这些资料是适用于当前研究分析和解释的需求,从而确保收集资料的可靠性和准确度。此外还要审核数据的时效性,即检查有关资料的时间属性,以评价调查资料是否符合时效性的要求。市场千变万化,对于有些时效性较强的问题,应尽可能采集时间间隔较短的资料,使用计算机技术及时对资料进行加工处理,从而提高信息的使用程度和价值,最终达到研究的目的。

初步审核方式有两种,包括实地审核与系统审核。

实地审核就是一边调查一边审核,是调查员在进行资料收集的同时就对资料进行审核。如调查者实地发放问卷的时候就逐一对每一份调查问卷进行真实、准确和完整的审核,一旦发现错误、漏填、误填或其他一些有疑问的情况,进行询问核实,及时修正和补全资料。这种方法的优点在于能够及时发现问题、修正问题,但费时费力,对调查人员的要求也较高。

系统审核也称为集中审核,是指将资料全部收集回来,然后再集中时间进行资料的审核。这种方法便于组织安排和统一管理,审核的标准比较一致,检查的质量也相对更好一些,而且速度较快。但是,由于这种方法是事后审核,即便发现问卷或者访谈资料中存在问题,也很难找到填答者进行核对修正或者补答,只能进行作废处理,以保证调查资料的真实性、准确性和完整性。

初步审核完成之后,为了检查和核实初步审核的质量,调查人员还会对调查资料进行复查,即调查人员在完成问卷调查并回收之后,对调查样本中的一部分个案进行二次调查。具体的方法为研究者自己或者其重新选择新的调查人员,从原来调查过的样本中随机抽取 5%～15%的个案,使用同样的问卷重新来进行调查。通过这种方法,一方面可以核实原来的调查人员是否如实地对个案进行了调查;另一方面,可以通过两次调查结果的对比,检验第一次调查的质量,但是这需要在第一次调查的时候获取被调查者的联系方式,如电话、地址或者邮箱等信息,因此在实际的操作过程中存在着一定的困难。

2. 数据编码

编码就是将问卷的信息量化、结构化和数量化,转化为计算机可识别的代码,以便于数据的准确录入和定量分析。编码的内容包含问卷的代码、变量的定义和取值的范围等。编码表就是以表格的形式来表现编码内容,如表 6-1 所示。在进行编码表制定时需要注意所有的信息都必须转化为数值,对问卷进行编号,对于无信息的回答需要赋予相应代码,一般采用"8"表示"不知道","9"表示"无回答"。

表 6-1 编码表格式

量序号	变量名	变量类型	变量所占字节	取值范围	取值对应的含义	备注	对应题号	对应问题
18	V12	数值型	1	1～4或9	1＝大一,2＝大二,3＝大三,4＝大四,9表示无回答		12	您的年级是?

按照不同的标准,编码可以做不同分类。如根据问卷结构的性质,编码可以分为结构式编码和非结构式编码;根据设计的时间,编码可以分为事前编码和事后编码;根据问卷问题的类型,编码可以分为单选题、多选题、排序题和开放题。

(1)问卷编号。无论哪种形式的问卷,首先应该对问卷进行编号,一般可以采用数字1、2、3、4、5 的形式,也可以采用字母加数字的形式,例如 a1、a2、a3、a4、a5。问卷编号的编码形式取决于问卷编写者的个人习惯。对问卷进行编号,可以保证问卷不会被重复录入,而且在发现某个数据存在问题时,可以通过问题数据所在的问卷编号找到原始问卷并进行核对。

(2)单选题。单选题答案只有一个选项,因此只需要定义一个变量。

【示例 6-1】 Q1. 请问您的性别是( )。

A. 男 B. 女

上题的变量名可定义为 V1,变量类型为数值型,变量的取值范围为 1、2 或者 9,其中 1 表示男,2 表示女,9 表示该题目无回答。

很多时候,单选题的选项不止两个,甚至选项之间还在数量或程度上存在差异。这时,则需要对每个选项分别编码或赋值。

【示例 6-2】　Q3.您的最高学历是(　　　　)。

A. 高中/中专及以下　　　　　　　　B. 大专

C. 本科生　　　　　　　　　　　　　D. 研究生及以上

上题的变量名可定义为 V3,变量类型为数值型,变量的取值范围为 1、2、3、4 或者 9,1、2、3、4 分别代表 A、B、C、D 四个选项,9 表示该题目无回答。需要注意的是,在对选项进行赋值时要根据实际的需要,例如有时可以把 A、B、C、D 分别定义为 4、3、2、1。

(3) 多选题。多选题的答案可以有多个选项,对变量与取值的定义有两种方法。一是二分法,将所有题项都设置为 0 或 1 指示变量;二是多重分类法,其适用于选项数限定的题型。

方法一,运用二分法来处理不限定选项的多选题。

【示例 6-3】　Q11.您平时购买哪些牛奶品牌?

A. 蒙牛　　　　　B. 伊利　　　　　C. 光明　　　　　D. 三元

E. 雀巢　　　　　F. 其他

Q11 问题的编码如表 6-2 和表 6-3 所示。

表 6-2　Q11 问题的编码(方法一)

变量序号	变量名	变量类型	变量所占字节	取值范围	取值对应含义	备注	对应题号	对应问题
21	V111	数值型	1	0 或 1	0 = 未选,1 = 选择	全部为 0,表示该题无答案	11	您平时购买哪些牛奶品牌
22	V112	数值型	1	0 或 1				
23	V113	数值型	1	0 或 1				
24	V114	数值型	1	0 或 1				
25	V115	数值型	1	0 或 1				
26	V116	数值型	1	0 或 1				

若被调查者甲的填写答案为 BCDE,针对这 6 个选项,变量的排序为 0、1、1、1、1、0。

方法二,运用多重分类法处理选项数目限定的多选题,将变量定义为所选题号,变量值为选项号。同样以上题为例,假设题目规定最多选三项,则该题目的编码如表 6-3

所示。

表 6-3　Q11 问题的编码(方法二)

变量序号	变量名	变量类型	变量所占字节	取值范围	取值对应含义 ($i=1, 2, 3, 4, 5, 6$)	备注	对应题号	对应问题
21	V111	数值型	1	0~6	取值为 i 表示第 i 个选项,为 0 表示题目选项都不是	全部为 0 表示该题无答案	11	您平时购买哪些牛奶品牌
22	V112	数值型	1	0~6				
23	V113	数值型	1	0~6				

若被调查者的填写答案为 BCF,则变量排序为 2、3、6。

(4) 排序题。排序题是对选项重要性进行排序。与多选题类似,需要对多个变量进行定义,变量个数等于选项个数。

【示例 6-4】　Q15.您购买商品时,对商品的①价格、②质量、③外观、④实用、⑤品牌、⑥流行六个因素的关注程度的先后顺序为第一位:_____,第二位:_____,第三位:_____,第四位:_____,第五位:_____,第六位:_____。

上题的编码如表 6-4 所示。

表 6-4　Q15 问题的编码

变量序号	变量名	变量类型	变量所占字节	取值范围	取值对应含义 ($i=1, 2, 3, 4, 5, 6$)	备注	对应题号	对应问题
33	V151	数值型	1	0~6	取值为 i 表示该选项排位为 i,为 0 表示选项排名缺失	全部为 0 表示该题无答案	15	您平时购买哪些牛奶品牌
34	V152	数值型	1	0~6				
35	V153	数值型	1	0~6				
36	V154	数值型	1	0~6				
37	V155	数值型	1	0~6				
38	V156	数值型	1	0~6				

上例定义了六个变量,分别可以代表第一位至第六位。若被调查者认为最关注价格,其他因素的关注程度依次为质量、品牌、实用、外观和流行,则变量排序为 1、2、5、4、3、6。

(5) 开放题。相对于封闭式问题的编码,开放题的编码过程更为复杂,一般采用时间编码。开放题分为两类:一类为开放性数值题,另一类为开放性文字题。对于开放性数值题,被调查者只需直接填入数值或打分。例如你的年龄是(　　)。此类题在设计编码时变量名字可以定义为 NL,所占字节为 2(被调查者的年龄往往要求在 20~70 岁之间),变量取值可以不做定义,直接输入相应的年龄,取值范围为 20~70 或者 99(99 表示此题无回答)。

对于开放题,编码一般需要两个步骤:①列出所有答案。阅读所有被调查者对该问题的回答,列举出所有的答案类型,尽可能地包含所有的、互不重叠的信息。这种方法适用于总体量较小的情况。若总体数量较多,可以按照一定的原则抽取出部分样本,记录样本的答案即可。②归纳答案类别。根据问题回答的性质和调查研究的目的,将答案进行合并处理,对于无法归类或者无需分类的答案都可以将其定义为"其他"项,并对比做定性的研究。

3. 数据录入

数据录入是录入员根据编码的原则,将问卷的数据进行录入。录入形式一般有两种:一种是以数据库的形式录入;另一种是采用专门的统计分析软件(如 Excel、SPSS、Stata)进行数据录入。网络调查或者计算机辅助电话调查(CATI),无需单独进行数据录入操作,可以在数据收集的同时进行数据录入。

4. 数据清洗与预处理

通常在进行数据的统计分析之前,可能要对原始数据文件进行基本的处理。数据清洗与预处理工作主要借助一些统计分析软件来执行,对数据进行筛选、排序,并发现缺失数据、剔除异常值,从而为下一步数据分析工作提供准确的信息。数据的筛选可以从两个方面来进行:一是剔除不符合要求的数据或有明显错误的数据;二是按照某种规定将所需数据筛选出来。数据排序是将数据按一定顺序进行排列,以发现一些明显的共性、特征或趋势,找到解决问题的线索;排序可以为数据的再归类和再分组提供依据,为数据检查纠错提供帮助。在某些市场调查中,数据排序本身就可能成为数据分析的目的之一。缺失数据和异常值数据无法直接用于数据分析,需要对其进行相应处理,提高数据质量。

目前的统计分析软件种类很多,如 Excel、SPSS、SAS、Stata、Eviews、Data Desk,等。本节简单介绍在市场调查分析中比较常用的三种统计分析软件:Excel、SPSS 和 Stata。

5. 统计软件介绍

1) Excel

Excel 也称为 Microsoft Excel,是由 Microsoft 为使用 Windows 和 Apple Macintosh 操作系统的电脑编写的一款电子表格软件,是微软办公套装软件的一个重要的组成部分。Excel 等微软的应用软件是由软件史上的传奇人物查尔斯·西蒙尼(Charles Simonyi)开创的。自 1993 年,Excel 作为 Microsoft Office 的组件发布了 5.0 版之后,Excel 就开始成为所适用操作平台上的最流行的个人计算机数据处理软件,广泛地应用于管理、财经、金融、工程、卫生等众多统计领域。

Excel 窗口主要由工具栏和纵横交互表格组成,界面简洁、清晰、美观,而且提供使用者大量的公式函数,不仅可以满足直接感观需要,而且可以进行复杂的统计运算和数据分析。因此,它深受专业人士和办公人员的喜爱。

在市场调查中,相对于其他统计软件,Excel 因其易获取、易操作、易掌握的特点,成为使用最广泛、最基本的数据录入、处理和分析工具。在市场调查中的应用主要在三个方面:一是简单数据操作,如数据的录入与导入、常规编辑、格式化等;二是图表制作,如标准图表、组合图表等;三是数据分析,如排序、筛选、列表等。

2) SPSS

SPSS 全称为"社会科学统计软件包"(Solutions Statistical Package for the Social Sciences),与 SAS 和 BMDP 号称世界上最著名的三大统计分析软件。其因界面友好、操作简单、结果直观、易懂易学等优点,被广泛应用于医疗、保险、制造、商业、市场研究、科学研究等多个领域与行业中,尤其在市场调查中,SPSS 是数据处理与分析的重要工具。

SPSS 是将几乎所有的功能都以统一、规范的界面展现出来,使用 Windows 的窗口方式展示各种管理和分析数据方法的功能,使用对话框展示出各种功能选择项。SPSS for Windows 是一个组合式软件包,具有数据管理、统计分析、绘图功能等。数据管理:SPSS 有一个类似于 Excel 的界面友好的数据编辑器,可以用来输入和定义数据(缺失值,数值标签等等)。统计分析:SPSS 能够进行大多数统计分析,如回归分析,logistic 回归,生存分析,方差分析,因子分析,多变量分析。绘图功能:SPSS 绘图的交互界面非常简单,一旦绘出图形,可以根据需要通过点击来修改。这种图形质量极佳,还能粘贴到其他文件中(Word 文档或 Powerpoint 等)。

SPSS 运行方式有两种,一种是窗口菜单运行方式,通过使用下拉菜单来选择所需要执行的命令,进行统计分析;另一种是程序运行方式,即在语句窗口中直接运行编辑好的"句法"语言,但是这些句法通常非常复杂而且不是很直观,因此该方法使用较少。

3) Stata

Stata 是 Stata 公司在 20 世纪 80 年代中后期开发的整合性商业统计软件包,以其简单易懂和功能强大受到初学者和高级用户的普遍欢迎。Stata 具有数据管理功能、统计分析功能、制图功能及程序设计功能。

数据管理功能,尽管 Stata 的数据管理能力没有 SAS 那么强大,它仍然有很多功能较强且简单的数据管理命令,能够让复杂的操作变得容易。统计分析功能,Stata 能够进行大多数统计分析,如回归分析、logistic 回归、方差分析、因子分析、以及一些多变量分析。此外,在调查数据分析领域,Stata 有着明显优势,能提供回归分析、logistic 回归、泊松回归、概率回归等。制图功能,Stata 的作图模块,主要提供如下八种基本图形的制作:直方图、条形图、百分条图、百分圆图、散点图、散点图矩阵、星形图、分位数图。这些图形的巧妙应用,可以满足绝大多数用户的统计作图要求。程序设计功能,用户可以很容易地下载到别人已有的程序,也可以自己去编写,并使之与 Stata 紧密结合。

Stata 界面主要由四个常用的窗口构成:Stata Results, Review, Variables, Stata

Command。Stata Results 界面中显示运行结果；Review 窗口记录使用过的命令；Variables 窗口显示存在于当前数据库中的所有变量的名称；最后 Stata Command 窗口输入命令。除了这四个默认打开的窗口外，Stata 还有数据编辑窗口、程序文件编辑窗口、绘图窗口等，若需使用，可以用 Windows 或者 Help 菜单将其打开。其运行方式有两种：一种是选择窗口方式，即通过选择窗口菜单与对话框完成操作；另一种是程序运行方式，即在命令窗口直接运行编写好的程序。

6. 统计软件在数据预处理中的应用

1）运用 Excel 清洗数据

排序和筛选是 Excel 的基本功能，可以按照属性将数据进行归类，按照分析要求对数据进行挑选，按照规定条件对数据进行过滤等。

（1）数据排序。一般来说，创建的数据文件中录入的原始数据前后顺序由录入时的先后顺序决定，是随机的，无法反映现象的本质与规律。为了方便分析，有时需要按照某一顺序来观察数据，因此要将其进行排序、分组，以使数据按要求排列，同时把性质相同的数据归为一组，让不同组数据之间的差异性显示出来。例如：对员工学历按由高到低的顺序进行排列。数据排序的基本步骤如下：打开 Excel 文件，选中文件数据区域任一单元格，单击"数据"，选择下拉菜单中"排序"，然后在"主要关键字"下的列表框中选择要排序数据的字段名，在右侧选择"升序"或"降序"。如果要把相同的记录再排序，则可在"次要关键字"下的列表框中选择要排序数据的字段名，在右侧选择"升序"或"降序"。

（2）数据筛选。数据筛选可以从两个方面进行：一是文本分类，二是数值分组。文本分类是根据文本字段自身的筛选条件分类，如按包含、不包含、开头是、结尾是等，将文本信息分层到不同的类别。数值分组是根据数值范围分组，如按大于、等于、小于、介于、前 3 项、高于平均值、低于平均值等，将数值进行分组。

2）运用 SPSS 清洗数据

除了 Excel，SPSS 也是在对数据文件进行处理方面使用得较为广泛的软件之一。其基本操作主要包括数据的排序、数据的拆分、异常值处理。

（1）数据排序。SPSS 中的数据排序作用与 Excel 相同，其方法为将数据编辑窗口中的数据，按照指定的某一个或多个变量值进行排列，如升序或降序，所指定的变量称为排序变量。当排序变量只有一个，且为单值排序时，则按照排序变量取值的大小次序对个案数据进行重新排列。当排序变量超过一个时，为多重排序。多重排序的第一个排序变量称为主排序变量，其他排序变量依次称为第二排序变量、第三排序变量等。在多重排序时，个案先按主排序变量值的大小排序，当主排序变量值一致时，再按第二排序变量值大小排序，依次类推。数据排序的主要操作方法如下：依次点击"数据""排序个案"，选定"排序变量"，设置好排序方式，单击"确定"按钮。

（2）数据拆分。在同一个数据文件中往往记录了两个或者两个以上群体的数据,尤其是使用问卷进行调查的时候,同一份问卷对不同人群的数据进行采集,如不同性别的人群、不同收入阶层的人群、不同学历人群等。在数据分析的时候,需要对不同人群的特征进行对比分析,因此首先要对原始数据进行拆分。

在 SPSS 中,若要将一个数据集按照分类变量,如性别,拆分为两个或者多个数据集,可以通过删除"未选择的个案"或者"保留的个案"的形式进行数据拆分,但是在进行此操作以前需要先将原始数据进行备份。SPSS 中操作过程如下:点击"数据"下拉菜单中的"选择个案",分别设置"选择条件"和"输出结果",点击"确定"。

（3）对异常值的处理。在进行数据收集时,人为或者系统的问题,会导致数据出现异常情况,如缺失数据、错误的数据、小概率数据等。在进行数据分析之前需要对原始数据中的异常值进行处理,提高数据的准确性。缺失数据与错误数据的处理方法类似,当样本容量较大,如缺失或者错误数据仅占总体样本的 1%,可以直接删除;当样本容量较小,可用数据的平均值、中位数、众数等数值进行填充,用固定值进行替代,或者通过推算数据的增长率进行测算。小概率事件又称为稀有事件,如信用卡欺诈事件,这类数据与缺失数据与错误数据不同,不需要进行修正或删除,反而需要进行重点探索,从而探索事件的特殊性质。

SPSS 对缺失数据或错误的数据的识别方法有三种,包括数据排序、有效范围识别和逻辑识别。第一种排序的方式,这类数据往往会出现在数据列表的顶端或者末端,从而删除或者修正。第二种对数据的范围进行描述统计分析,进而识别问题数据。

【示例 6-5】 对某数据文件中的年龄数据进行频次统计,依次点击"分析""描述统计""频率",将性别变量选入对话框,点击"确定",分析结果如表 6-5 所示。

表 6-5　各年龄人口所占比

	年龄	频率	百分比	有效百分比	累积百分比
有效	0	1	0.55%	0.55%	0.55%
	18 岁以下	3	1.66%	1.66%	2.21%
	18～25 岁	176	97.24%	97.24%	99.45%
	26～30 岁	1	0.55%	0.55%	100.00%
	总计	181	100.00%	100.00%	

在频次统计结果中出现了 0 这个异常数值。返回数据视图对话框,找到该列数据,按照升序方式进行排列,或者通过查找功能找到数值 0,然后将其删除或者替换为 9 或者 99。相应地,在变量视图中将该题的异常值设为 9 或者 99,然后再对该题进行频次统计,得到统计结果如表 6-6 所示。

表 6-6　年龄

年龄		频率	百分比	有效百分比	累积百分比
有效	18 岁以下	3	1.66%	1.67%	1.67%
	18～25 岁	176	97.24%	97.78%	99.45%
	26～30 岁	1	0.55%	0.55%	100.00%
	总计	180	99.45%	100.00%	
缺失	9.00	1	0.55%		
总计		181	100		

第三种可以通过对问卷问题之间的某种逻辑联系来进行数据检查,如在问卷中调查了家庭中母亲的年龄和最大孩子的年龄,可以通过计算母亲与最大孩子之间的年龄差来识别是否存在问题数据,如表 6-7 所示。

表 6-7　母亲与长子/长女的年龄差

年龄差		次数	百分比	有效的百分比	累积百分比
有效	2	1	4.5%	4.5%	4.5%
	5	1	4.5%	4.5%	9.1%
	20	1	4.5%	4.5%	13.6%
	21	1	4.5%	4.5%	18.2%
	24	1	4.5%	4.5%	22.7%
	25	3	13.6%	13.6%	36.4%
	27	1	4.5%	4.5%	40.9%
	28	5	22.7%	22.7%	63.6%
	30	3	13.6%	13.6%	77.3%
	32	1	4.5%	4.5%	81.8%
	40	1	4.5%	4.5%	86.4%
	45	2	9.1%	9.1%	95.5%
	95	1	4.5%	4.5%	100.0%
	总计	22	99.5%	99.5%	

如表 6-7 所示,在母亲与最大孩子的年龄差中,有 2 岁、5 岁和 95 岁年龄差的,显然这些数字是不符合逻辑认知的,或者是在现实中不可能发生的情况。回到数据视图中,通过查找功能找到数据所在的问卷,通过问卷编号找到原始问卷进行核实,判断是录入错误还是问卷本身的问题,从而对数据进行相应处理。

6.2 市场调查资料的分析

市场调查数据整理完成即可进入市场调查资料分析阶段。所谓市场调查分析就是依据市场调查的目的,采用不同的分析方法,对调查获取的数据进行对比分析,反映不同数据之间的联系,从而得出相应的结论。市场调查资料分析大致可以将统计分析分为数据指标分析、信息图表分析、描述性统计分析和概率统计分析四种类型。

6.2.1 数据指标分析

在对数据进行统计分析的时候,经常会借用一些分析指标,多角度对数据进行深度解读,下面是数据统计分析常用的指标。

1. 总量指标

总量指标是用来反映社会经济现象在一定条件下的总规模、总水平或工作总量的统计指标。总量指标是用一个绝对数来反映特定现象在一定时间内的总量状况,它是一种最基本的统计指标。例如,中国 2017 年统计公报发布全年国内生产总值 827 122 亿元,年末全国总人口 139 008 万人,说明了 2017 年全国国民经济和人口方面的总规模。总量指标还是计算相对指标和平均指标的基础。

2. 相对指标分析

若要对事物做深入了解,总量指标是远远不够的,需要借助相对指标。相对指标是用两个或者两个以上有联系的指标进行对比得出比值,用以反映事物的结构特征、相关程度、普遍程度、发展程度或比例关系等。相对指标的结果是相对数,如性别比例、年龄构成、市场占有率、产品普及率、销售增长率等。

相对指标的类型主要分为结构相对指标、比较相对指标、比例相对指标、强度相对指标、计划完成相对指标五种。

(1)结构相对指标。结构相对指标是总体内某一部分数值与总体数值之比,即部分与全体之比。结构相对数通常用来反映总体的结构和分布状况等,如市场占有率、城市化率、工业增加值等,通常用百分数表示。其计算公式为:

$$结构相对数 = \frac{总体中某一部分的数值}{总体的全部数值} \times 100\%$$

【示例 6-6】 某高校男生数量占全校学生数量的 55%。

(2)比较相对指标。比较相对指标是不同单位的两个同类现象数量之比,用以说明某一同类现象在同一时间内各单位发展的不平衡程度。其计算公式为:

$$比较相对数 = \frac{某地区(或单位)某一指标数值}{另一地区(或单位)同类指标数值}$$

【**示例 6-7**】　甲地职工平均收入是乙地职工平均收入的 2 倍。

（3）比例相对指标。比例相对指标是总体中不同部分数量对比的相对指标，用以分析总体范围内各个局部、各个分组之间的比例关系和协调平衡状况。其计算公式为：

$$比例相对数 = \frac{总体中某一部分数值}{总体中另一部分数值} \times 100\%$$

【**示例 6-8**】　某高校男生数量是女生数量的 1.5 倍。

（4）强度相对指标。强度相对指标是有一定联系的两个性质不同的总量指标之比。与其他相对指标不同的是，强度指标是非同类现象之间的对比，用以表示某一现象在另一个现象中的发展强度、密度或普遍程度。其计算公式为：

$$强度相对数 = \frac{某一现象总量指标数值}{另一有联系而性质不同的现象总量指标数值}$$

【**示例 6-9**】　人均产值、人口密度等。

（5）计划完成相对指标。计划完成相对指标是某现象在某一段时间内的实际完成数与计划数对比，用以观察某现象的计划完成程度。其计算公式为：

$$计划完成相对数 = \frac{实际完成数}{计划数} \times 100\%$$

3. 动态指标分析

动态指标是一定空间范围内的现象总体在不同的时间表现出来的数量特征，或将这些数量特征在不同的时间进行对比计算的统计指标。动态分析指标有两大类：一类是用以分析现象发展的水平，包括发展水平和平均发展水平两个指标；另一类是分析现象发展的速度，包括增长量、平均增长量、发展速度，平均发展速度和平均增长速度等指标。

1）发展水平分析

用于水平分析的指标主要有发展水平、平均发展水平。

（1）发展水平。发展水平是指某一经济现象在各个时期达到的实际水平。

（2）平均发展水平。平均发展水平是指一定时期内各期发展水平的平均数。

2）发展速度分析

用来反映现象在不同时期的发展变化情况。

（1）增长量。增长量是指某一现象在一定时期增长或减少的绝对量。在计算增长量时，根据采用的基期不同，可分为逐期增长量和累积增长量，其计算公式为：

$$逐期增长量 = 报告期水平 - 前一期发展水平$$

$$累积增长量 = 报告期水平 - 固定基期水平之差$$

逐期增长量之和等于累积增长量。

（2）平均增长量。平均增长量是一定时期平均每期的增长水平,其计算公式为:

$$平均增长量 = \frac{累积增长量}{时期数} = \frac{逐期增长量之和}{时期数}$$

（3）发展速度。发展速度是说明事物发展快慢程度的动态相对数。由于采用的基期不同,发展速度可分为定基发展速度和环比发展速度,其计算公式为:

$$定基发展速度 = \frac{报告期发展水平}{前一期发展水平}$$

$$环比发展速度 = \frac{报告期发展水平}{固定基期发展水平}$$

（4）增长速度。增长速度是说明事物增长快慢程度的动态相对数。由于采用的基期不同,增长速度可分为定基增长速度和环比增长速度两种,其计算公式为:

$$定基增长速度 = 定基发展速度 - 1$$

$$环比增长速度 = 环比发展速度 - 1$$

（5）平均发展速度。平均发展速度反映现象在一定时期内逐期发展变化的一般程度。平均发展速度是一定时期内各期环比发展速度的序时平均数,由于各时期对比的基础不同,通常采用几何平均法计算,其计算公式为:

$$平均增长速度 = \sqrt[n]{各期环比发展速度的乘积}$$

n 为环比在发展速度的项数。

（6）平均增长速度。其计算公式为:

$$平均增长速度 = 平均发展速度 - 1$$

6.2.2　信息图表分析

对数据进行表格化和图形化的处理,可以更为直观地反映或揭示数据所呈现出的特征或者趋势。

1. 统计表分析

统计表是将反映统计资料总体特征的数字资料按照一定的规则、以表格的形式表现出来。从内容上看,统计表由主辞和宾辞两部分构成,前者说明总体及其各个组成部分的名称;后者说明总体的各种统计指标名称和数字资料。从形式上看,统计表由总标题、横行标题、纵列标题、线条表格及数字等部分组成。在对数据进行探索性分析时,交互列表分析是应用较为广泛的统计分析方法,这是因为交互列表简单、易操作,还可以较为深入地探索复杂事物或者现象的特征和规律,且分析过程和结果易被不具备专业统计知识的经营人员或者管理者所理解。

1）交互列表分析

市场调查中有 4 种不同的测量层次，不同的统计分析方法适用于不同层次的变量，因此在分析变量之间的关系时，必须首先明确变量的测量层次，交叉分类分析主要用于分析定类变量和定序变量。交互列表分析是指同时将两个或两个以上具有一定关系和确定值的变量，按照一定顺序交互排列在一张统计表上，从中分析不同变量之间的关系，进而得出科学结论的一种数据分析技术。表内各变量值作为变量之间的交互节点，反应不同变量的某种或者几种特性。

在运用交叉列表分析的时候，对变量的选择与确定是影响分析结果正确性的关键因素之一。在基础性的市场调查与预测项目中，研究人员可以把与问题相关的因素作交互列表分析，有助于分辨不同因素之间的相互影响关系。比如，在一项关于产品销售的分析项目中，研究人员可以把有可能影响产品销售的因素，如包装、容量、质量、品牌等加以考虑，作交互列表的分析。在某些应用型的项目中，研究人员具有较多的选择和确定交互列表分析变量的自由度。例如，在调查顾客光顾快餐店是否受一些关键因素的影响和制约时，应考虑的变量因素可能包括消费者的性别、收入水平、职业、年龄等。研究人员也可以把消费者的受教育程度、民族、性格等作为分析变量的因素加以考虑。总之，在此类情况中，交互列表变量的选取取决于客户的要求和研究人员的分析判断。

在那些简单地反映客观事实的调查与预测的项目中，一般需要分析的变量已明确，研究人员只需按要求把各项数据列入已设计好的表格之中。例如，某项市场调查是关于消费者受教育程度与文化消费水平之间的关系，其资料处理分析时，交互列表的两个变量无疑应该是文化消费水平和受教育程度。

不管研究人员本身在选择、确定交互列表分析变量因素时有多大的自由度，研究人员都必须在资料收集之前确定好相关变量因素，这样才能有针对性地掌握充足的资料，从而才能进行相应的交互列表分析。

2）交互分类表的形式和要求

每个表的顶端要有表号和标题。表格中的线条一定要规范、简洁，最好不用竖线。表中的百分比符号有两种简便处理的方法：第一种方式是在表顶端的右角，即在标题的尽头处，标上一个“（%）”的符号；第二种方式是在表中每一纵栏数字的头上（即上方变量的每个取值下面）写上一个“%”。当然也可以在每一个具体数字后面加上“%”，具体的标注形式可根据设计者的喜好来进行设置，如表 6-8 所示。

表 6-8　男性和女性小汽车驾驶员的事故比例

故事发生频数	男	女
未出过事故	58%	68%
至少出过一次事故	42%	32%
调查人数（人）	8 090	7 850

3) 交互列表类型

（1）单变量列表。比交互列表更为简单的列表形式为单变量列表，即在分析表中的数值只受到一个变量的控制。例如，某大学管理学院 2018 级市场营销一班的学生人数，如表 6-9 所示。

表 6-9　2018 级市场营销一班学生人数

单位：个

性别		合计
男	女	50
25	25	

（2）双变量交互列表。双变量交互列表是指表内单元格中的数值同时受到两个变量的控制。与单变量列表相比，其反映出来的信息量更大，因此双变量交互列表分析是最基本的交互列表分析方法，如表 6-10 所示。

表 6-10　2018 级市场营销一班学生人数

单位：个

性别	宿舍								
	201	202	203	204	301	302	303	304	合计
男					8	8	5	4	25
女	8	8	8	1					25
合计	8	8	8	1	8	8	5	4	50

（3）三变量交互列表。三变量交互列表是指在双变量交互列表的基础上，加入第三个变量做进一步分析，从而更准确地反映原来变量之间的相互关系，使得结论更加准确，如表 6-11 所示。

表 6-11　糖果消费与年龄及婚姻状况的关系

单位：个

婚姻状况	小于 25 岁			25 岁以上		
	经常吃糖果	不经常吃糖果	合计	经常吃糖果	不经常吃糖果	合计
单身	632(79%)	167(21%)	799	120(60%)	80(40%)	200
已婚	407(81%)	96(19%)	503	873(58%)	634(42%)	1 507

（4）交互列表分析法发现问题。在实际的调查工作中，往往需要在两个变量的交互列表分析基础上，加入第三个变量做进一步分析，在双变量交互列表分析中加入第三个变量可能会引起以下四种结果。

第一种，更为精确地反映原有变量之间的关系。以某项时装购买和婚姻状态之间关系的市场调查项目为例:时装购买数量的变量情况分为多和少两种状态。婚姻状态的变量也分为两种状态:已婚和未婚。该调查活动对1 000名消费者进行调查,以双变量交互列表分析得到表6-12。

表6-12 婚姻状态与时装购买状况的关系

单位:个

时装购买状况	婚姻现状	
	已婚	未婚
购买较多比重	31%	52%
购买较少比重	69%	48%
合计	100%	100%
被调查者数	700	300

表6-12显示,被调查者中52%的未婚者属于时装购买多的,而在已婚者中只有31%属于时装购买多的。结论是未婚者比已婚者购买更多的时装。

当购买者的性别作为第三个变量引入后,得到三变量交互列表,其分析结果如表6-13所示。

表6-13 婚姻状态、性别与时装购买状况的关系

单位:个

时装购买状况	性别			
	男性		女性	
	婚姻现状		婚姻现状	
	已婚	未婚	已婚	未婚
购买较多比重	35%	40%	25%	60%
购买较少比重	65%	60%	75%	40%
合计	100%	100%	100%	100%
被调查者数	400	120	300	180

表6-13中显示女性中60%的未婚者属于时装购买多的,而已婚女性中的比例只有25%;就男性而言,40%的未婚者和35%的已婚者属于时装购买多的,两者的比例比较接近。显然,通过引入性别变量后,原有结论得到了更为精确的反映。

第二种,显示原有变量之间的联系是虚假的。某项商品房购买意向的市场调查最初是以调查者受教育的程度和高档商品房购买意向两个变量进行分析的,对1 000人调查的结果用二变量交互列表分析得到的结果如表6-14所示。

表 6-14 教育程度与高档商品房购买意向的关系

单位：个

高档商品房购买意向	被调查者受教育程度	
	大学程度	低于大学
购买占总体比重	32%	21%
不购买占总体比重	68%	79%
合计	100%	100%
被调查者数	250	750

表 6-14 显示，大学程度的被调查者中 32% 有购买高档商品房购买意向，而低于大学程度的被调查者中只有 21% 有购买意向。当准备作出受教育程度会影响高档商品房购买意向的结论时，调查人员意识到收入水平也可能是一个重要的影响因素，于是把收入水平作为第三个变量引入，得到的分析结果如表 6-15 所示。

表 6-15 教育程度、收入水平与高档商品房购买意向之间的关系

单位：个

高档商品房购买意向	被调查者收入水平			
	低收入		高收入	
	教育程度		教育程度	
	大学程度	低于大学	大学程度	低于大学
购买占总体比重	20%	20%	40%	40%
不购买占总体比重	80%	80%	60%	60%
合计	100%	100%	100%	100%
被调查者数	100	700	150	50

表 6-15 显示，收入水平是影响高档商品房购买意向的主要因素，而教育程度并非关键的影响因素。分析说明原先通过双变量交互列表分析得出的结论是虚假的。

第三种，显示出原有变量之间被隐含的联系。以某项研究年龄和出国旅游愿望的调查分析为例，结果如表 6-16 所示。可见，年龄不是影响人们是否愿意出国旅游的主要因素，但当把性别作为第三个变量加入以后，却得到新的分析成果，如表 6-17 所示。

表 6-16 年龄与出国旅游愿望的关系

单位：个

出国旅游愿望	被调查者年龄	
	小于 45 岁	45 岁或以上
有出国旅游愿望的比重	50%	50%
没有出国旅游愿望的比重	50%	50%
合计	100%	100%
被调查者数	500	500

表 6-17　年龄、性别与出国旅游愿望之间的关系

单位:个

出国旅游愿望	性别			
	男性		女性	
	年龄		年龄	
	小于 45 岁	45 岁及以上	小于 45 岁	45 岁及以上
有出国旅游愿望的比重	60%	40%	35%	65%
没有出国旅游愿望的比重	40%	60%	65%	35%
合计	100%	100%	100%	100%
被调查者数	300	300	200	200

　　显然从表 6-17 可知,在加入第三个变量以后,原先隐含的年龄与出国旅游愿望之间的关系得到了明确的反映。在男性中,小于 45 岁的被调查者中更多的有出国旅游的愿望,而女性则正好相反,大于 45 岁的被调查者中更多的有出国旅游的愿望。

　　第四种,不改变原先反映出的变量之间的联系。某些情况下,第三个变量的加入并不改变原先双变量交互列表分析的结果。这种情况说明新的变量不对原有双变量之间的关系产生影响。以某项调查家庭规模和经常外出吃快餐之间关系的项目为例,双变量交互列表分析的结果如表 6-18 所示。被调查者的家庭被分为小、大两种规模,各调查 500 户,总共 1 000 个调查单位。分析结果表明家庭规模与是否经常到外面吃快餐之间没有直接的相关联系,如表 6-18 所示。

表 6-18　家庭规模与经常外出吃快餐之间的关系

单位:户

分类	被调查的家庭规模	
	小	大
经常外出吃快餐的比重	65%	65%
不经常外出吃快餐的比重	35%	35%
合计	100%	100%
被调查家庭数	500	500

　　当把收入水平作为新的变量加入以后,其结果如表 6-19 所示。

表 6-19　家庭规模、收入与经常外出吃快餐的关系

单位:户

分类	被调查家庭的收入水平			
	低收入		高收入	
	家庭规模小	家庭规模大	家庭规模小	家庭规模大
经常外出吃快餐的比重	65%	65%	65%	65%
不经常外出吃快餐的比重	35%	35%	35%	35%

（续表）

分类	被调查家庭的收入水平			
	低收入		高收入	
	家庭规模小	家庭规模大	家庭规模小	家庭规模大
合计	100%	100%	100%	100%
被调查家庭数	250	250	250	250

显然，收入水平作为新变量的引入并未改变原先得出的结论。

2. 常用统计图及其绘制方法

统计图与统计表往往同时出现在数据的分析中，往往是在统计表的基础上，用几何图形或实物图形把统计表中的数字资料形象、直观地再现出来。常用统计图包括条形图、柱形图、饼图、直方图、折线图、散点图、气泡图、雷达图、南丁格尔玫瑰图、箱型图等。

（1）条形图和柱形图。条形图和柱形图是最常见的统计图，制作简单、直观明了，频次数据的处理经常使用这两种图表。条形图是用相同宽度或者长度的条形来表示离散型变量数据的分布，进而进行分类项目的比较。条形图有横置或纵置两种形式，纵置时也称为柱形图。条形图有简单条形图、复式条形图等形式。

【示例6-10】 利用条形图、柱状图及其复式图，对表6-22"某大学市场营销系大一学生运动项目爱好类别及性别分布"进行图示，结果如图6-1至图6-3所示。

表6-20 某大学市场营销系大一学生运动项目爱好类别及性别分布

单位：个

运动项目	男	女	总计	比重
乒乓球	10	6	16	22.22%
足球	14	1	15	20.83%
游泳	5	6	11	15.28%
羽毛球	4	6	10	13.89%
排球	3	5	8	11.11%
瑜伽	2	10	12	16.67%
总计	38	34	72	100.00%

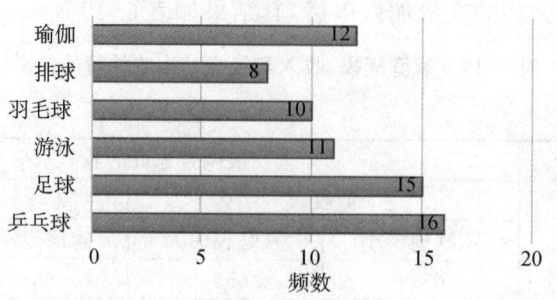

图6-1 学生运动项目分布

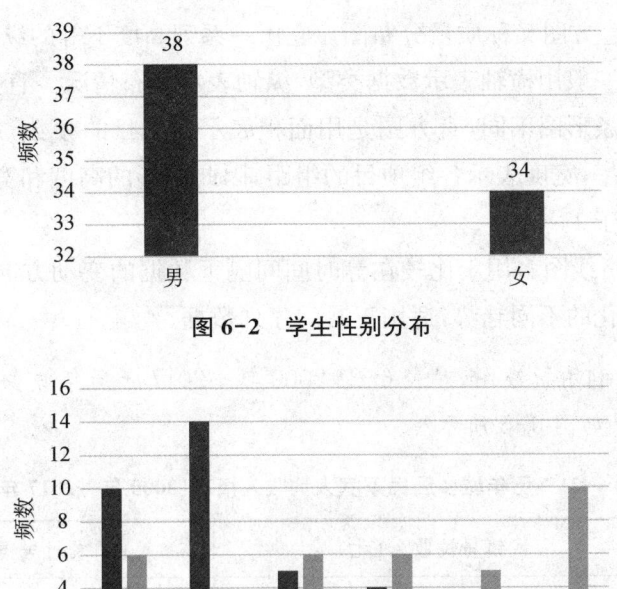

图 6-2 学生性别分布

图 6-3 复式图

（2）饼图。饼图也是一种常见的图表,用于显示某一现象中每一类别数据的大小或者在总体中所占的比重,反映现象的结构及各类别之间的对比关系。根据需求,饼图可以绘制为二维或者三维。

【示例 6-11】 利用饼图,对表 6-20"某大学市场营销系大一学生运动项目爱好类别及性别分布"中运动项目进行图示,结果如图 6-4 所示。

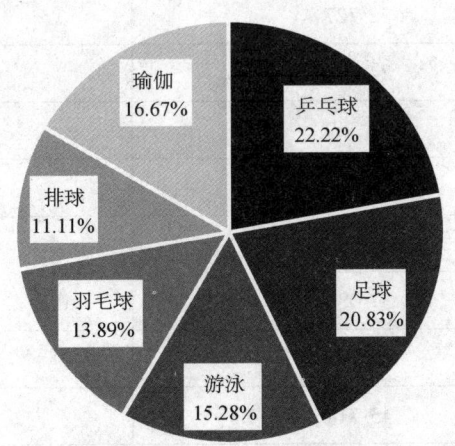

图 6-4 市场营销系大一学生运动项目分布

（3）直方图。直方图又称质量分布图。它由一系列高度不等的纵向条纹或线段表示数据分布的情况。一般用横轴表示数据类型,纵轴表示分布情况。直方图可以检测数据正态分布与否。与条形图不同,直方图是用面积表示各项目的频数,矩形的高度代表每个项目的频数或频率,宽度表示各组项目的组距,因此矩形的高度和宽度均具有意义,且直方图的总面积等于1。

（4）折线图。折线图多用于比较在等时间间隔下数据的变动方向和趋势,表现数据在不同时期发展变化的不同趋势,适用于时间序列数据。

【示例6-12】 利用折线图,对表6-21 2000年—2017年历年城乡居民家庭人均收入情况进行图示,结果如图6-5所示。

表6-21 历年城乡居民家庭人均收入情况（2000年—2017年）

年份	城镇居民收入（元）	农村居民收入（元）
2000 年	9 279	4 254
2001 年	10 465	4 582
2002 年	11 716	4 940
2003 年	13 180	5 431
2004 年	14 546	6 096
2005 年	16 294	6 660
2006 年	18 265	7 335
2007 年	20 574	8 265
2008 年	22 727	9 258
2009 年	24 611	10 007
2010 年	27 359	11 303
2011 年	30 971	13 071
2012 年	34 550	14 552
2013 年	37 080	17 494
2014 年	40 393	19 373
2015 年	43 714	21 125
2016 年	47 237	22 866
2017 年	51 261	24 956

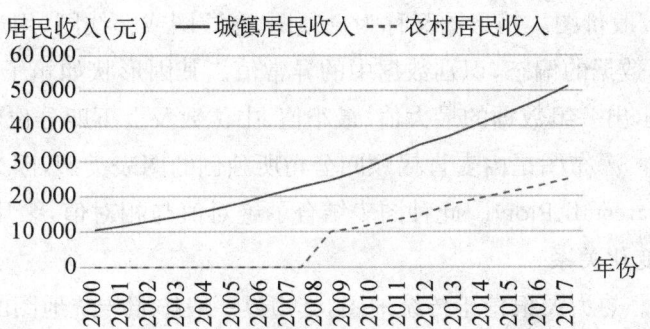

图 6-5　2000 年—2017 年历年城乡居民家庭人均收入变化趋势

（5）散点图。散点图表示因变量随自变量而变化的大致趋势，以此可以选择合适的函数对数据点进行拟合。散点图中的坐标点由两组数据构成，分布在直角坐标系上，主要用来观察变量间的关系，也可显示数量随时间的变化情况。

【示例 6-13】　利用散点图，反映表 6-21 中 2000 年—2017 年历年城镇居民家庭人均收入的变化情况，结果如图 6-6 所示。

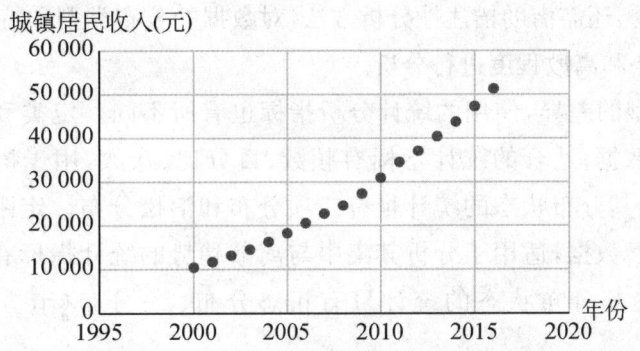

图 6-6　2000 年—2017 年历年城镇居民家庭人均收入变化趋势

（6）气泡图。气泡图与散点图相似，可以用于展示变量之间的关系，不同之处在于气泡图可以用气泡的大小表示第三个变量，从而对比三个变量的关系。

（7）雷达图。雷达图又称为自主网图、网络图、星图，可以比较在不同的时间状态下，同一现象不同数据指标的变化情况，或者比较在同一时间状态下，不同现象同一数据指标的情况。

（8）南丁格尔玫瑰图。南丁格尔玫瑰图又叫鸡冠花图、极区图，是一种圆形的直方图，其因美观、简单、直接，能够给读者带来深刻影响，对于缺乏专业统计知识的人员来说可以轻易掌握。

（9）旭日图。旭日图多用于展示多层级数据之间的占比及对比关系，图形中每一个圆环代表同一级别的比例数据，离原点越近的圆环级别越高，最内层的圆表示层次结构的顶级。

（10）箱形图/股价图。箱形图又称为盒须图、盒式图或箱线图,用于显示一组数据分布差异情况,判断数据的偏态,识别数据中的异常值。其因形状如箱子而得名,在箱子的两端、中心、顶显示出一组数据的最大值、最小值、中位数及上下四分位数。

（11）瀑布图。瀑布图是由麦肯锡顾问公司所独创的图表类型,因为形似瀑布流水而被称为瀑布图(Waterfall Plot)。此种图表结合了绝对值与相对值,多用于表达多个特定数值之间的数量变化关系。

（12）热力图。热力图根植于传统地图,其边界一般按照传统地图的国家、省、市的行政区域边界进行划分。热力图以不同的颜色显示不同区域的不同指标数值,如区域的人口密度、人均收入、城市产值、降水量等。

（13）网络图。网络图用于反应不同对象之间的逻辑关系,图中每个圆圈代表网络中的一个节点,圆圈的颜色和状态代表节点的一个数值或者一个状态值。

6.2.3　描述性统计分析

指标分析、制表绘图可以初步显示数据分布的类型和特点,而进一步描述数量特征、揭示市场存在问题,还需借助描述性分析方法,对数据的分布类型和特征进行测定,对数据分布的集中趋势和离散程度进行分析。

根据数据类型的差异,使用的统计分析指标也有所不同。定类和定序尺度测量所得数据是离散型数据;适合的统计指标有频数、百分比、众数,用于描述数据的集中程度;而适用于描述其分布状态的统计量有二项分布和泊松分布。定距和定比尺度测量所得数据是连续型数据,适用于分析其集中与离散趋势的统计指标有平均数、方差、标准差,适用于描述其分布状态的统计量有正态分布、x^2 分布(卡方分布)、F 分布、t 分布。

1. 频数、频率与累积频率

无论对何种类型的数据统计分析,都会面临着同样的特征值出现的次数问题。因此在介绍具体的统计分析方法之前,先介绍两个概念,频数与频率。对它们的介绍是开展统计分析的必要步骤。频数又称次数,是指变量值中代表某种特征的数(标志值)出现的次数。所谓频率是指变量值中代表某种特征的数的次数与总数的比率。通过对数值频次和频率分布的统计,以简洁的统计表反应冗长的原始数据,可以起到很好的简化功能。频次分布反应了不同类别在总体中的绝对分布,而频率分布则反应不同类别在总体中的相对分布。因此频率比频次更能够体现出不同总体内部结构的差异,便于认知。频率和频次常常用于定类和定序变量的统计,针对定距和定比变量,如年龄、收入等变量,若采用频数或频率分布进行描述性统计,往往通过设置区间,将数据进行分组统计。

有时,累积频率比频率更能表现出数据值的规律与变化趋势。当样本数据的测度在定序级以上时,就可以计算累积频率。设有 n 个样本,设 X_i 是样本数据集合中不完全重复样本值($i=1,2,3,\cdots,n$),且它们样本值以大小顺序排列为:$X\_1 \leqslant X\_2 \leqslant \cdots \leqslant X\_n$。把样本值小于等于某个样本数据的频率值都累加起来,就得到小于等于的累积频率,如表 6-22 所示。

表 6-22 频率与累积频率

价格(元)	9.93	9.94	9.95	9.96	9.97	9.98	9.99	10.00	10.01	10.02	10.03	10.04	10.05	10.06
频率(%)	3.33	0	3.33	3.33	6.67	10.0	13.33	13.33	13.33	6.67	10.0	6.67	6.67	3.33
累积频率(%)	3.33	3.33	6.67	10.00	16.67	26.67	40.00	53.33	66.67	73.33	83.33	90.00	96.67	100.00

2. 集中趋势分析

集中趋势是指一个中心值或代表值反映一组数据的一般水平,或者反映这组数据向其中心值靠拢或聚集的程度。常见的统计量有平均值、众数和中位数等。具体内容如下。

(1)平均值。平均值是将一组数据中各个变量值加总,除以变量值的个数所得的数值。它是最常用的集中趋势分析指标,是其他统计运算的基础。具体的计算方法有简单算术平均数、单值分组数据平均值、组距分组数据平均值。

简单算术平均数计算公式为:

$$\bar{x} = \frac{\sum x}{n}$$

其中,$\sum x$ 表示各个变量值之和,n 表示变量值项数。

单值分组数据平均值计算公式为:

$$\bar{x} = \frac{\sum xf}{n}$$

其中,f 表示每组的频数,x 表示组值,n 表示变量值项数。

组距分组数据平均值计算公式为:

$$\bar{x} = \frac{\sum fx_m}{n}$$

其中,f 表示每组的频数,x_m 表示组中值,n 表示变量值项数。

$$x_m = (上限 + 下限) \div 2$$

需要注意的一点,就是当分组中有开区间时,不能计算其组中值,因此也就无法计算总体的平均数了。例如,在大学每月的生活费的统计中,设置了"500 元以下"和"2 000 元以上"这样两组时，就无法计算出平均数。而且平均数仅适用于定距和定比变量的统计分析。由于平均数考虑到了每个数值的影响，因此非常容易受到不能反映数据真实情况的极端值的影响。

（2）众数。众数是指一组数据中出现次数最多的变量值。对于分组数据，众数为那组数据中频数最多的组中值。

【示例 6-14】 "1，2，2，3，3，3，4"，4 的众数是 3。

如果有两个或两个以上个数出现次数都是最多的，那么这几个数都是这组数据的众数。

【示例 6-15】 "1，2，2，3，3"，4 的众数是 2 和 3。

众数的计算非常简单，且克服了平均值受极端值影响的缺陷，是测定数据集中趋势的一种方法，适用于定类、定序、定距和定比四种变量。当数据分布范围不大，数据分布较集中时，众数的代表性较好，且极少受到分组数据开区间的影响，除非开区间的分组频数最高无法计算综述，但这个情况说明了分组本身存在问题，需要对组距进行调整。用众数代表数据分布的集中趋势的缺点在于，在一组数据中变量值没有重复出现，或有些变量值重复出现的次数相同时，众数就没有意义了。且分组方式不同，众数也会受到影响。

【示例 6-16】 "1，2，3，4，5"没有众数。

（3）中位数。中位数是指一组数据中的变量值按照某一顺序，如从大到小或从小到大，进行排列后，处在数列中点位置的数值。其计算方法有如下几种：

一种是中位数位置计算法，其计算公式为：

$$M_d = \frac{n+1}{2}$$

其中，n 为数据中变量值的项数。

如果数列项数 n 为奇数，数列中间位置的那个变量值为中位数；如果数列项数 n 为偶数，中间位置的两个变量值的算术平均数为中位数。

【示例 6-17】 数据组：23，29，20，32，23，21，33，25，20。

我们将数据排序为 20，20，21，23，23，25，29，32，33。其中间数为 23，这个数就是中位数。

【示例 6-18】 数据组：175，178，172，179，170，181。

我们将数据排序为：170，172，175，178，179，181。位于这个数据组中间的是

175 和 178，二者的平均值 176.5 就是中位数。

另一种是单值分组数据中位数计算法，其计算公式为：

首先，计算中位数所在的位置 $M_d = (n+1) \div 2$；其次，计算出分组数据的累加频数；最后，自上而下，找出中间位置所在的累加频数，相应的变量值即为中位数，如表 6-23 所示。

表 6-23 某班学生年龄情况的频数分布表

年龄	人数（频数）	累积人数（累加频数）
20	9	9
21	11	20
22	13	33
23	4	37

在上例中，中位数所在的位置为 19，对应的中位数为 21。

还有一种是组距分组数据中位数计算法，其计算公式为：

首先，计算中位数所在的位置，

$$M_d = \frac{n+1}{2}$$

其次，按照上限公式和下限公式确定中位数。

下限公式为：

$$M_d = L_{下} + \frac{i}{f_{md}} \left(\frac{n}{2} - Cf_{下} \right)$$

上限公式为：

$$M_d = L_{上} - \frac{i}{f_{md}} \left(\frac{n}{2} - Cf_{上} \right)$$

$L_{下}$ 和 $L_{上}$，分别代表某一组距的下限和上限，f_{md} 代表的是中位数所在组的频数，$Cf_{下}$ 或 $Cf_{上}$ 分别代表中位数所在组以下（或以上）的累计频数，i 代表的是中位数所在组的组距。

中位数是一个位置代表值，同样不受极端值的影响，除了定距与定比变量，等级、名次这些定序数据也可以用中位数来代表其集中水平。而且当分组数据中存在开区间无法求平均数时，也可以用中位数来表示数据分布的集中趋势。其缺点在于不够精确，未考虑到数据价值，仅是一种大致的集中趋势指标，且受分组方式的影响较大。

集中趋势分析的各种方法及特征总结如表 6-24 所示。

表 6-24　集中趋势分析方法及其特征

项目		适用数据类型	代表性	计算特性	进一步运算	受分组的影响	极端值的影响	受分组数据开区间的影响
集中趋势	平均数	定距、定比	强	需要所有数据	可以	不大	强	不能计算
	中位数	定序、定距、定比	中	需要中间数据	不可以	较大	较小	非常小
	众数	定类、定序、定距、定比	弱	计算迅速	不可以	最大	较小	较小

3. 离散趋势分析

离散趋势描述数据偏离其中心值的趋势,反映数据之间的差异程度,是集中趋势分析的补充,从两个不同的方面描述和解释数据的分布情况。常用的统计量有极差、标准差和标准差系数等。具体内容如下:

(1)极差。极差是所有数据中的最大值和最小值之差,也称全距,说明了数据变动的范围,用 R 表示。其计算公式为:

$$极差 = 最大数据值 - 最小数据值$$

极差越大,在一定程度上说明这组数据的离散程度越大。极差是一个较为粗略的测量数据离散趋势的指标。一般极差值越小代表性越强,若数据中出现特别大或者小的异常值,极差则不能准确反映数据之间的差异程度。

(2)标准差。标准差是所有数据值中每个标志值与均值之差的平方的平均数的平方根。其计算公式为:

$$s = \sqrt{\frac{\sum (x - \bar{x})^2}{n}}$$

标准差主要用来说明数据分布中各数据值变动的情况。标准差数值越大,说明各个数值与平均数的差的总和越大,数据的差异程度越大,平均值的代表性越低;反之,标准差越小,说明各个数值与平均数的差的总和越小,数据差异程度越小,平均值的代表性越高。

对于单值分组的数据,标准差的计算公式为:

$$s = \sqrt{\frac{\sum f(x - \bar{x})^2}{n}}$$

其中,f 为 x 对应的频数。

对于组距分组的数据,标准差的计算公式为:

$$s = \sqrt{\frac{\sum f(x_m - \bar{x})^2}{n}}$$

其中，x_m 为每组数据的组中值，f 为该组的频数。

（3）异众比率。所谓异众比率（Vr），就是一组数据中非众数的个数相对于总体全部个案的比例。其计算公式为：

$$Vr = \frac{n - f_{mo}}{n}$$

其中，n 是全部样本数目，f 是众数的频数，二者之差（$n - f_{mo}$）就是非众数的频数。

当异众比率越大，说明非众数在总体中的比重越大，众数的代表性也就越小。反之，当异众比率越小，众数的代表性就越大。

（4）四分位差。四分位数是将一组数据由小到大（或由大到小）排序后，用 3 个点将全部数据分为 4 等份，与这 3 个点位置上相对应的数值称为四分位数，分别记为 Q1（第一四分位数）、Q2（第二四分位数，即中位数）、Q3（第三四分位数）。其中，Q1 到 Q3 之间的距离的差称为分四分位差，记为"Q3 - Q1"。其计算公式为：

$$Q_1\ 的位置 = \frac{n+1}{4}$$

$$Q_3\ 的位置 = \frac{3n+1}{4}$$

例如，经过排序后一个数据组（一），如表 6-25 所示。

表 6-25　排序后数据组（一）

No.	1	2	3	4	5	6	7
X_i	99	101	102	105	106	107	108

这里，共计有 7 个样本值，则 Q₃ 的位置 = (7 + 1) × 0.75 = 6，Q₁ 的位置 = (7 + 1) × 0.25 = 2。很显然，这里的上分位点为 107，下分位点为 101。

但是，有时计算后的上、下四分位点位置并不是恰好的顺序，那么就需要再在四分位点的位置基础上，计算出上、下四分位点。再例如，经过排序后一个数据组（二），如表 6-26 所示。

表 6-26　排序后数据组（二）

No.	1	2	3	4
X_i	99.8	99.9	100.1	100.2

显然，如表 6-26 排序后数据组（二）所示，这组数据共计有 4 个样本值，则 Q₃ 的位

置 $= (4 + 1) \times 0.75 = 3.75$, Q_1 的位置 $= (4 + 1) \times 0.25 = 1.25$。

表 6-27 排序后数据组(三)

No.	1	1.25	2	3	3.75	4
X_i	99.8	Q_1	99.9	100.1	Q_2	100.2

如表 6-27 排序后数据组(三)中所示,$Q_1 = 99.8 + (99.9 - 99.8) \div 2 = 99.85$, $Q_3 = 100.1 + (100.2 - 100.1) \div 2 = 100.15$。

四分位差反映了中间 50% 数据的离散程度,其数值越小,说明中间的数据越集中;其数值越大,说明中间的数据越分散。四分位差不受极值的影响。此外,由于中位数处于数据的中间位置,因此,四分位差的大小在一定程度上也说明了中位数对一组数据的代表程度。四分位差越大,说明中位数的代表性越小。四分位差主要用于测量定序数据的离散程度。四分位差适合于数值型数据,但不适合分类数据。

(5) 标准差系数。标准差系数又称离散系数,是标准差与相应均值的比值,同样被用来表示数据分布的离散程度。其计算公式为:

$$V_s = \frac{s}{\bar{x}}$$

标准差系数越大,说明该组数据的离散程度越大;标准差系数越小,说明该组数据的离散程度越小。此外,标准差系数是无量纲量,还可用于对比分析同一总体、不同指标间(计量单位不同)或同一指标、不同总体间(均值水平不同)的两组数据的离散程度。例如,对比上海市人均收入和住房情况的差异程度,或者对比上海和北京两个城市的人均收入水平差异。

4. 统计软件在描述性统计分析中的应用

1) Excel 的应用

在 Excel 中,除了使用函数公式来计算测量数据集中趋势和离散趋势的常用统计量数值,还可以由"工具→数据分析"中的"描述统计"一次性计算常用统计量,计算之前,需将所要计算的变量数据放在一行(或一列)。

【示例 6-19】 现有 20 名学生的某门课成绩,如下所示,试利用 Execl 对这组成绩计算常用统计量。

74 93 62 88 86 51 97 73 77 81
85 67 92 60 84 80 78 90 85 81

主要操作步骤为:首先在 Excel 空白表中将 20 名学生成绩数据输入成一列,然后选择"工具"下拉菜单中的"数据分析"子菜单,用鼠标双击"数据分析"对话框中的"描述统计"选项,选择"汇总统计",最后点击"确定"。由此得到 20 名学生成绩数据的描述性统计量,其计算结果如表 6-28 所示。

表 6-28　**Excel 计算的常用统计量结果表**

列 1	
平均	79.2
标准误差	2.660233
中位数	81
众数	81
标准差	11.89693
方差	141.5368
峰度	0.313033
偏度	−0.8219
区域	46
最小值	51
最大值	97
求和	1 584
观测数	20

2）SPSS 的应用

在 SPSS 中，最常用的"描述统计"工具主要是频率、描述和探索，如图 6-7 所示。

图 6-7　**SPSS 的"描述统计"工具**

以某一小学的体检数据为例，对表 6-29 中的不同类型数据进行描述性统计分析。

表 6-29　**某小学学生体检数据**

学号	性别	年龄	身高	体重	肺活量
201501	女	7	123.5	15.9	800

学号	性别	年龄	身高	体重	肺活量
201502	女	7	115.8	15	1 100
201503	女	7	115	15	1 000
201504	男	7	107	13.1	900
201505	女	7	125.3	19	700
201506	女	7	118.2	17	600
201507	女	7	115.2	16.2	900
201508	女	7	119	17.3	700
201509	男	7	117.4	17	700
201510	女	7	119	17.5	552
201511	男	7	110	15	700
201512	女	7	104.5	13.6	520
201513	女	7	116.7	17	700
201514	女	7	117	17.1	900
201515	男	7	119.7	18	750
201516	女	7	126	20	700
201517	女	7	115.1	16.8	700
201518	女	7	121.7	18.8	750
201519	女	7	121	18.6	600
201520	女	7	106.7	14.5	800

（1）离散型变量的描述性统计。频数分析表是离散型变量描述性统计中最常用的方法之一,通过分析可以产生详细的频数统计表;按要求指定百分位数,绘制常用的饼图和条形图,一般条形图对应频率,饼图对应百分比。试用 SPSS 对表中的性别进行频次统计分析。

具体操作步骤为:先将数据录入或导入 SPSS,选择"分析"下拉菜单中的"描述统计"子菜单;然后点击"频率",将性别数据选入"对话框",点击右侧的"图表"选项,选择"饼图";最后点击"确定",得到关于性别频次统计的结果以及饼图。统计量结果如表6-30 和图 6-18 所示。

表 6-30　性别频次分析结果

项目		频率	百分比	有效百分比	累积百分比
有效	男	4	20.0%	20.0%	20.0%
	女	16	80.0%	80.0%	100.0%
	总计	20	100.0%	100.0%	

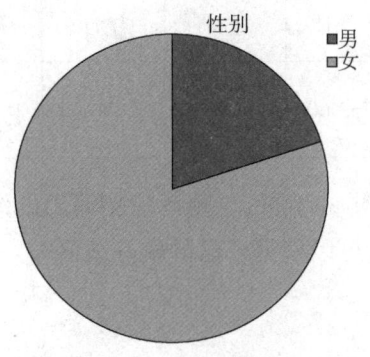

图 6-8　性别分布图

（2）连续型变量的描述性统计。对于连续型变量，通过 SPSS 描述性统计分析后可以得到数据的最小值、最大值、平均值、方差、标准差等信息。以表 6-29"某小学学生体检数据"为例，对表中的身高数据进行统计分析。

具体操作步骤为：在 SPSS 中，选择"分析"下拉菜单中的"描述统计"子菜单；然后点击"频率"，将身高数据选入"对话框"，点击右侧的"统计"选项，选择"平均值""标准差""最小值""最小值""方差""标准误差""范围（极差）""偏度"或"峰度"；最后点击确定，得到关于身高描述性统计的结果。统计量结果如表 6-31 所示。

表 6-31　身高统计量结果

N		平均值	中位数	方式	标准偏差	方差	偏度	标准偏度误差	峰度	标准峰度误差	范围	最小值	最大值
有效	缺失												
20	0	116.69	117.2	119	5.933	35.206	-0.562	0.512	-0.091	0.992	22	105	126

统计表中的峰度和偏度，是描述数据的标准正态分布情况的。偏度系数是描述变量取值分布形态对称性的统计量。当偏度值在 0 附近时，表明数据的分布对称；偏度值大于 0，表明数据正偏或者说右偏；偏度值小于 0，表明数据负偏或者左偏。峰度系数是描述取值分布形态陡峭程度的统计量。当峰度值为 0 时，表明数据分布的陡峭程度与标准正态分布相同；峰度值大于 0，表明数据分布的陡峭程度比标准正态分布更陡峭；峰度值

小于 0,表明数据分布的陡峭程度比标准正态分布更平缓。

"描述性"功能也能够计算一般的描述性统计量。其主要是指反映集中趋势和离散趋势的统计量,如均值、众数、全距、方差等。以表 6-29 中的"肺活量"数据为例,依次点击"分析""描述统计""描述",得到的结果如表 6-32 所示。

表 6-32 描述性统计分析结果

项目	数字	最小值 (M)	最大值 (X)	平均值 (E)	标准偏差	方差	偏度		峰度	
	统计	统计	统计	统计	统计	统计	统计	标准错误	统计	标准错误
肺活量	20	520.0	1 100.0	753.600	147.2279	21 676.042	0.676	0.512	0.346	0.992

从上可见,描述性功能输出的结果,与频率功能输出的结果,有些是存在重复的。因此,在运用 SPSS 软件分析时,可以根据自己的偏好或需要,有针对性地选用,没有必要全部运用。

6.2.4 概率统计分析

统计图表可以帮助我们进行探索性分析,描述性统计分析可以帮助我们了解数据的集中趋势离散程度。但是想要掌握数据的分布特点,需要了解更多的统计量,如正态分布、t 分布、χ^2(卡方分布)、F 分布。本小节,先对常用统计量进行介绍,然后重点讲述假设性检验分析、方差分析、因子分析、聚类分析。

1. 常用统计量

1)正态分布的统计量

(1)单样本情形。设样本总体 $X \sim N(\mu, \sigma^2)$,其中 $N(\mu, \sigma^2)$ 表示以 μ 为调查总体均值,以 σ^2 为调查总体方差。X_i 是来自总体 X 的一个样本($i = 1, 2, 3, \cdots, n$),显然,$X_i \sim N(\mu, \sigma^2)$。若 $\bar{X} = \frac{1}{n} \sum X_i$,则有 $\bar{X} \sim N\left(\mu, \frac{\sigma^2}{n}\right)$,且有,$\frac{\bar{X} - \mu}{\sigma / \sqrt{n}} \sim N(0, 1)$。

(2)双样本情形。设样本 A 总体 $X \sim N(\mu_X, \sigma_X^2)$,样本 B 总体 $Y \sim N(\mu_Y, \sigma_Y^2)$。同样,$X_i$ 是来自总体 X 的一个样本($i = 1, 2, 3, \cdots, n_X$),Y_i 是来自总体 Y 的一个样本($i = 1, 2, 3, \cdots, n_Y$)。显然 $X_i \sim N(\mu_X, \sigma_X^2)$,$Y_i \sim N(\mu_Y, \sigma_Y^2)$。

若 $\bar{X} = \frac{1}{n_X} \sum X_i$,$\bar{Y} = \frac{1}{n_Y} \sum Y_i$,则有 $\frac{(\bar{X} - \bar{Y}) - (\mu_X - \mu_Y)}{\sqrt{\sigma_X^2 / n_X + \sigma_Y^2 / n_Y +}} \sim N(0, 1)$。

给定的置信度或显著性水平,在调查总体方差已知的情况下,正态分布主要用于调查总体均值(均值差)的参数估计和假设检验。例如,在某一地区居民消费差异已知的情况下,对该地区居民的平均水平进行估计和检验。

2）t 分布的统计量

样本总体 $X \sim N(\mu, \sigma^2)$，X_i 是来自总体 X 的一个样本（$i=1, 2, 3, \cdots, n$），且 σ 是未知的。

若 $\bar{X} = \frac{1}{n} \sum X_i$，$S^2 = \frac{1}{n-1} \sum_1^n (X_i - \bar{X})^2$，则有 $\frac{\bar{X} - \mu}{S / \sqrt{n}} \sim t(n-1)$。

在双样本情形下，$X_i \sim N(\mu_X, \sigma_X^2)$，$Y_i \sim N(\mu_Y, \sigma_Y^2)$。当 $S_X^2 = \frac{1}{n_X - 1} \sum_1^n (X_i - \bar{X})^2$，$S_Y^2 = \frac{1}{n_Y - 1} \sum_1^n (Y_i - \bar{Y})^2$，则有 $\dfrac{(\bar{X} - \bar{Y}) - (\mu_X - \mu_Y)}{\sqrt{\dfrac{1}{n_X} + \dfrac{1}{n_Y}} \cdot \sqrt{\dfrac{(n_X - 1)S_X^2 + (n_Y - 1)S_Y^2}{n_X + n_Y - 2}}} \sim t(n_X + n_Y - 2)$。

给定的置信度或显著性水平，在调查总体方差未知（若是两个调查总体，则总体方差未知但相等）的情况下，t 分布主要用于调查总体均值（均值差）的参数估计和假设检验。例如，某一地区居民消费差异未知的情况下，对该地区居民的平均水平进行估计和检验。

3）χ^2 分布的统计量

样本总体 $X \sim N(\mu, \sigma^2)$，X_i 是来自总体 X 的一个样本（$i=1, 2, 3, \cdots, n$）。

若 $\bar{X} = \frac{1}{n} \sum X_i$，$S^2 = \frac{1}{n-1} \sum_1^n (X_i - \bar{X})^2$，且 σ 为已知，则有 $\frac{(n-1)S^2}{\sigma^2} \sim \chi^2(n-1)$。

给定的置信度或显著性水平，χ^2 分布主要用于单个调查总体方差的参数估计和假设检验。例如，对某一地区居民消费差程度进行估计和检验。

4）F 分布的统计量

在双样本情形下，$X_i \sim N(\mu_X, \sigma_X^2)$，$Y_i \sim N(\mu_Y, \sigma_Y^2)$。当 $S_X^2 = \frac{1}{n_X - 1} \sum_1^n (X_i - \bar{X})^2$，$S_Y^2 = \frac{1}{n_Y - 1} \sum_1^n (Y_i - \bar{Y})^2$，且 σ_X^2 和 σ_Y^2 是已知的，则有 $\frac{S_X^2 / \sigma_X^2}{S_Y^2 / \sigma_Y^2} \sim F(n_X - 1, n_Y - 1)$。

此外，在方差分析时，若 S_A / n_A 为因子 A 的均方和，S_E / n_E 为误差的均方和，则有 $\frac{S_A / n_A}{S_E / n_E} \sim F(n_A, n_E)$。

给定的置信度或显著性水平，χ^2 分布主要用于两个调查总体方差比的参数估计和假设检验，以及模型检验和方法分析。例如，对 A、B 两个地区居民消费差程度进行估计和检验。

2. 参数估计及 SPSS 应用案例

（1）参数估计的概念。所谓参数估计就是根据调查样本的数据对实际总体的某些数据进行推断的方法。在市场调查中，由于人们无法准确掌握市场总体的一些信息，如居民消费水平、商品销售价格、商品合格率、品牌市场占有率等，因此会产生估计的方法，通过调查样本的数据去推断调查总体的情况。例如，已知某一地区抽样样本居民消费水平、分布状态以及置信区间，对该地区的居民平均消费水平进行估计。

（2）参数估计的两种方法。具体内容包括：方法一是点估计。点估计是用样本统计量来估计总体参数，因为样本统计量为数轴上某一点值，估计的结果也以一个点的数值表示，所以称为点估计。例如，设一批产品的废品率为 X，为估计 X，从这批产品中随机地抽出 N 个作检查，以 n 记其中的废品个数，用 n/N 估计 X，这就是一个点估计。

方法二是区间估计。区间估计是在点估计的基础上，给出总体参数估计的一个区间范围，该区间通常由样本统计量加减估计误差得到。与点估计不同，进行区间估计时，根据样本统计量的抽样分布可以对样本统计量与总体参数的接近程度给出一个概率度量。具体来说，就是要根据调查样本选择两个合适的统计量（一个为区间估计的下限，一个为区间估计的上限），将调查所获得的样本数据分别代入这两个统计量中，并在置信度的控制下，求得总体的未知参数的区间估计值。

在参数估计中，我们通常采用调查样本的某一指标的平均数来推断总体的该指标的平均数，如人均消费水平、商品平均价格等；或用调查样本的某一指标的比重（百分数）来推断总体的该指标的比重（百分数），如商品合格率、市场占有率等。总体均值区间估计计算方法为：

$$\bar{X} \pm Z_{(1-\alpha)} \frac{S}{\sqrt{n}}$$

其中，$\bar{X}$ 为样本平均数，S 为样本标准差，$Z_{(1-\alpha)}$ 为置信度 $1-\alpha$ 所对应的 Z 值，n 为样本规模。

【示例 6-20】 从某高校 2 万名学生中按照简单随机抽样方法抽取 900 人进行月均消费水平情况调查，得到月均消费额是 450 元，标准差是 30 元。求在 95% 的置信度下，全校学生月均消费水平的置信区间。

解答：

$$\bar{X} \pm Z_{(1-\alpha)} \frac{S}{\sqrt{n}} = 450 \pm 1.96 \times \frac{30}{\sqrt{900}} = 450 \pm 1.96$$

即 448.04～451.96 元。

总体百分比区间估计计算公式为：

$$P \pm Z_{(1-\alpha)} \sqrt{\frac{p(1-p)}{n}}$$

其中，p 为样本中的百分数，$Z_{(1-\alpha)}$ 为置信度 $1-\alpha$ 所对应的 Z 值，n 为样本规模。

【示例 6-21】 从某地区市场中随机抽取 3 600 台空调进行调查，样本中有 60% 的空调是 A 品牌。求在 95% 的置信度下，整个地区市场中 A 品牌空调占有率的置信区间。

解答：

$$P \pm Z_{(1-\alpha)} \sqrt{\frac{p(1-p)}{n}} = 60\% \pm 1.96 \times \sqrt{\frac{60\% \times (1-60\%)}{3\ 600}} \approx 60\% \pm 0.016 \approx 60\% \pm 1.6\%$$

即 58.4%～61.6%。

在参数估计中，一般不用调查样本某指标的绝对数来推断总体的该指标的绝对数。例如，对某地区 500 个居民的总收入进行了抽样调查，所得数据不能直接用于推断该地区所有居民的总收入。若要了解更为详细的参数估计的内容，可查阅管理统计学或应用统计学的相关内容。

（3）SPSS 应用案例。已知某产品的销售价格服从正态分布，根据样本销售数据"500，450，475，475，460，470，450，480，480，485，495，500"，估计总体的平均销售价格。置信区间百分比设为 95%。

利用 SPSS 分析，具体操作步骤如下：在 SPSS 中录入数据，依次点击"分析""比较均值""单样本 T 检验"，如图 6-9 所示。

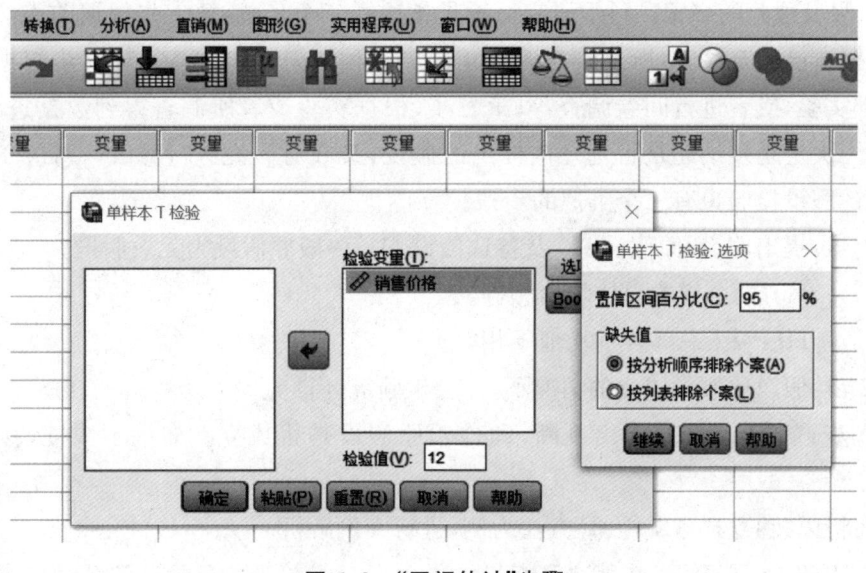

图 6-9 "区间估计"步骤

得到结果如表 6-33、表 6-34 所示。

表 6-33　单个样本统计量

项目	N	平均数	标准偏差	标准错误平均值
销售价格	12	476.67	17.233	4.975

表 6-34　单个样本检验

项目	检定值 = 12					
	T	df	显著性（双尾）	平均差异	95%差异数的信赖区间	
					下限	上限
销售价格	93.406	11	0.000	464.667	453.72	475.62

因此,此产品 95% 差异数的信赖区间为(453.72;475.62)。

3. 假设检验及 SPSS 应用案例

(1) 假设检验的概念。假设检验又称统计假设检验,是数据分析的推论统计中应用非常广泛的一种方法。其基本原理是先对总体的分布特征作出某种假设,然后通过抽样研究的统计推理,对此假设的接受与否作出推断。在统计上,对未知参数的假设,其中零假设通常由研究者根据已有资料或经过周密考虑后确定,是需要检验其正确与否的假设,而与之相对的备选假设,往往是研究者想得到的结果。

假设检验的种类包括:t 检验,Z 检验,卡方检验,F 检验等。

(2) 假设检验的步骤。科学研究一般具备这样三个步骤:第一步根据前人的研究结果,或根据自己的观察,对所要研究的问题提出一种认识,或者假说;第二步根据提出的假说安排实验,或者进行问卷调查等;第三步,根据实验或者所调查得到数据进行分析、推理,最终决定是接纳还是否定之前提出的假说,又或对假说进行修改。对应于这样的环节,统计假设检验也有三个类似的步骤。

第 1 步:提出假设,原假设 H0 及备选假设 H1,一般原假设为无效假设。

H0:两个样本总体均值相等。

H1:两个总体样本均值不相等。

第 2 步:假设原假设成立的情况下,计算检验统计量 t。

第 3 步:确定 p 值并作出判断,即检验原假设是否成立。如果不成立,接受备选假设。

下面将以"独立样本 t 检验"方法为例,进行案例解析。

(3) SPSS 应用案例。在某次调查当中得到了一组关于甲公司和乙公司的员工工资数据,如表 6-35 所示。比较甲、乙两个公司员工的平均工资是否有显著差异。

表 6-35　甲、乙公司员工工资

单位：元

甲公司员工工资				乙公司员工工资			
3 322	3 352	3 042	3 088	3 732	3 198	3 088	3 016
3 456	3 645	2 990	3 888	3 623	3 789	3 042	4 897
3 786	4 329	3 045	3 887	3 548	3 645	2 990	4 678
3 198	4 090	3 016	3 667	3 874	4 329	3 045	4 532
3 789	4 012	3 088	3 564	4 123	4 090	3 016	4 400
3 645	3 088	2 999	3 721	4 999	4 012	3 088	3 999
4 329	3 042	3 456	3 732	5 089	3 088	3 888	4 487
4 090	2 990	3 789	3 623	4 329	3 042	3 887	4 490
4 012	3 045	3 210	3 548	4 090	2 990	6 019	5 139
3 088	3 016	3 343	3 874	4 012	3 045	3 786	3 667

利用 SPSS 分析，具体操作步骤如下：在 SPSS 中录入数据，依次选择"分析""比较均值""独立样本 t 检验"；然后选择"检验变量"和"分组变量"，并且设置"置信区间"；最后点击"确定"。得到的分析结果如表 6-36 和表 6-37 所示。

表 6-36　甲乙公司工资组统计

单位：元

项目	公司	数字	平均值（E）	标准偏差	标准误差平均值
月收入水平	甲	40	3 497.35	407.856	64.488
	乙	40	3 895.03	735.734	116.330

表 6-37　独立样本检验

项目	列文方差相等性检验		平均值相等性的 t 检验					95％差异数置信区间	
	F	显著性	t	自由度	显著性（双尾）	平均差	标准误差差值	下限	上限
已假设方差齐性	8.766	0.004	−2.990	78	0.004	−397.675	133.009	−662.475	−132.875
未假设方差齐性			−2.990	60.902	0.004	−397.675	133.009	−663.651	−131.699

从表 6-36 的统计分析结果可知，甲公司平均值是 3 497 元，乙公司是 3 895 元，乙公司工资水平高于甲公司很多。从表 6-37 独立样本检验结果可知，方差齐性检验，显著性是

0.004，拒绝原假设，说明方差非齐性，应该使用方差非奇性检验结果，显著性值为0.004。显著性强，即说明甲、乙公司的工资存在明显差异，从平均值来看，乙公司要高于甲公司。

在市场调查中，可以用假设检验方法去判断不同营销方法、营销策略对产品销售的影响的差异。

4. 方差分析及 SPSS 应用案例

1）方差分析基本概念与思路

在市场调查中，我们往往会遇到这样的情景，需要研究营销产品销量或者销售额的影响因素，如促销方式、定价策略、产品质量、销售人员素质等等，对任何一个要素施加一定的措施，都有可能改变销售额或者销售数量。在实际情况下，由于影响指标的因素非常多，人们往往会采用控制变量的方法，但还是会存在一些影响指标的不可控的随机因素。如何判断是可控因素（也称控制变量，如营销方式、广告策略）还是不可控的随机因素，这对结果（也称观察变量，如销售额、销量）产生显著影响，可以采用方差分析的方法。

方差分析的基本思路是，将数据的总变异分解为已知的若干可控因素引起的变异和随机因素引起的误差，比较两者的相对大小。如果可控因素引起的变异明显大于随机因素引起的变异，那么说明可控因素引起了不同群体之间的差异。相反如果随机变异与可控因素引起的变异大小相当，则说明人为可控因素与随机因素差不多，可控因素未发挥作用。

例如：一个学校想要研究教学方案对学生的影响，它分别对三个学生群体实施三种不同的教学方案。这三个学生群体在成绩上是一致的，经过一段时间教学后，对这三个群体进行考核。这个时候如果这三个群体之间成绩的差异，比群体内部的成绩差异大，那么就说明这三种教学方案对学生的作用不同；如果这三个群体之间的差异比群体内部的差异小，则说明这三种教学方案对学生的影响没有明显区别，这就是方差分析的思路。

2）方差分析的种类与步骤

上一节介绍了 t 检验，其是用来比较两个总体的均值，是否有显著的差异。而方差分析的目的是比较三个或者三个以上的总体，其均值是否有显著的差异。根据可控因素的个数，可以将方差分析分成单因素方差分析和多因素方差分析，多因素方差分析又包括多因素主效应方差分析和多因素包含交互效应的方差分析。单因素方差分析就是只有一个影响变量，如上面的例子中，变量是教学方案。若是对三个成绩水平不一样的学生群体采用三种不同的教学方法，即为多因素主效应分析，这时变量有两个，一个是学生成绩，另外一个是教学方案。再进一步，若是对成绩比较好的学生群体实施质量较高的教学方案，对成绩较差的学生群体实施效果一般的教学方案，因素之间存在交互效应，即强者越强、弱者越弱，那么就该采用多因素包含交互效应的方差分析。

方差分析的基本步骤如下。

第1步：探索因变量的分布情况，初步确定数据是否能够进行方差分析。

第2步：进行方差同质性检验，如果方差不齐，则不能用方差分析来比较不同总体的均值,只有方差齐性才能进行方差分析。

第 3 步:对多个总体平均数进行检验。该步需要分为三个步骤。

首先,提出假设、原假设 H0 及备选假设 H1,一般原假设为无效假设。H0:多个样本总体均值相等。H1:多个总体样本值不相等或不完全相等。

其次,假设原假设成立的情况下,计算检验统计量 F 值。

最后,确定 p 值并作出判断,即检验原假设是否成立。如果不成立,接受备选假设,不同总体的均值存在差异、是不完全相同的,进一步进行多重比较。

多重比较有多种方法,常用方法的选用的原则是:如果需要将组间较为小的差异找出,就用 SNK 法;如果只有当组间差异够大时,才认为有差异,就选用 LSD 法;如果要求介于两种方法之间,则选用邓肯(Duncan)法。

下面将以"单因素方差分析"方法为例,进行案例解析。

3) SPSS 应用案例

单因素方差分析,是指只有一个自变量的方差分析。数据中包含类别不小于 3 个的一个分类变量(自变量)和一个或多个连续变量(因变量)。

某产品在上市之前对产品包装进行了前测,一共采用了 8 种包装进行预售,销售情况如表 6-38 所示。要求:比较 8 种不同的包装带来的销售额是否存在差异。

表 6-38　某产品市场前测数据

单位:元

包装品种	销售额	包装品种	销售额	包装品种	销售额	包装品种	销售额
1	9 002	3	7 822	5	8 059	7	8 738
1	8 762	3	8 122	5	7 992	7	8 821
1	9 159	3	7 987	5	8 126	7	8 990
1	8 754	3	7 926	5	7 885	7	8 863
1	8 929	3	8 070	5	8 213	7	9 054
1	9 149	3	8 098	5	8 102	7	9 150
2	8 622	4	8 718	6	9 242	8	9 552
2	8 895	4	8 403	6	9 074	8	9 533
2	8 891	4	8 636	6	9 398	8	9 641
2	8 868	4	8 511	6	9 346	8	9 697
2	8 879	4	8 502	6	9 254	8	9 815
2	8 954	4	8 456	6	9 350	8	9 837

利用 SPSS 分析,其具体操作步骤如下,在 SPSS 中录入数据,依次选择"分析""比较均值""单因素",然后选择"因变量列表"和"因子",并且设置"置信区间",选择"Duncan"

法进行多重比较,最后点击"确定"。得到的分析结果如表6-39和表6-40所示。

表6-39　方差分析结果

项目	平方和	df	均方	F	显著性(p)
组之间	13 750 714.479	7	1 964 387.783	112.504	0.000
组内	698 421.500	40	17 460.537		
总计	14 449 135.979	47			

结果表明,F值为112.504,大于1,p值为0.000,小于0.05,拒绝原假设。说明采用不同的包装带来的销售额是存在显著差异的。

表6-40　多重比较分析结果

包装品种	N	alpha 的子集 = 0.05				
		1	2	3	4	5
3	6	8 004.17				
5	6	8 062.83				
4	6		8 537.67			
2	6			8 851.50		
7	6			8 936.00		
1	6			8 959.17		
6	6				9 277.33	
8	6					9 679.17
显著性		0.446	1.000	0.191	1.000	1.000

根据表6-40多重比较分析的结果可知,包装品种1、2、7之间,包装品种3、5之间的显著性都不强,即说明这几种包装对销售额的影响不大,只需采用其中一种即可。最终应该采用何种包装形式,可以通过比较不同包装的销售额的均值大小来决定。

5. 降维分析

在市场调研过程中,收集丰富详细的资料有助于我们全面、充分地了解问题和现象,便于精确地描述事物。然而庞大的数据增加了数据分析的工作量,有时数据中可能存在很多重复的数据,会混淆数据分析结果,影响数据分析结果的精确度,甚至造成参数估计的困难。如一家公司准备推出一款新的手机,在该款手机推出之前,厂家为了了解其未来的销量和走向,就先请市场调查人员对一些用户进行了调查,调查涉及的指标很多,包括手机的价格、性能、款式、颜色、材料等,但市场调查人员把这些指标反馈给厂家的时候,厂家非常困惑,这么多指标用户对该款手机最关注的、最期待的指标是什么。

因此市场分析过程中,需要对所搜集的数据进行降维处理,尽量提取出必要的信息或因子,并使这些因子最大程度地概括和解释原有的观测变量,保留原来事物的本质,实现有效的降维,进而再进行多元统计先分析。而在降维处理中,因子分析是一种常用的统计分析方法,其是聚类分析、回归分析等统计分析的基础。

1) 因子分析的概念与作用

因子分析是一类对数据进行降维处理的统计分析方法,把变量表示成各因子的线性组合。其目的就是用少数几个因子去描述许多指标或因素之间的联系,即将关系比较密切的几个变量归在同一类中,每一类变量就成为一个因子,以较少的几个因子反映原资料的大部分信息。简单来讲,就是原来有 10 个变量,通过因子分析提取出了两个因子,即两个变量,这两个因子代表了原来 10 个变量所能体现的 80% 的信息,接着对提取出来的两个因子进一步分析,大大简化分析过程和模型。

在很多研究数据中,比如全国或各个地区的带有许多经济和社会变量的数据;各个学校的研究、教学等各种变量的数据等,其共同特点是变量很多。在如此多的变量之中,有很多是相关的,说明了信息的冗余,这样对数据分析的结果影响较大,如聚类分析、回归分析等。希望能够找出它们少数几个不相关的“代表”来对它们进行描述,即对数据进行降维处理。在市场研究中,这种研究方法可以帮助研究者找出影响消费者购买、消费以及满意度的主要因素。同样,还可以运用其进行市场细分等前期分析。

因子分析对变量的分析其实就是将距离临近的各种变量归为一类,其作用主要有以下两个方面:一是精简变量。一般来说,纳入模型的变量越少越好,如果存在很多变量,使用因子分析的方法对变量进行精简,既保留了变量绝大部分的信息,又降低了模型的复杂程度;二是解决共线性问题。对于存在共线性问题的多个变量,通过因子分析提取一个有代表性的因子。

因子分析通常有两种方法:

一种是主成分分析方法。通过线性变换,将原来的多个变量组合成相互独立的少数几个能充分反映总体信息的新变量(主成分),按照预先设定好的原则保留有效因子个数,从而进一步分析。

主成分分析也称主分量分析,旨在利用降维的思想,通过线性变换把多变量转化为少数几个综合变量(即主成分),其中每个主成分都能够反映原始变量的大部分信息,且所含信息互不重复。主成分分析中是把主成分表示成各变量的线性组合。

如有两个原始变量 x_1 和 x_2,则一共可提取出两个主成分,其计算公式为:

$$z_1 = b_{11}x_1 + b_{21}x_2$$
$$z_2 = b_{12}x_1 + b_{22}x_2$$

且在主成分分析中不需要类似于各个因子之间不相关的假设条件。

另一种是一般因子分析方法。大家通常所说的因子分析就是这种方法。这种方法是从变量群中提取共性因子的统计技术。因子分析可在许多变量中找出隐藏的具有代表性的因子。将相同本质的变量归入一个因子,可减少变量的数目,还可检验变量间关系的假设。从分析多个可观测的原始指标的相关关系入手,找到支配这种相关关系的有限个不可观测的潜在变量。相较于第一种方法,这个方法对因子的解释难度更大。

在 SPSS 中,因子分析有多种抽取公因子的方法,常用的方法是主成分分析,因此下节将对主成分分析的分析步骤进行讲解,其他方法的应用暂时不讲,可自行探索。

2)主成分分析的步骤

因子分析的核心任务包括两个方面:一是从众多原始变量中构造少数具有代表性的因子变量;二是对因子变量进行命名并解释,因子分析的基本思路和步骤围绕这两个任务展开。主成分分析的具体步骤如下:

第一步,确定所有变量。变量类型为数值型,样本量原则上应该在自变量数的 10～20 倍,至少是 5 倍。

第二步,数据处理。处理缺失值(删除或填补)、异常值(删除、填补或者保留);标准化处理;相关性检验(构造新变量的前提是原始变量之间需要有较强的相关性,从而才能提出公因子,因此在进行因子分析前需要通过相关系数判断其是否适用因子分析,部分相关系数大于 0.7,大部分大于 0.3,就可以用因子分析进行样本降维)。

第三步,初步分析。根据参数选择因子个数:①公因子方差。原始的题目被提取的多少比例的信息。②特征值。这个因子代表了平均多少个原始题目的信息量(提取大于 1 的因子)。③方差贡献值。这个因子代表了原来所有题目的多少比例的信息。④因子累计方差贡献值。前几个因子代表了原来所有题目信息的累计比率,一般大于 70%,可以导出对应因子。

第四步,主成分解释。对选取出来的因子数量进行解释,若要求写出主成分与原变量的关系,依据成分载荷矩阵可以将方程写出。

第五步,因子分析结果处理。因子分析结束后,得到是一个或者几个,类型为数值的变量。一般情况下,分析到这里并没有结束,可以对提取出来的这些因子做进一步分析。

由于提取出来的因子是数值型变量,从统计方法上来讲,可以应用所有的适用于数值型变量的统计分析方法,但是对提取出来的多个因子之间做相关分析没有意义,因为它们不相关。

利用因子分析结果进行以下三种类型的分析:一是回归分析,与数据集中的其他数值型变量相结合做回归分析;二是方差分析或 t 检验,与数据集中的分类变量结合做方差分析;三是分类分析,将导出的主成分复制放入原表,并用新的主成分进行聚类分析,再根据聚类结果分析每一类代表的含义。

3)因子分析中的 SPSS 应用案例

在某一项调研中,针对 10 部影片采集了 290 位观众的打分数据,进行因子分析,案例来源于 CPDA 培训教学案例,具体如表 6-41 所示。

表 6-41　观众影片评分

观众	谍影重重 5	功夫熊猫 3	北京遇上西雅图	伦敦陷落	疯狂动物城	血战钢锯岭	大鱼海棠	七月与安生	湄公河行动	六弄咖啡馆
1	3	9	5	3	9	3	8	6	4	6
2	5	5	5	5	7	7	5	5	6	4
3	3	9	4	4	10	6	9	7	6	5
4	6	4	7	3	3	4	4	9	5	8
5	4	6	4	4	4	5	5	8	6	9
6	9	5	4	8	6	9	6	3	9	3
7	9	5	4	8	6	6	6	3	9	4
8	8	5	5	10	6	8	5	4	10	3
9	6	7	7	6	9	8	9	8	8	7
10	4	10	5	3	8	7	10	6	5	5
11	4	10	4	3	7	5	9	7	3	6
12	4	5	5	4	4	6	6	10	6	9
13	5	7	3	5	5	4	4	7	5	6
14	6	8	6	6	9	8	9	7	8	7
15	5	7	3	4	9	5	7	7	6	4
...	...	...	...	...	...	...	...	...	...	...
286	6	7	6	6	9	8	8	7	8	7
287	8	5	4	9	7	10	5	6	9	4
288	4	10	5	5	8	4	8	6	5	6
289	5	3	9	4	4	6	3	10	7	8
290	3	9	5	3	9	3	8	6	4	6

　　利用 SPSS 分析, 其具体操作步骤如下, 在 SPSS 中录入数据, 依次选择"分析""降维""因子分析", 选择"分析变量", 并做如图 6-10 至图 6-13 的设置。

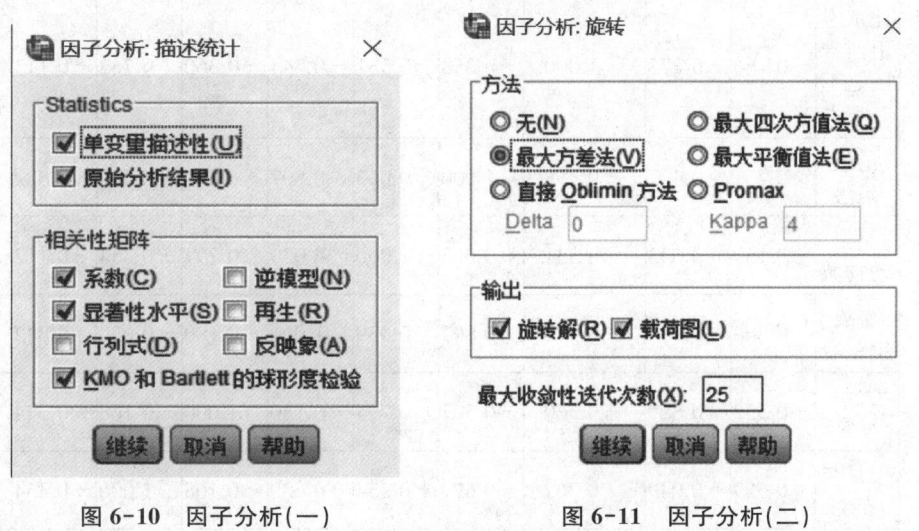

图 6-10　因子分析(一)　　　　图 6-11　因子分析(二)

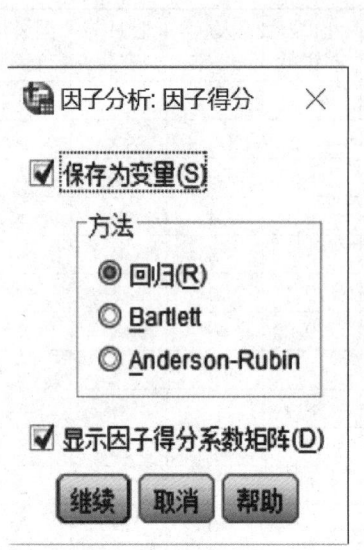

图 6-12 因子分析（三）

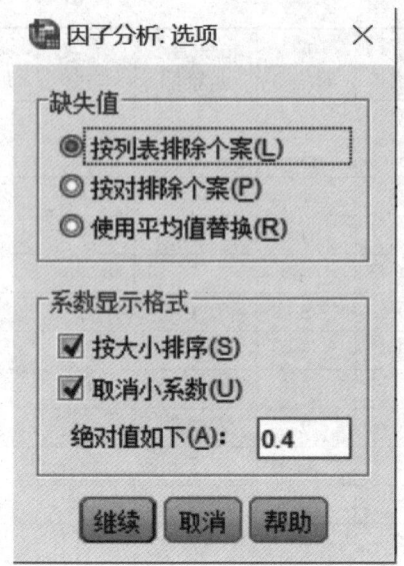

图 6-13 因子分析（四）

得到结果如表 6-42 所示。

表 6-42 相关系数矩阵

电影名		谍影重重5	功夫熊猫3	北京遇上西雅图之不二情书	伦敦陷落	疯狂动物城	血战钢锯岭	大鱼海棠	七月与安生	湄公河行动	六弄咖啡馆
相关系数	谍影重重5	1.000	−0.590	−0.186	0.761	−0.159	0.808	−0.352	−0.589	0.778	−0.434
	功夫熊猫3	−0.590	1.000	−0.272	−0.467	0.633	−0.477	0.829	0.049	−0.615	−0.081
	北京遇上西雅图之不二情书	−0.186	−0.272	1.000	−0.358	−0.531	−0.344	−0.360	0.762	−0.113	0.812
	伦敦陷落	0.761	−0.467	−0.358	1.000	−0.063	0.807	−0.307	−0.679	0.822	−0.573
	疯狂动物城	−0.159	0.633	−0.531	−0.063	1.000	0.039	0.794	−0.354	−0.112	−0.485
	血战钢锯岭	0.808	−0.477	−0.344	0.807	0.039	1.000	−0.180	−0.629	0.842	−0.528
	大鱼海棠	−0.352	0.829	−0.360	−0.307	0.794	−0.180	1.000	−0.108	−0.344	−0.250
	七月与安生	−0.589	0.049	0.762	−0.679	−0.354	−0.629	−0.108	1.000	−0.454	0.885

	电影名	谍影重重5	功夫熊猫3	北京遇上西雅图之不二情书	伦敦陷落	疯狂动物城	血战钢锯岭	大鱼海棠	七月与安生	湄公河行动	六弄咖啡馆
相关系数	湄公河行动	0.778	-0.615	-0.113	0.822	-0.112	0.842	-0.344	-0.454	1.000	-0.325
	六弄咖啡馆	-0.434	-0.081	0.812	-0.573	-0.485	-0.528	-0.250	0.885	-0.325	1.000
显著性（单尾）	谍影重重5		0.000	0.001	0.000	0.003	0.000	0.000	0.000	0.000	0.000
	功夫熊猫3	0.000		0.000	0.000	0.000	0.000	0.000	0.202	0.000	0.085
	北京遇上西雅图之不二情书	0.001	0.000		0.000	0.000	0.000	0.000	0.000	0.027	0.000
	伦敦陷落	0.000	0.000	0.000		0.142	0.000	0.000	0.000	0.000	0.000
	疯狂动物城	0.003	0.000	0.000	0.142		0.252	0.000	0.000	0.028	0.000
	血战钢锯岭	0.000	0.000	0.000	0.000	0.252		0.001	0.000	0.000	0.000
	大鱼海棠	0.000	0.000	0.000	0.000	0.000	0.001		0.034	0.000	0.000
	七月与安生	0.000	0.202	0.000	0.000	0.000	0.000	0.034		0.000	0.000
	湄公河行动	0.000	0.000	0.027	0.000	0.028	0.000	0.000	0.000		0.000
	六弄咖啡馆	0.000	0.085	0.000	0.000	0.000	0.000	0.000	0.000	0.000	

　　根据相关系数矩阵可知，部分变量之间的相关性较高，存在一定相关性，且 p 值小于 0.05，能够提取出公因子。

　　因子分析前，应先进行 KMO 检验和 Bartlett's 球状检验。

　　Bartlett's 球状检验是一种数学术语。用于检验相关阵中各变量间的相关性，是否为单位阵，即检验各个变量是否各自独立。因子分析前，应先进行 KMO 检验和 Bartlett's

球状检验。在因子分析中,若拒绝原假设,则说明可以做因子分析;若不拒绝原假设,则说明这些变量可能独立提供一些信息,不适合做因子分析。由 SPSS 检验结果显示,*Sig* 小于 0.05(即 $p<0.05$)时,说明各变量间具有相关性,因子分析有效。若 *Sig* 大于 0.05,说明相关阵是单位阵,则各变量独立因子分析法无效。

KMO 检验用于检查变量间的相关性和偏相关性,取值在 0~1 之前。KMO 统计量越接近 1,变量间的相关性越强,偏相关性越弱,因子分析的效果越好。实际分析中,KMO 统计量在 0.9 以上时效果非常好,0.8 以上时效果比较好;当 KMO 统计量在 0.5 以下,此时不适合应用因子分析法,应考虑重新设计变量结构或者采用其他统计分析方法。

表 6-43　KMO 检验和 Bartlett's 球状检验

KMO 取样适切性量数。		0.822
Bartlett's 球状检验	上次读取的卡方	3 246.130
	自由度	45
	显著性	0.000

从表 6-43 的 KMO 检验和 Bartlett's 球状检验结果可知,变量之间存在结构性与相关性的关系,因此可以进行因子分析。

表 6-44　公因子方差

电影名	初始值	提取
谍影重重 5	1.000	0.827
功夫熊猫 3	1.000	0.877
北京遇上西雅图之不二情书	1.000	0.890
伦敦陷落	1.000	0.852
疯狂动物城	1.000	0.878
血战钢锯岭	1.000	0.897
大鱼海棠	1.000	0.931
七月与安生	1.000	0.921
湄公河行动	1.000	0.919
六弄咖啡馆	1.000	0.916

提取方法:主成分分析。

表 6-44 公因子方差显示了提取因子后变量的共同度,变量的共同度越大越好,最好

提取值都在 0.8 以上。从上表中可知道,能够解释原有变量的因子的共同度都在 0.8 以上,效果较好。

表 6-45 总方差解释

组件	初始特征值			提取载荷平方和			旋转载荷平方和		
	总计	方差百分比	累积%	总计	方差百分比	累积%	总计	方差百分比	累积%
1	4.837	48.372	48.372	4.837	48.372	48.372	4.823	48.233	48.233
2	3.372	33.717	82.088	3.372	33.717	82.088	3.386	33.855	82.088
3	0.698	6.978	89.067						
4	0.266	2.663	91.730						
5	0.247	2.468	94.198						
6	0.198	1.981	96.179						
7	0.124	1.236	97.415						
8	0.101	1.014	98.429						
9	0.090	0.896	99.325						
10	0.068	0.675	100.000						

提取方法:主成分分析。

根据表 6-45 可知,“初始特征值”结果显示:一个因子的特征根为 4.837,解释了原来 10 个变量总方差的 48.372% 的信息;第二个因子的特征值为 3.372,解释了原来 10 个变量总方差的 33.717% 的信息;第三个提取载荷平方和因子的特征根为 0.698,解释了原来 10 个变量总方差的 6.978% 的信息。

“提取载荷平方和”结果显示:由于按照特征根值大于 1 的原则提取公因子,因此只提取了两个因子,这两个因子的累积方差贡献率为 82.088%,总体效果较好,但是还可以再适当增加公因子个数。

“旋转载荷平方和”结果显示:因子旋转后,累积方差比并未发生变化,但是每个因子的方差贡献发生了改变,使因子更容易解释。

碎石图是确定因子数的重要方法之一,通过图中拐点来进行判断。从图 6-14 可以看出,前三个因子的特征值较高、图形陡峭,对原来变量的贡献较大;从第四个因子开始,图形变得平坦,说明因子的贡献率相对较小,第四个因子是拐点。因此在本分析中,可以将因子数量确定为 3 个,这与上面通过特征值选取因子的结果是一致的。回到 SPSS 中,再次进行因子分析,按照“因子固定数量”为 3 抽取公因子,得到成分矩阵和旋转后的成份矩阵,结果如表 6-46 所示。

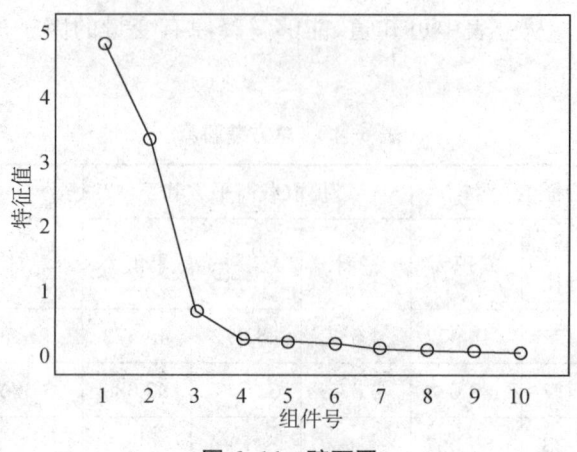

图 6-14　碎石图

表 6-46　成分矩阵

电影名	组件		
	1	2	3
伦敦陷落	0.919		
血战钢锯岭	0.909		
谍影重重 5	0.872		
湄公河行动	0.846		
七月与安生	− 0.803	− 0.470	
六弄咖啡馆	− 0.695	− 0.611	
疯狂动物城		0.881	
大鱼海棠		0.852	
功夫熊猫 3	− 0.509	0.782	
北京遇上西雅图之不二情书	− 0.484	− 0.726	

提取方法：主成分分析。已提取 3 个成分。

成分矩阵为因子旋转前的载荷矩阵，在设置中系数按照从大到小进行排序，且绝对值在 0.4 以下的系数值不显示。因此，从表 6-46 成分矩阵分析的结果中可知，《伦敦陷落》《血战钢锯岭》《谍影重重 5》《湄公河行动》在第一个因子上的载荷较高，都在 0.8 以上，《疯狂动物城》《大鱼海棠》《功夫熊猫 3》在第二个因子上的载荷较高，而变量在第三个因子上的载荷都在 0.5 以下。

表 6-47　旋转后的成分矩阵

电影名	组件		
	1	2	3
湄公河行动	0.943		
血战钢锯岭	0.899		

电影名	组件		
	1	2	3
谍影重重 5	0.833		
伦敦陷落	0.792	− 0.429	
北京遇上西雅图之不二情书		0.898	
六弄咖啡馆		0.874	
七月与安生	− 0.445	0.844	
大鱼海棠			0.935
疯狂动物城			0.880
功夫熊猫 3	− 0.540		0.755

提取方法：主成分分析。

旋转方法：Kaiser 标准化最大方差法。旋转在 6 次迭代后已收敛。

　　通过因子旋转后，载荷大小进一步分化，不同变量的因子归属进一步明晰，通过表 6-47"旋转后的成分矩阵"可以发现，《伦敦陷落》《血战钢锯岭》《谍影重重 5》《湄公河行动》在第一个因子上的载荷较高，《北京遇上西雅图之不二情书》《六弄咖啡馆》《七月与安生》在第二个因子上载荷较高，《疯狂动物城》《大鱼海棠》《功夫熊猫 3》在第三个因子上的载荷较高。

　　因子载荷矩阵在因子分析中非常重要，通过旋转后的表可以明确各个变量的因子归属、抽取各个因子中各个变量的共同点，从而可以对各个因子进行命名。在本案例中，第一个因子主要解释的是《谍影重重 5》《血战钢锯》《湄公河行动》《伦敦陷落》四个变量，可以将第一个因子命名为动作片；第二个因子主要解释的是《北京遇上西雅图之不二情书》《七月与安生》《六弄咖啡馆》三个变量，可以将第二个因子命名为爱情片；第三个因子主要解释的是《大鱼海棠》《疯狂动物城》《功夫熊猫 3》三个变量，可以将第三个因子命名为动画片。

表 6-48　成分得分系数矩阵

电影名	组件		
	1	2	3
谍影重重 5	0.254	0.050	0.018
功夫熊猫 3	− 0.071	0.001	0.275
北京遇上西雅图之不二情书	0.230	0.497	0.149
伦敦陷落	0.181	− 0.065	− 0.029
疯狂动物城	0.186	0.131	0.474

（续表）

电影名	组件		
	1	2	3
血战钢锯岭	0.353	0.140	0.178
大鱼海棠	0.175	0.211	0.519
七月与安生	0.067	0.378	0.116
湄公河行动	0.426	0.269	0.203
六弄咖啡馆	0.101	0.399	0.087

提取方法：主成分分析。
旋转方法：Kaiser 标准化最大方差法。

成分得分系数矩阵显示了因子在各个变量上的得分，可以写出相应的因子得分公式。

后将提取出来的三个公因子保存到原始数据中。一般分析到这并没有全结束，我们可以对提取出来的因子做进一步分析，如聚类分析和回归分析，进一步分析每类变量的特征或者探索变量之间的相互关系。

4）聚类分析的概念及步骤

聚类分析是直接比较各事物之间的性质，将性质相近的归为一类，将性质差别较大的归入不同的类的分析技术。在市场研究领域，聚类分析主要应用方面是帮助我们寻找目标消费群体，运用这项研究技术，我们可以划分出产品的细分市场，并且可以描述出各细分市场的人群特征，以便于客户有针对性地对目标消费群体施加影响，合理地开展工作。

在介绍聚类分析之前，我们先来区分分类与聚类的区别，分类是指按照种类、等级或性质分别归类，而聚类对所要划分的类是未知的。因此，聚类分析，事先无法确定需要划分类别的个数，且在分类的过程中，无须给定一个具体分类的标准。聚类分析会根据样本数据的特征，将性质相似的变量进行归类，得到的结果，同一分类内部的个体特征具有相似性，不同类别的个体特征具有很大的相异性。

聚类分析的基本思想是：将所有样本（指标）各自看成一类；设定样本（指标）之间的距离以及不同类之间的距离；将距离最近的两个样本聚为一个新类，再将与新类距离最近的样本聚在一起，依次合并，直到所有样本都聚为一类。

聚类分析中需要注意以下三点：一是选择的变量要能够反映出个体的特征；二是各变量的取值在数量级上不能有过大的差异；三是变量之间不应该有较强相关性，否则会给聚类结果带来偏差。

聚类分析的一般步骤如下：

第 1 步，确定所有变量。原则上样本量应该在 100 以上。

第 2 步，数据预处理。①变量是否数值型、是否存在缺失值、是否需要进行异常值处理；②分析是否存在共线性：变量是否为数值型、是否存在缺失值、异常值（慎重对待）；考虑共线性问题，进行相关性分析，相关系数大于 0.7，认为存在相关性，可以用比值法进行属性再造，用主成分分析或因子分析进行降维，一般不考虑剔除。

第 3 步，确定聚类个数进行聚类。参数选择，聚类个数一般为 3～7 个，若未指定聚类个数，则从 3 个开始试验，具体聚类个数依据业务需要进行设置；类中心点选取次数尽量大；最大迭代次数也尽量大。

第 4 步，分析聚类效果和聚类结果，可以将聚类结果放入原表，进行数据透视表制作得到平均值。

第 5 步，结合实际情况分析每类的含义。

聚类分析大致可以分为三类：系统聚类（又称层次聚类）、K-mean 聚类（快速聚类）、两步聚类。在系统聚类分析中，根据聚类对象的不同，聚类方法可分为 Q 型聚类和 R 型聚类。前者指对样本进行聚类，后者指对变量进行聚类。系统聚类方式有两种：一种是凝聚方式聚类，每个个体自成一类，相似属性的个体凝聚在一起，最终形成几个大类；另一种是分解方式聚类，所有个体归为一类，然后按照不同属性进行分解，最终形成几个大类。

K-Means 聚类也称快速聚类，将数据看成 k 维空间上的点，以距离最近为原则，对指标进行聚类。其计算速度快，效率高，是一种应用较多的算法。K-Means 聚类的步骤如下：

第 1 步，随机指定聚类数目 k，确定 k 个初始类的中心点。

第 2 步，根据距离最近原则进行分类，把每个指标都分配给距离它最近的聚类中心，聚类中心以及分配给它们的对象形成一个新聚类。

第 3 步，每个聚类的聚类中心会根据聚类中现有的对象被重新计算，然后重复第二步，直到满足条件，终止聚类。

两步聚类法主要解决 K-Means 聚类与系统聚类（层次聚类）无法直接依据分类变量对个案进行聚类的问题。

对于每种聚类的测算方法，本书不再进行详细论述，想要了解更多关于聚类方法的内容可以查阅相关学科书籍。

5）聚类分析中的 SPSS 应用案例

基于前述"因子分析"中的案例分析结果，依据提取出的三个公因子对观众进行 K-Means 聚类分析。

利用 SPSS 进行分析，其具体操作步骤如下：依次选择"分析""分类""K-Means 聚类"；选择"分析变量""三个公因子"；对于"聚类数"的选择，可以先从 2 类开始，逐渐试验，最终选择满足条件的聚类数量。这个案例中将"聚类数"设置为 4，得到的结果如表

6-49 所示。

表 6-49 迭代历史记录

迭代	聚类中心的更改			
	1	2	3	4
1	0.619	1.259	0.872	0.828
2	0.116	0.068	0.100	0.059
3	0.000	0.025	0.037	0.053
4	0.000	0.000	0.000	0.000

由于聚类中心无更改或只有小的更改,因此达到了汇合。任何中心的最大绝对坐标更改为 0.000。当前迭代为 4,初始中心之间的最小距离是 3.304。

表 6-49 结果表明,经过三次迭代,第一次迭代后中心点分别偏移了 0.619,1.259,0.872,0.828;第二次迭代后中心点分别偏移了 0.116,0.068,0.100,0.059;第三次迭代后中心点分别偏移了 0.000,0.025,0.037,0.053;第四次迭代后中心点偏移为 0,聚类分析结束。

表 6-50 最终聚类中心

项目	聚类			
	1	2	3	4
REGR factor score 1 for analysis 1	− 0.81694	1.20824	− 0.07085	− 0.84366
REGR factor score 2 for analysis 1	1.37682	− 0.04849	0.14075	− 1.27350
REGR factor score 3 for analysis 1	− 0.41848	− 0.29611	1.97180	− 0.18727

从表 6-50 可知,聚类 1 在因子 2 上优于其他三类,聚类 2 在因子 1 上优于其他三类,聚类 3 在因子 3 上优于其他三类,聚类 4 在三个因子上没有明显优势。

表 6-51 每个聚类中的个案数量

聚类	1	71.000
	2	104.000
	3	38.000
	4	77.000
有效		290.000
缺失		0.000

根据保存的个案分类,用 Excel 中的数据透视表进行分析,进一步计算 4 类观众在

3 个因子上的均值,结果如表 6-52 所示。

表 6-52　各因子的平均得分

行标签	平均值项:FAC1_1	平均值项:FAC2_1	平均值项:FAC3_1
1.00	(0.82)	1.38	(0.42)
2.00	1.21	(0.05)	(0.30)
3.00	(0.07)	0.14	1.97
4.00	(0.84)	(1.27)	(0.19)
总计	(0.00)	(0.00)	(0.00)

根据表 6-52 各因子均值大小比较,可分析 4 类观众对影片的偏好。如聚类 1 的观众因子 2 上的平均分最高,而因子 2 主要代表了爱情片,因此第一类观众偏好爱情片;聚类 2 的观众在因子 1 上的平均分最高,偏好动作片;聚类 3 的观众在因子 3 上的平均分最高,偏好动作片;聚类 4 的观众在三个因子上的得分不存在明显差异,是影片无偏好人群。在此基础上针对不同细分人群的偏好定制个性化营销策略。

思考题

1. 市场调查资料整理的一般流程是什么?
2. 市场调查资料审核包含哪些内容?
3. 统计图表有哪些类型? 其使用方法如何?
4. 在数据分析中,如何合理运用假设检验和方差分析?
5. 在统计分析中,相关分析和回归分析之间是何关系?

案例分析题

[案例 1]

应聘过程的分析

此案例详细描述了小高应聘且顺利通过初试的问答过程,但接下来的复试,小高面临了一些问题,需要我们一起帮小高做分析,以顺利通过……

人物:小高,从事微信运营工作满 2 年,现正在寻找跳槽机会。

时间:2020 年 7 月底。

应聘职位:某新媒体运营培训机构的微信运营岗。

面试官问题 1:如何根据后台数据评价微信公众号的文章质量?

答:我认为文章质量不仅仅是文章的阅读量、转发量等情况,还包括文章的传播效率、文章自身对于目标群体的价值，以及能够激起粉丝量的增长等。因此，评价微信文章质量需要有一个完整的指标评价体系，从笼统的粉丝量、阅读量和转发数据中发掘更细致、更全面的"文章画像"指标评估体系，由表及里地从多个维度、多个层次去分析文章的质量情况。这种多维度分析的目的在于，内容运营是有阶段性的，囿于精力不济和经验不多，每个阶段要对内容运营制定出有不同侧重点的策略：初期（粉丝不多）需要迅速涨粉，这时文章的传播力就很重要；成熟期（粉丝量很大，增长快，流失也快）需要沉淀用户，需要创作出有价值的内容，留住粉丝；到平台期或是衰落期（粉丝流失多于增长），竞品出现及用户口味大变，内容需要创新，挽留或是招揽新粉，这时文章的传播力和价值性就兼具了。

值得注意的是，文章的传播力和自身价值没有必然的关系，一篇很好、质量很高的文章，可能收藏量、点赞量很多，但阅读量、传播量不一定很大；相反，很多价值不大的文章，因其易读且迎合部分用户心理需求，传播力会大不少，阅读量和转发量"蹭蹭"地上涨。基于此，有一套完整、全面的内容评估体系是至关重要的。

面试官问题2：根据你前面的描述，举例说明一些常用的数据评价指标。

答：我常用这5类指标，即粉丝增长指标、粉丝活跃指标、文章信息指标、文章传播指标和文章价值指标。5类指标下又包含若干类型数据，尽量将分析的"颗粒"细化。

粉丝增长指标反映粉丝在某天的增长或取关情况，下面涵盖3类数据——新关注人数、取消关注人数和净增关注人数。

粉丝活跃指标反映了所关注粉丝的活跃度情况，这里包含有图文阅读人数、公众号会话阅读人数和来自历史消息的阅读人数。

文章信息指标是文章发布的基本信息，包含文章标题、文章发布日期和文章发布时间点。

文章传播指标反映微信推送内容的传播力度及效率，因为在一般情况下，微信推文的生命周期基本维持在一周（绝大部分的阅读量在此期间完成）。该指标下有4类数据——从公众号分享到朋友圈人数、在朋友圈再次分享人数、在朋友圈阅读人数和来自好友转发的阅读人数。

文章价值指标反映阅读者对文章内容的认同和赞许情况，这要求文章给阅读者带来某种价值（如心情放松、获得新知等），该指标下有4类数据——总阅读数量、分享人数、微信收藏人数和点赞数量。

面试官问题3：请描述这些数据指标的获取方式。

答：（1）群发功能-已发送。这两个数据跟"图文分析"里的数据不同，这两个数据是某一篇文章历史上总的阅读量（次数）和点赞量（次数），且具有实时性、即时性，就是当前看到的数据是文章从发布到目前所有的阅读量和点赞量。这里的阅读数据跟"图文分析"里的不同，"图文分析"只记录了发文之日起7日内的阅读，且无"点赞"的数据统计。

（2）用户分析-用户增长。在"用户分析"一栏里，需要抓取的数据为取关数、增长粉丝数、净增粉丝数，这三个数据较容易获得，在"用户分析"下方下载 Excel 表格即可得到。

（3）图文分析-单篇图文。在"图文分析"这一栏，文章标题、推送时间、送达人数、图文阅读人数和分享人数皆可在数据概况处获得。值得注意的是，这里的图文阅读人数和分享人数是 7 日内的统计总数，且分享人数是转发或分享到朋友、朋友圈、微博的去重用户数（包括非粉丝）的总和。

在公众号分享到朋友圈和在朋友圈再次分享这两个数据指标可以在"图文分析"中的"单篇图文"图文详情里获取。

来自好友转发的阅读人数、来自历史消息的阅读人数和来自其他渠道的阅读人数可从"图文分析"中的"单篇图文""图文详情"趋势图这一路径获取，不过 3 个数据需要将7 日的数据进行加总。

从朋友圈打开人数、分享转发人数、微信收藏人数可以在"图文分析"中的"单篇图文""图文详情"的最下方获取，通过 Excel 下载处理可得。

上述处理的获得如果用人工手动操作的话，费时费力。一个更简便的做法，那就是用"网络爬虫"（注：爬虫是一种自动获取网页内容的程序，是搜索引擎的重要组成部分）来抓取数据，可以在节省人力的情况下准确无误地获得大量上述提到的原始数据。

一周之后，小高收到复试通知和一份此新媒体培训机构公众号从 2020 年 1 月中旬到 7 月中旬的推文数据（注：处于商业保密，对部分内容或数据在不影响数据分析的情况下稍加处理），要求其通过分析发现其中质量较好的文章及质量最差的文章，从数据中发掘出它们，并发现它们身上存在的特征，以便将优良文风（选题、标题、内容、排版设计等）发扬下去，并避免以后再出质量不佳的文章，以期提升阅读量、转发分享量，最终实现凭借公众号自身内容促进粉丝增长的目的。

原数据：微信聚类分析数据分析.xlsx

资料来源：CPDA 培训教学案例。

问题：通过目标用户阅读行为分析用户需求，进行客户分析和"文章画像"，为其微信内容运营优化提供指导。

第 7 章

定性预测方法

导入案例

亚马逊新技术：未购买，先发货

亚马逊 2013 年 12 月获得了一项名为"预测式发货"的新专利，可以通过对用户数据的分析，在他们还没有下单购物前，提前发出包裹。

这项技术可以缩短发货时间，从而降低消费者前往实体店的冲动。亚马逊在专利文档中表示，从下单到收货之间的时间延迟可能会降低人们的购物意愿，导致他们放弃网上购物。

所以，亚马逊可能会根据之前的订单和其他因素，预测用户的购物习惯，从而在他们实际下单前便将包裹发出。根据该专利文件，虽然包裹会提前从亚马逊发出，但在用户正式下单前，这些包裹仍会暂存在快递公司的转运中心或卡车里。

亚马逊表示，为了决定要运送哪些货物，亚马逊可能会参考之前的订单、商品搜索记录、愿望清单、购物车，甚至包括用户的鼠标在某件商品上悬停的时间。

目前，亚马逊都会在正式收到订单后，通过自有仓储中心将商品打包，然后等待 UPS 等快递公司的卡车前来取货，最后将商品直接送到用户家中，或者通过中间渠道转运到最终目的地。

该公司一直在努力缩短配送时间，扩大仓储网络的覆盖范围，以便实现隔日送达或当日送达。亚马逊去年表示，该公司计划利用无人机将包裹从仓储中心直接配送到用户家中。

不过，亚马逊并未在专利中透露，这项新技术有望缩短多少配送时间。

该专利凸显出一大行业趋势：科技和消费企业都在通过种种方式提前预测消费者的需求。如今的智能冰箱已经可以预测何时需要购买更多牛奶，智能电视也能预测哪些节目需要进行录制，而 Google Now 软件则试图预测用户的日常规划。

亚马逊的这项技术将于何时部署尚未可知，但该专利文件证明，该公司希望充分利用其积累的庞大用户数据来获取竞争优势。

"亚马逊似乎在充分利用他们庞大的数据。"美国市场研究公司 Forrester Research 分析师苏查里塔·穆尔普鲁（Sucharita Mulpuru）说，"根据他们对用户的种种了解，他们便可依据多种因素来预测需求。"

专利文件显示，亚马逊可能会填好大概地址或邮政编码，以便将商品运送到接近用户的地方，之后在运输途中将这些信息填写完整。

亚马逊称，对于畅销书和其他一些可能会在上市时吸引大量买家的商品而言，预测性送货方式可能比较合适。另外，亚马逊也可能向用户推荐正在运输途中的商品，以便提升成功率。

不过，亚马逊的算法难免会出错，从而导致退货成本增加。为了将这一成本降到最低，该公司可能考虑给用户一定的折扣，或是将预测不成功的已发货商品作为礼物赠送给用户。该专利称："我们可能将这些包裹作为促销礼品,以此提升公司美誉度。"

资料来源:https://m.ithome.com/html/70257.htm。

7.1　市场预测的概述

7.1.1　市场预测的概念

市场预测是在依据市场的历史和现状进行调研的基础上,运用科学的预测方法,对市场未来的发展趋势和可能的发展水平进行估计、测算和判断,从而为市场营销决策提供可靠的依据。市场预测与市场调查的区别在于,前者关注的是对市场未来的认识,后者关注的是对市场的过去和现在的认识。

对于企业来说,要想在激烈的竞争环境下获得长远的、可持续的生存和发展,掌握过去和现在非常重要,但是把握未来同样不可忽视。预测作为一种手段,其建立在准确的资料、丰富的经验以及科学技术的基础上,可以帮助企业管理者和决策者了解市场未来的发展趋势,寻求可能的市场发展机会,做出正确的市场决策。但是市场预测是有局限性的,因为很多的预测是建立在人的主观认知与经验之上,而且影响事物未来发展的因素繁杂,市场并不能完全被预测,因此预测未必完全准确,存在一定的风险性。

7.1.2　市场预测的原则

1. 相关原则

在市场经济环境中,事物的发展并非相互独立,而是存在着一定的关联性。事物之间的促进作用,如居民收入水平的提高与体验经济的诞生,家长对教育的重视与教育培训机构数量的不断增加等。与之相对的,还有事物之间的制约作用,如温度与热茶杯数之间的负向关系。通过研究事物之间的相关关系,即一个事物的变化对另一个事物发展的影响,找出事物之间的规律,进而进行预测。因果关系预测就是典型的基于相关原则进行预测的方法。

2. 惯性原则

惯性原则又称连续性原则,是指在一定条件下,事物会遵循一定的规律,在时间上表现出连续性,即过去、现在和未来事物的运动轨迹相同。因此企业在对事物未来的状态或者发展趋势进行预测时,可以基于过去和现状进行推断。惯性原则是大多数传统预测方法的理论基础,如时间序列分析、线性回归等方法。

3. 类推原则

事物的发展,在模式、结构、趋势、性质等方面,往往存在一定的近似性。因此在预测过程中,可以根据已知事物的发展历程,类推出另一件事物发展的大致趋势,如从典型的局部推知全局的自下而上的推断,从全局推知局部的自上而下的推断,从发达国家的发展过程类推中国未来的发展,等等。类推法的应用就是基于此原则。

4. 概率推断

对于未来,我们不可能完全把握,但通过对某个事物规律的反复观察,基于概率论与数理统计的理论和方法,建立合适的数理模型,有时能预估一个事物发生的大致概率,从而采取相应的措施。在市场调查过程中,有时调研人员会采用抽样调查等方法来估算某种事物发生的可能性。

5. 系统原则

影响事物发展的因素错综复杂,因此,在对事物未来的发展进行预测时,要进行全面、系统分析,不然可能会造成预测片面、以偏概全等预测偏差。投入产出法、多元回归分析等就是以此为基础的预测方法。

7.1.3 市场预测的内容

市场预测的内容十分广泛,从宏观到微观包括很多方面。一般来说企业从事生产经营活动,进行市场预测会经过三个阶段,即环境预测、行业预测以及企业销售预测。以市场环境预测为基础,结合整个行业供给与市场的需求,对企业的市场占有率、产品销量进行估算。总体来说,市场预测的内容可以分为三个部分:市场环境预测、市场需求预测和市场供给预测。

1. 市场环境预测

市场环境不断变化,市场需求也随之改变,因此对市场环境进行有效预测,是其他市场预测活动的基础。市场环境预测是基于因果原则,利用定性和定量的方法,对国际和国内的社会、经济、政治、法律、政策、文化、人口、科技、自然等环境因素的变化进行预测,从而调整市场或企业的生产经营活动,以适应多变的市场环境。

2. 市场需求预测

市场需求预测是在对消费者的购买心理和消费习惯的分析,对居民收入水平及收入分配政策研究的基础上,对特定区域和特定时期内的某类市场或全部市场的需求走向、需求变动、需求结构与潜在需求量进行预测,对行业的实际销售量以及公司产品未来的市场占有率进行估算。市场需求预测是市场研究中最重要的一部分,也是最复杂的一部分。通过市场需求的预测,企业可以提前配置资源、安排生产活动、设置库存水平,以应对未来市场上客户的需求变化。

3. 市场供给预测

市场供给预测是指在市场供给调查的基础上,对特定区域、特定时期内的某类市场或全部市场的供应量、供应结构、供应变动因素等进行预测。市场供求状态受市场供给量和需求量共同影响,因此市场供给预测也是市场预测的重要组成部分。

4. 消费者购买行为预测

对消费者的购买行为进行预测,有助于企业分析市场潜力、明确目标市场、研究开发产品、制定营销战略、实施销售策略等。研究消费者行为包括研究消费者购买的产品类型、购买的数量、购买的地点、购买的渠道、购买者类型、购买的方式等方面。

5. 产品市场预测

分析、评估和预测产品的质量、成本、价格、组合、品牌知名度、满意度,产品的生产能力、市场占有率、覆盖率,产品的销售规模、销售结构、销售渠道、销售利润、销售变化趋势等,有助于企业把握产品优势、掌握竞争格局、扩大销售路径、确定市场前景,从而为制定企业经营决策提供依据。

7.1.4　市场预测的类型

市场预测的种类非常之多,根据不同的标准大致可分为以下几种类型。

1. 按市场预测的范围划分

市场预测按照预测范围的不同,可以分为宏观市场预测与微观市场预测。

(1) 宏观市场预测。宏观市场预测是把整个行业发展的总体情况作为研究对象,研究企业生产经营过程中相关宏观环境因素。宏观市场预测范围广泛,涉及政治、经济、文化、技术、法律等因素,研究总量指标、相对数指标以及平均数指标之间的联系与发展变化趋势,如经济发展前景预测、整个市场商品供求量预测、金融市场各相关指数变化等。

(2) 微观市场预测。微观市场预测是从单个企业角度出发,对一个生产部门、公司或企业的营销活动范围内的各个要素的变化趋势进行预测,从而为企业制定正确的营销战略提供决策依据。预测的内容有企业产品的市场需求量、销售量、市场占有率、价格变化趋势、竞争者地位等。

宏观市场预测与微观市场预测密切相关,微观市场预测是宏观市场预测的基础和前提,宏观市场预测是微观市场预测的统一与指引,两者有效的结合,才能使企业精准把握未来市场的发展趋势,进而制定与之匹配的发展战略,在激烈的竞争中获得优势地位。

2. 按市场预测的性质划分

市场预测按照预测方法性质的不同,可以分为定性预测和定量预测。

(1) 定性预测。定性预测侧重于预测事物发展的性质,依靠预测人员或者专家的经验、知识、直觉和综合分析能力,对事物的未来发展趋势进行预测。定性预测方法包括专家意见法、德尔菲法、个人经验判断法、集体经验判断法等。

(2) 定量预测。定量预测是基于大量的、详实的、准确的和完备的历史数据与资料,通过建立适合的数学模型,选择适当的计量方法,分析事物过去和现在的发展变化规律,进而推断事物未来的变化趋势。定量的预测方法包括时间序列法、因果分析法、逻辑回归法等。

（3）综合预测。预测作为决策的基础,已经具有很多成熟的预测方法,但任何一种预测方法都有其局限性,因此很难使用一种预测方法获得全面而准确的结果。在实际的预测过程中,人们往往将多种预测方法结合使用,如定量预测与定性预测结合运用,对同一预测对象进行综合分析和运算,更加客观、准确地反映事物发展的变化与规律。

3. 按市场预测的期限划分

市场预测按预测的时间跨度,可以分为短期预测、中期预测和长短期预测。

（1）短期预测。短期预测一般是指预测期限为 1 年以内的预测,通常以季、月、周为时间单位。短期预测一般采用定性与定量预测相结合的方法,而且预测期限较短,因此预测结果准确性较高。实际中的预测多为短期预测。

（2）中期预测。中期预测通常是指预测期限在 1 年以上、5 年以下的预测。中期预测一般是对经济、技术、政治、社会等影响市场长期发展的因素进行预测,为企业经营中的管理决策提供支持和依据。

（3）长期预测。长期预测一般是指预测期限在 5 年以上的预测。长期预测由于预测时间较长,不确定性更大,无法全面、准确地把握各种可能的变化情况,预测结果与实际情况之间的偏差较大,因此通常只能作为趋势估计。长期预测通常为制定经济发展的长期规划、新设备的投资计划、商品长期的供销比例安排等提供依据。

4. 按市场预测的空间划分

市场预测按预测的空间范围,可以分为国内市场预测和国际市场预测。

（1）国内市场预测。国内市场预测是指以全国范围的市场状况为预测对象的市场预测。对于以全国为目标市场的企业来说,对全国市场的发展动态的了解及对市场发展现状和趋势的把握尤为重要,其是企业发现市场机会,进行投资决策的前提和依据。全国性市场预测可以是综合性的,也可以是专题性的;既可以是全国整体市场的,也可以是区域市场的。相对而言,全国性的和综合性的市场预测的涉及面广、预测范围大、不可控的因素多、预测难度大、准确性低。

（2）国际市场预测。国际市场预测是指以国际市场的发展动态和趋势为预测对象的市场预测。随着世界经济一体化进程的加快,越来越多的企业加入世界市场展开国际化经营。想要在国际市场中占有一席之地,必须时刻关注国际营销环境的发展趋势,把握国际市场的变化规律,根据国际市场需求及时调整营销策略。国际市场预测既有综合性的又有专题性的,既有国际整体市场的又有国际区域市场的,甚至是国别市场的预测。综合性的和国际整体市场预测同样具有涉及面广、范围大、不可控因素较多、预测难度大等问题。

7.2 市场预测的步骤

为了使市场预测活动有序进行,企业必须对预测工作的过程进行统筹安排,保证各个环节相互协作,确保预测成功。市场预测的步骤如图 7-1 所示。

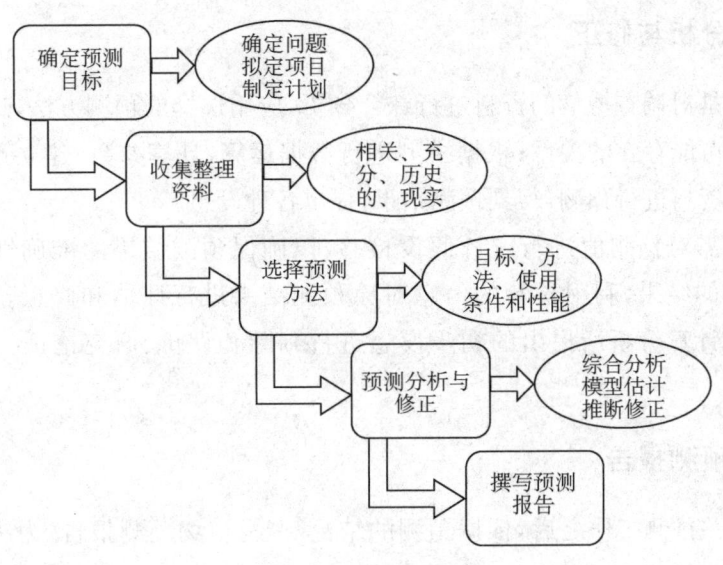

图 7-1　市场预测步骤

7.2.1　确定预测目标

作为市场预测工作的第一步,明确预测目标就是根据企业的经营活动的需要,确定预测需要解决的问题。明确预测内容、制定预测工作计划、编制预算、调配力量、组织实施,以保证市场预测工作有计划、有节奏地进行。

7.2.2　搜集分析资料

充分的资料是进行市场分析、判断的可靠依据,不同的预测目的,预测的内容和项目、所需要的资料也不相同。市场预测的资料一般可以分为两类:一类是历史资料,主要包括各类有关经济和社会的统计资料,如人口结构与变化、收入的变化与增长、社会购买力变化、生产结构变化、消费分配比例、产品生产、成本、销售、利润等数据;另一类是现实资料,主要包括预测期内的相关经济和社会指标、消费者的需求变化以及与预测主题相关的一手调查数据。

7.2.3　选择预测方法

选择恰当的预测方法,可以保证预测结果的精确性和可靠性。选择何种预测方法是根据预测的目标、掌握的资料、预测的费用、准确度的要求以及各种预测方法的适用条件和性能来确定的。如果要对未来市场前景进行性质和程度上的预测,但是掌握的数据不够充分或者不够精确,那么可以使用集体经验判断法进行定性分析;如果要对产品的需求进行中长期预测,且掌握数据较为充分,那么可以使用时间序列或者回归分析等定量分析的方法，有时还可以结合多种预测方法进行预测。

7.2.4 预测分析与修正

分析判断是对调查搜集的资料进行综合分析，应用选择的预测方法，选择数学模型，分析变量之间可能存在的关系；根据模型进行数据运算，计算参数，建立预测模型；最后通过相关数据资料进行预测，得到预测结果，提出各种设想。

预测后还需对预测值进行统计假设检验，以确保预测结果的准确性。有时，还需基于分析评判的结果，利用最新的信息对原预测结果进行评估和修正。此外，还可召集有关人员对计算分析所提出的初步设想进行判断和评价、研究论证，以提高预测的准确性。

7.2.5 撰写预测报告

在完成相关预测工作之后，依据预测的结论，撰写市场预测报告，为决策提供依据。预测报告一般包括题目、摘要、目录、正文、结论和建议以及附录等部分。

以上，我们阐述了市场预测的概念、原则、内容与分类。根据不同的市场预测内容，可以采用不同的市场预测方法或者各种方法的组合。

7.3 市场预测的方法

随着科学技术的不断发展和市场环境的不断变化，市场预测方法已达 150 多种，其中被人们广泛使用的有 30 多种，经常使用的有 10 多种。每种方法都有其自身的特点、适用范围以及局限性，因此人们在进行市场预测的实践过程中，选择适当的市场调查方法在很大程度上决定了预测结果的准确性、科学性以及可行性。根据不同的预测目的、不同的市场环境、不同的预测对象、基础资料的丰富程度以及人们对预测的认知深度，市场预测方法的选择不同。即使在相同的条件下，以不同的预测方法预测的结果也会产生差异。因此，预测方法的选择是市场预测过程中极其重要的一个环节。尽管市场预测的方法数量较多，但大体上可以分为三类：定性预测方法、定量预测方法、综合预测方法。本章主要介绍定性预测方法，定量预测方法将在第 8 章进行介绍。

7.3.1 定性预测方法的概述

定性预测法是指根据预测对象的性质、特点、过去和现实等状况，推测和判断预测对象未来发展趋势的一种预测方法。其侧重于对事物未来发展的分析和推断，依靠预测者丰富的经验、知识和综合分析能力，而非数量化的分析。定性预测方法包括专家会议法、德尔菲法、类推法等。

定性预测方法的优点：①简单易行，灵活性强。定性的预测无须复杂的数学运算，操作简单、费用少、耗时短、效率高，具有较强的灵活性，易于发挥人的主观能动性，适用于缺乏或者难以取得预测对象及其影响因素的相关分析资料，以及不适用定量预测的情境；②具有一定的综合性。定性预测的方法可以综合分析各种影响因素，在一定程度上弥补了定量分析的不足；③具有一定的科学性。虽然定性的研究方法依赖于预测者的经验判断，但是其主观的判断是建立在通过大量的时间获得的知识与技能之上的，具有一定的科学性，不是主观臆想的。

定性预测方法的缺点：①易受主观因素影响。定性预测的方法对预测者的依赖性较大，因此容易产生主观片面性；②结果不够精确。定性的预测方法缺乏数学分析，缺乏对事物发展作数量上的精确描述。

7.3.2　综合预测方法

预测科学已经具有很多成熟的预测方法，但任何一种预测方法都有其局限性，因此很难以一种预测方法获得全面而准确的结果。在实际的预测过程中，人们往往将多种预测方法结合使用，因为预测方法之间并不相互排斥，而是相互补充的。将多种方法结合使用，对同一预测对象进行综合分析和运算，更加客观、准确地反映事物发展的变化与规律，如多种定性预测法的组合运用，定量预测与定性预测结合运用等。

7.3.3　各种预测方法比较

不同的市场预测方法具有各自的优缺点、应用范围和预测精度。在实践应用过程中，可根据预测对象、预测周期、数据资料、精度要求、时间与费用限制等因素，选择最适合的预测方法。常用市场预测方法的特点如表 7-1 所示。

表 7-1　常用市场预测方法的特点

项目	定性预测方法			定量预测方法				
	专家会议法	德尔菲法	类推法	移动平均法	指数平滑法	趋势外推法	季节性预测法	回归分析预测法
方法简介	组建专家小组，通过会议形式进行预测，综合专家意见，得出结论	专家会议法的发展，对专家匿名调查，多轮反馈整理，对结果进行统计分析	基于类推原理，对相似事物出现和发展过程进行对比性分析	为消除随机波动影响，取时间序列中连续几个数据值的平均值	与移动平均法相似，考虑历史数据远近期的重要程度，并对其赋予不同权重	运用数学模型，拟合一条趋势线，外推未来事物的发展	将各个因素依次从时间序列中分解出来，然后再进行预测	运用因果关系建立回归分析模型，计算参数，得出预测值

项目	定性预测方法			定量预测方法				
	专家会议法	德尔菲法	类推法	移动平均法	指数平滑法	趋势外推法	季节性预测法	回归分析预测法
典型用途	新产品销售、市场需求以及长期预测	新产品销售、市场需求以及长期预测	对事物未来发展进行性质和程度上的预测	需求预测、销售预测、库存管理预测	需求预测、销售预测、库存管理预测	需求预测、销售预测	需求预测、销售预测	需求预测、销售预测
适用的时间范围	长期预测	长期预测	长期预测	短期预测	短期预测	短、中期预测	短、中期预测	短、中、长期预测
所需资料	市场历史发展资料和信息	将专家意见综合分析与处理	多年历史资料	2年以上历史数据	2年以上历史数据	需要多年历史数据	需要多年历史数据	需要几年数据
预测精度	较好	较好	尚好	尚好	较好	短期好，中期较好	短期好，中期较好	短、中期很好，长期较好
预测所用时间	较长	长	一般	短	短	短	短	取决于分析能力
预测成本	低	中等	低	低	低	低	低	低

资料来源:根据于磊等编著《市场调查与预测》中表 10-1 整理所得。

7.4 定性预测方法的应用情境和具体方法

7.4.1 定性预测方法的应用情境

定性预测方法侧重于对事物未来发展作出性质和方向上的判断,其适用于以下情形:当缺乏大量详实的历史数据资料,需要借助预测者丰富的经验和综合分析能力;或当事物的影响因素众多,无法判断因素的重要程度,可以对事物进行综合分析;或对主要影响因素难以进行定量分析等的分析预测。针对不同的情况,需要选择适合的预测方法,才能得到准确的预测结果,下面将介绍几种常用的定性预测方法。

7.4.2 类推法

类推法是基于类推原则,利用实物之间的相似性,根据已知实物的发展情况和发展规律,推测其他类似事物未来发展变化趋势的一种定性预测方法。这种方法的基本思路是将存在于不同时间或者空间中的同类经济现象进行对比分析,找出某种规律,从而对预测对象的发展趋势进行推断。

根据类推对象的不同,类推法可以分为产品类推法、行业类推法、地区类推法和局部总体类推法。

1. 产品类推法

很多产品在功能、构造、用途、原材料、规格等方面具有很大的相似性,因而这些产品的市场发展规律往往也会呈现某种相似性,人们可以利用这种相似性进行类推。例如,可以利用黑白电视机的发展特性来类推彩色电视机的发展特性;利用直角平面电视机的发展特性类推纯平彩色电视机的发展特性;可以根据我国家用电冰箱的市场发展规律大致地推断家用空调的发展趋势。

2. 行业类推法

有不少产品的发展是从某一个行业开始,然后逐步向其他行业推广,因而可以利用产品前期所呈现出的特性,类推该产品后期的发展规律。而且产品每进入一个新行业,都会得到一些改进和创新,以适应新行业市场需要。例如,电脑最初是在科研和教育领域使用,然后才转向民用和家用的。以产品的发展变化情况,来类比某种新产品的发展方向和变化趋势。

3. 地区类推法

同一产品的发展在不同的地区往往会表现出先后时差,因此可以较早的地区产品的市场发展情况去推断其之后市场的发展。地区类推法有两类:一类是同一国家、不同地区之间的类推;另一类是不同国家之间的类推。例如,高档家电在城市和农村的发展规律,家用汽车在中国和日本、巴西的发展情况。

【示例 7-1】 某市下辖 A1、A2、A3、A4 四个区,各区人口及去年卷烟销量如表 7-2 所示,经过对 A1 区卷烟消费者的抽样调查,预测今年 A1 区的人均卷烟需求为 7.8 条/人。假设今年人口数不变,各区保持和去年同样的销售比率。请运用类推法,根据 A1 区情况预测各区今年的卷烟销售量。(保留 3 位小数)

表 7-2 某市去年四区卷烟销售量

区	A1	A2	A3	A4
实际销售量	150	185	146	228
人口(万人)	20	25	20	30

分析提示:

1. 确定预测目标。确定预测目标就是确定预测对象,以及预测的目的和要求。这里的预测目标是根据 A1 区今年的卷烟需求(7.8 条/人),预测今年 A2、A3、A4 各区的卷烟销售量。

2. 因为四个区同属一市,可以认为四个区的卷烟需求变化具有相同趋势。可采用地区类推法,将 Al 区今年卷烟需求(7.8 条/人)作为类推基准,预测 A2、A3、A4 区今年的卷烟需求,进而预测各区今年的卷烟销售量。

3. 具体类推计算如下:

1) 计算去年各区人均卷烟需求。

Al 区去年人均卷烟需求 = 150÷20 = 7.5(条/人)

A2 区去年人均卷烟需求 = 185÷25 = 7.4(条/人)

A3 区去年人均卷烟需求 = 146÷20 = 7.3(条/人)

A4 区去年人均卷烟需求 = 228÷30 = 7.6(条/人)

不妨把 Al 区的去年人均卷烟需求视为 1,则其余各区相对于 Al 区的去年人均卷烟需求相对值为:

A2 区相对值 = 7.4÷7.5≈0.987

A3 区相对值 = 7.3÷7.5≈0.973

A4 区相对值 = 7.6÷7.5≈1.013

2) 类推计算今年各区人均卷烟需求

已知 Al 区今年人均卷烟需求为 7.8 条/人,以此为类推基准,且其余各区相对值保持不变,则其余各区今年人均卷烟需求可类推得到:

A2 区今年人均卷烟需求 = 7.8×0.987≈7.699(条/人)

A3 区今年人均卷烟需求 = 7.8×0.973≈7.589(条/人)

A4 区今年人均卷烟需求 = 7.8×1.013≈7.901(条/人)

3) 计算各区今年卷烟销售量预测值

A1 区今年卷烟销售量预测值 = 20×7.8 = 156(万条)

A2 区今年卷烟销售量预测值 = 25×7.699 = 192.475(万条)

A3 区今年卷烟销售量预测值 = 20×7.589 = 151.78(万条)

A4 区今年卷烟销售量预测值 = 30×7.901 = 237.03(万条)

4. 局部总体类推法

局部总体类推法即由局部推算总体。这种方法主要是利用典型调查或抽样调查等研究局部的市场变化和发展规律,推算预测总体的市场发展情况;或者利用对某个企业的普查资料或某个地区的抽样调查资料,推算某一行业或整个市场的预测值。

【示例 7-2】 A 市烟草公司所辖地区有 750 万人,为了预测明年全市卷烟销售量,公司的经济运行处选择辖区综合消费、经济发展处于全地区中等水平的 B 县进行调查统计。经调查,B 县有 100 万人,预测明年全县销售卷烟 770 万条。请用对比类推法中的局部总体类推法,根据 B 县情况预测 A 市明年的卷烟销售量。

分析提示：

1. 确定预测目标。这里的预测目标是 A 市明年的卷烟销售量。

2. 收集整理资料，进行分析判断。根据调查，下辖的 B 县综合消费、经济处于全地区中等水平，有 100 万人，预测明年全县销售卷烟 770 万条，从而求得：

B 县明年人均卷烟消费量预测值＝销售量÷人口数＝770÷100＝7.7（条/人）

3. 运用局部总体类推法的原理，以明年 B 县人均卷烟消费量推断 A 市明年人均年卷烟销售水平，即明年 A 市人均卷烟消费量为 7.7 条，则可以预测 A 市明年的卷烟销售量：

A 市明年的卷烟销售量＝A 市人均年卷烟销售量×人口数＝7.7×750＝5 775（万条）

7.4.3　因素推算法

市场既要有某种需要的人，即消费者，又要有购买能力和购买欲望。只有这三个要素同时具备、相互结合，才能发生购买行为。因此，通过不同的数学模型，对市场因素进行推算，可以对市场需求进行预测。

若按照人口数和消费水平两个基本因素来推算市场需求量，则计算公式为：

$$D = P \times C$$

其中，D 为市场需求量的预测值；P 为人口数量（或者户数）；C 为每人（户）的消费水平或者消费量。

如果人口数处于静态，消费水平是动态变化的，则计算公式改为：

$$D = P \times [c \times (1+r)^n]$$

其中，n 表示期数（年或月）；r 表示消费水平的年增长率；c 表示基期消费水平。

如果每个人都需要商品，并且人口与消费水平都处于动态的变化中，则此时的计算公式为：

$$D = [p \times (1+x)^n \times f] \times [c \times (1+r)^n]$$

其中，f 表示总人口中消费者的比率；x 表示人口年增长率；p 表示基期人口数量。

其中，f、r 和 x 可以通过抽样调查法或者专家预测法进行估算。

【示例 7-3】　某城市 2013 年有 500 万人，据调查抽烟人数占总人数的比率为 25%，人口年增长率为 1.1%，当年每人平均消费香烟 0.08 箱。由于提倡不抽烟运动，预计抽烟率、每年每人平均消费水准在近期内保持相对稳定。请预测 2019 年该城市的香烟需求总量是多少？

解答：$D = 500 \times (1+1.1\%)^6 \times 25\% \times 0.08 \approx 10.67842$（万箱）

7.4.4 专家预测法

专家预测法基于预测的概率原则,根据市场预测的目的和要求,聘请与预测项目相关的专家组成预测小组,以座谈会的形式对预测对象及其未来发展进行预测及评价。在整个过程中,企业本身不参与预测,但是必须向专家组提供与预测对象相关的背景资料,最终对专家意见进行汇总,得出大家一致认可的市场发展趋势预测结果。专家预测法的应用情形一般有以下几种:历史资料不够完善甚至不存在相关历史资料,对比很难进行量化分析;或者需要对预测对象进行质的分析。常用的专家预测法有专家会议法和德尔菲法。

1. 专家会议法

专家会议法是指根据一定的原则,选定一定数量的、对预测对象有较丰富知识和经验的专家,按照一定的方式组成专家小组,进行会议座谈,集思广益、相互启发,对预测对象未来的发展状况和趋势作出判断的方法。

专家会议法的组织形式常用的有三种:第一种,头脑风暴法,即座谈过程中不设限制,鼓励专家独立思考、畅所欲言,充分表达意见;第二种,交锋式会议法,即专家在会议上围绕某一预测问题各抒己见、相互争论,最终达成一致或者较为一致的预测结论;第三种,混合式会议法,是对头脑风暴法的改进,故又称质疑头脑风暴法。它是将交锋式和非交锋式会议结合使用,首先开展非交锋式会议,收集各种想法与设想;其次进行交锋式会议;再次对提出的各种方案进行质疑并讨论,或者提出新的方案;最后就预测结论达成一致。

1) 专家会议法的实施步骤

第 1 步:做好会议准备工作。明确预测主题、预测人员,或者组织者收集并提供与预测对象相关的历史资料,并且确定会议时间和场所等。

第 2 步:聘请相关专家参加会议。专家人数一般控制在 8~12 位,必须要包括各个领域的、具有一定代表性的、在某方面具有丰富经验和渊博知识的专家。

第 3 步:控制会议进程。会议主持人向专家提供预先准备好的资料,给出预测题目,各位专家充分表达想法和意见,提出所有可能的预测方案。

第 4 步:形成最终预测方案。会议结束后,主持人将所有方案进行汇总,编制一览表,对所有方案进行比较、筛选、评价、归类和最终确定。

2) 专家会议法的优缺点

专家会议法的优点有:无限制的会议讨论形式有利于专家们表达意见和想法,产生更多和更全的想法,打破个人想法的局限性和片面性;专家们通过对话交换意见,彼此启发,激发思维共鸣,迅速有效地产生创新性成果;此外,此方法耗时短、费用低、成效快,能够在较短时间内为决策者找到决策的依据。

专家会议法的缺点有:参加会议的专家人数毕竟有限,虽然按照代表性的原则进行选择,但是可能存在代表不足的情况,进而影响结论的准确性;在讨论的过程中,专家的意见容易被权威意见左右,很多不同的想法可能会被压制或者无法表达;此外,某些专家由于表达能力的限制,很可能无法完全准确地表述出自己的观点,从而遗漏一些有价值的意见和观点。

2. 德尔菲法

德尔菲法(Delphi Method)是在 20 世纪 40 年代由赫尔姆和达尔克首创,后经过戈尔登和兰德公司进一步发展而成的。德尔菲这一名称起源于古希腊的一则神话,在一个叫做德尔菲的地方,有一座阿波罗神殿,传说阿波罗具有预见未来的能力。因此,这种预测方法被命名为德尔菲法。1946 年,美国兰德公司首次将这种方法应用于科技预测中,其后在美国和其他国家得到广泛应用。

德尔菲法是专家预测法中非常重要的一种方法,是采用匿名形式反复征询专家小组成员的意见,经过几轮的征询与反馈,对意见进行整理、归纳和统计,最终得出一致意见的一种方法。该方法实施的过程中,成员之间不直接接触,不得相互讨论,有效地克服了专家会议法中专家无法充分表达意见或者受到权威影响的缺点。

德尔菲法适用于以下情境:缺乏足够的预测资料;对预测对象进行长远期的预测或大趋势预测;影响预测的因素太多,无法判断各种因素的重要性;主观因素对预测事件的影响较大。

1) 德尔菲法的实施程序

德尔菲法的预测过程,大致包含三个阶段:预测准确阶段、轮番征询阶段以及结果处理阶段。

(1) 预测准备阶段。其包括:明确主题、准备资料;选择专家,建立小组。

首先,在预测工作进行之前,预测组织者应该确定预测主题,以及所要达到的目标。

其次,拟定调研提纲,限定预测期限,制作专家调查咨询表以及确定表格填写方式,明确调查表中包含预测的目的和主题以及调研的内容。所有的问题必须都是专家能够回答的问题,不设置与预测无关的问题。

再次,收集与预测主题相关的各种资料,并且对资料进行整理与加工。资料要足够充分,能让专家做出判断,同时又让他们节约时间和精力。如为专家提供企业的人员设置信息以及历年来企业经营的状况和相关的经营数据分析等。

最后,选择专家,建立小组。小组中的每一位专家都必须是与预测主题相关的某一方面的行家。专家必须对预测的问题有深入的研究,思维开阔、知识广博、经验丰富,能够独立思考判断。

根据课题的预测范围和深度,专家的人数一般控制在 10～15 人之间,最多不超过20 人。其分为三个组成部分:三分之一左右的人来自本企业,了解预测问题并有一定研究能力的专家；三分之一左右的是与本企业有密切业务往来的行业专家；最后一部分是社会上有一定影响力的研究型专家。

专家小组确定后，将所收集到的资料以及调查表提交给专家，请专家进行预测，提出意见；征询专家所缺的补充资料，并要求专家作出书面答复。不要求专家对结果给出精确的数值，专家可以进行粗略的估计，但可以要求其给出预计结果的准确度。

（2）轮番征询阶段。其包括四轮调研。

第一轮：开放式的首轮调研。组织者将调查表发给专家，不作任何限制，专家根据调查表中的预测内容提出意见，并将填写完成的表格寄回。组织者对调查表进行汇总，将同类事件进行归并，将次要事件进行排除，列成图表，并且分送给各位专家。

第二轮：评价式的第二轮调研。专家对列表中的不同意见进行对比、评价，并且修改自己的判断和意见。组织者对第二轮调研的结果再次整理，制定第三次调查表，表中包含事件、事件发生的中位数和上下四分点，以及事件发生时间在四分点外侧的理由。

第三轮：重审式的第三轮调研。专家对第三张调查表再次进行重申和评价，在第三轮调研中专家需要对有些预测的修改意见给出改变理由。组织者对专家们发生争议的意见进行重点整理，同样需要统计事件的中位数和上下四分点，制成第四张调查表。

第四轮：复核式的第四轮调研。基于第三轮的汇总结果，专家再次评价和预测。组织者根据统计的结果决定是否进行新一轮的论证。

一般来说，经过四轮调研，专家的意见趋于一致。但是有些预测可能不需要四轮论证，有些预测经过四轮预测也未必能够得到统一的结果，因此预测的步骤需视具体情况而定。

（3）结果处理阶段。在这一阶段，组织者需要将最后一轮专家的意见进行整理归纳，最终得出一致的结论，从而进行预测方案的制定。

第一，对量化预测结果的处理方法。

对数量和时间答案进行处理时，先将专家的预测结果按照从大到小或者从先到后的原则进行排列，计算极差、标准差、上下四分位数、中位数或者平均数。极差、标准差和上下四分位数用以反映专家意见的离散程度；中位数和平均值表示专家意见的集中程度，可作为最后的预测结果。

中位数是处于专家们预测结果的中间位置的预测数据，是最有可能发生的预测值。N 表示中位数的位置用公式表示为：当 n 是奇数时，$N = \dfrac{n+1}{2}$；当 n 是偶数时，N 处于 $\dfrac{n}{2}$ 和 $\dfrac{n}{2} + 1$ 之间。

上四分位数是用处于专家们预测结果的前 $\frac{1}{4}$ 位置的预测数据作为预测区间下限。

用公式表示为：当 n 是奇数时，$N = \frac{n+1}{4}$；当 n 是偶数时，N 处于 $\frac{n}{4}$ 和 $\frac{n}{4}+1$ 之间。

下四分位数是用处于专家们预测结果的后 3/4 位置的预测数据作为预测值。用公式表示为：当 n 是奇数时，$N = \frac{3(n+1)}{4}$；当 n 是偶数时，N 处于 $\frac{3n}{4}$ 和 $\frac{3n}{4}+1$ 之间。

预测区间值为上限与下限之差。

第二，对非量化预测结果的处理方法。

在对某些预测项目做重要程度排序，如对产品的外形、功能、商标、规格、包装、质量、等特征进行重要性排序；或对新产品的研发能否成功等进行非量化的预测时，通常采用评分法和比重法进行预测。

评分法常常用于产品各特征的重要性比较，或不同品牌的同类商品的质量评比等。

【示例 7-4】 某针织品公司请专家对今年以后运动衣裤的销售进行预测。要求在品牌、价格、式样、吸汗、耐穿等项目中，选择影响销售的三个主要项目，并按重要性排序。评分标准规定为：第一位给 3 分，第二位给 2 分，第三位给 1 分。第三轮专家征询意见为：赞成品牌排在第一位的专家有 61 人（专家总数为 82 人），赞成排第二位的有 13 人，赞成排第三位的有 1 人，弃权的有 7 人。则项目"品牌"得分为：

$$61 \times 3 + 13 \times 2 + 1 \times 1 = 210（分）$$

全部总分为：

$$82 \times (3 + 2 + 1) = 492（分）$$

故，"品牌"所占比重为：

$$210 \div 492 \approx 0.43$$

按照相同的计算方法，可得专家对其他四项比重的意见，分别为：价格 0.15，式样 0.30，吸汗 0.02，耐穿 0.10。据此得出，按照重要性排在前三名的项目依次为品牌、样式和价格。

比重法是指计算出专家对某个意见赞成的人数比例，然后以比例最高者作为预测的结果。

【示例 7-5】 某企业研制一种新产品，请 10 位专家对其成功与否进行预测，其中 7 人认为成功可能性高，而另 3 人持否定态度。如果采用比重法，成功比重为 $7 \div 10 = 0.7$，失败的比重为 $3 \div 10 = 0.3$。专家预测的协调性结果是：该新产品成功的可能性大。

2) 德尔菲法的特点

(1) 匿名性。采用德尔菲法进行预测时，预测专家之间互不相通，通过函件形式进行匿名交流。匿名的形式可以避免专家被权威人士的意见所左右，还可免受面对面会议的气氛或其他心理因素的影响。专家在不受任何干扰的情况下，独立地对预测问题进行论述和发表意见，且研究和思考的时间足够充分，保证了专家意见的客观性和充分性。

(2) 反馈性。德尔菲法会经过多轮的信息反馈。在每次论证中，专家发表意见，进行评价，针对不同观点进行辩论；论证后，组织者都会对专家意见进行整理、分析和反馈。这使得专家在相互不认识的情况下，同样可以了解到所有专家的意见，有助于专家们相互启发、取众之长、避己之短。

(3) 统计性。德尔菲法是基于所有专家的预测意见，采取统计学的计算方法而得到预测结果，既体现了专家意见的离散程度，又体现了专家意见的集中趋势，最终往往以概率的形式呈现结果。这样，所有专家的观点都会在统计结果中得到体现，克服了只取多数人观点的弊端。

(4) 趋同性。在征询每一轮的专家意见之后，组织者会对专家的意见统计和归纳，尤其是不同的意见，最终制成一览表反馈给专家，使得专家能够不断地修正自己的意见，从而使专家的意见逐渐趋同。德尔菲法在理论上和实践上，都实现了预测结果的趋同性，而这种趋同性又避免了会议讨论预测的从众性。

德尔菲法的这些特点使其成为诸多判断预测法中较为有效的一种。这种方法避免了专家会议法的缺点，能充分发挥每位专家的作用，且操作简单、预测准确性高、可靠性强、应用较广。但相对于专家会议法，这个方法过程相对复杂；历时较长；且在预测的过程中可能会出现回收率低或专家退出的情况，造成预测结论不够全面；在反复征询的过程中，专家主观性较强，不愿修改自己的观点，会使得结论显得强求一致。

【示例 7-6】 某公司开发出一种新产品，在大批生产之前，需要了解未来一定时期的市场需求情况。该公司采用德尔菲法征询 11 位专家的意见，最后一轮的调查结果为（单位：万件）：12.8，13.2，10.5，11，11.8，12，14，13.4，9.8，12.4，11.6。

试根据专家意见得出预测结果。

分析过程如下：

第一步，将最后一轮的调查结果按大小顺序排列为：9.8，10.5，11，11.6，11.8，12，12.4，12.8，13.2，13.4，14。

第二步，计算中位数、下四分位数、上四分位。

中位数的位置：$d = \dfrac{n+1}{2} = 6$（第六项），即 12。

上四分位数：$d_1 = \dfrac{n+1}{4} = \dfrac{11+1}{4} = 3$（第三项），即 11。

下四分位数：$d_2 = \dfrac{3(n+1)}{4} = \dfrac{3(11+1)}{4} = 9$（第九项），即 13.2。

预测区间：$13.2 - 11 = 2.2$。

第三步，结果分析。该种新产品在未来一定时期需要 12 万件，最少需要 11 万件，最多需要 13.2 万件。置信区间为 2.2 万件。

7.4.5　集合经验判断法

集合经验判断法是指利用集体的经验和智慧，通过思考分析、判断综合对未来市场的发展趋势作出预测的一种方法。这种方法集合了众人的意见，克服了个人知识和经验的局限性，突出了"三个臭皮匠顶一个诸葛亮"的特点。但是，集合经验判断法的结果也可能会受到个人能力、个性、心理因素和社会因素的影响，从而影响预测结果的正确性。相较于个人判断，集体判断的耗时更长。

1. 集合经验判断法的预测程序

（1）组建预测小组。邀请熟悉预测对象的有关单位和人员参与预测，如生产单位、销售单位、财务单位，专家、领导、业务人员、消费者等。向参与人员提出要求，即市场调查与预测人员根据企业经营管理的要求，向参加预测的经营管理人员提出预测项目和预测期限的要求，并尽可能提供有关的背景资料。

（2）作出预测结果。参与预测人员根据预测要求及掌握的资料，凭个人专业知识和实践经验进行分析判断，提出各自的预测方案，并且给予理由。若有需求，小组成员可进行充分讨论，调整预测结果。

（3）计算最终预测值。首先运用主观概率统计方法计算参与预测人员的预测方案期望值。方案期望值等于各种可能状态主观概率与状态值乘积；其次，利用加权平均法计算参与人员的综合期望值，并以此作为最后的预测值。

【**示例7-7**】　某企业对下一期的产品销售额进行预测，分别选取了 10 名营销人员、5 名部门主管人员以及副经理和总经理共同参与预测。预测者提出各自的预测值，如表7-3、表7-4、表7-5所示。

表 7-3　各部门主管人员销售预测值

单位：万元

预测人员	销售期望值	概率	预测期望值
营销科长	3 200	0.4	1 280
生产科长	3 100	0.3	930

(续表)

预测人员	销售期望值	概率	预测期望值
技术科长	3 050	0.1	305
财务科长	2 800	0.1	280
信息科长	2 900	0.1	290
平均期望值	—	—	3 085

表 7-4　经理销售预测值

单位:万元

预测人员	销售预测值	概率	预测期望值
总经理	3 200	0.4	1 280
副总经理	3 400	0.6	2 040
平均期望值	—	—	3 320

表 7-5　营销人员销售预测值

单位:万元

预测人员 (销售人员)	1	2	3	4	5	6	7	8	9	10
预测值	2 800	3 000	2 800	3 050	3 100	2 650	2 700	3 050	2 750	2 750

预测组织者对各类预测者的预测结果进行综合,计算各类综合期望值。

各部门主管人员的预期销售额期望值计算公式为:

$$\overline{x_1} = \sum x_{1i} p_{1i}$$
$$= 3\,200 \times 0.4 + 3\,100 \times 0.1 + 2\,800 \times 0.1 + 2\,900 \times 0.1$$
$$= 2\,160(万元)$$

经理的销售预期销售额期望值计算公式为:

$$\overline{x_2} = \sum x_{2i} p_{2i} = 3\,200 \times 0.4 + 3\,400 \times 0.6 = 3\,320(万元)$$

营销人员的销售预期销售额期望值计算公式为:

$$\overline{x_3} = \frac{\sum x_{3i}}{n} = \frac{2\,800 + 3\,000 + \cdots + 2\,750}{10} = \frac{28\,650}{10} = 2\,865(万元)$$

假设营销人员的权数为3,经理的权数为2,各部门主管人员的权数为1,则下一期销售预测值计算公式为:

$$\bar{x} = \frac{\sum x_i f_i}{\sum f_i} = \frac{2\,865 \times 3 + 3\,320 \times 2 + 3\,085 \times 1}{3 + 2 + 1} = \frac{18\,320}{6} \approx 3\,053.33(\text{万元})$$

7.4.6 其他预测方法

1. 指标推断法

指标推断法是通过间接调研所得的某项经济指标,根据经济指标与预测对象之间的关系,对事物的未来发展趋势进行分析、判断和预测的一种方法。通常指标推断法有三种:转导法、联测法、购买者意向法。

1) 转导法

转导法也称为连续比率法,是基于间接调研得到某项经济指标预测值,依据该指标与预测目标间的相关比率关系,转导出预测值的方法。这种方法简便易行,广泛应用于国际市场预测中。其预测模型计算公式为:

$$\hat{y} = G \cdot (1+k)\eta_1 \cdot \eta_2 \cdots \eta_n$$

其中,$\hat{y}$ 为预期目标的下期预测值;G 为本期参考经济指标的观察值;k 为参考经济指标的下期增长率或者下降率;$\eta_1 \cdot \eta_2 \cdots \eta_n$ 为相关经济联系的层次数比例。

【示例7-8】 某服装企业经营各类服装,试用转导法预测该企业儿童服装下一年度在某地区市场的销售额。预测步骤如下。

第1步:获取相关间接资料。首先,通过国家或当地政府公布的经济和社会统计资料,收集该地区市场本年度的商品零售总额及其下年度预计增长速度。假设该地区商品零售总额为 100 亿元,预计增长速度为 7%。然后,经过调研,收集得到该地区服装市场占该地区零售总额的比重、该企业经营服装在当地服装市场中的市场占有率和该企业的儿童服装占该企业服装销售额的比重,分别为 9%、5% 和 15%。

第2步:计算预测值。根据转导法模型,计算 2019 年该企业在某地区市场上儿童服装的销售额预测值为 550.8 万元。即:

$$\begin{aligned}
\hat{y} &= G \cdot (1+k)\eta_1 \cdot \eta_2 \cdots \eta_n \\
&= [100 \times (1+7\%)] \times 0.9 \times 0.05 \times 0.15 \\
&= 0.72225(\text{亿元})
\end{aligned}$$

第3步:对市场进行分析。根据预计值制定相应销售计划,为了使得计划贴近现实,还需要对市场情况进行分析。首先,分析市场环境因素,如人口、经济、社会文化等,对企业的经营状况的作用;其次,分析市场上的竞争情况,及时把握企业自身和主要竞争对手的市场占有率,对企业自身的竞争优势和劣势,以及存在的威胁和机会进行综合分析,并且对潜在竞争者做好应对措施;再次,分析市场的需求变化情况,把握消费者的需求数量、结构以及消费者的购买行为和态度变化的情况，预测绝大多数（80%以上）消费者能够接受的价格水平；最后，分析消费者易于接受的促销手段，增加企业的销售额，提升企业的市场占有率。对市场进行重合分析，结合预测值，企业就可以实施精准的营销方案。

2）联测法

联测法是一种以点推面的方法，即以一个企业的普查资料或某一个地区的抽样调查资料为基础，进行分析、判断、联测，确定某一行业乃至整个市场预测值的一种预测方法。在使用该方式时，选择的样本必须具有典型性、代表性，即能够反映总体的情况。

【示例7-9】 某空调品牌生产商为了开拓4个城市的空调需求市场，用联测法预测下一年度4个城市空调总需求量。

第一步，收集四个城市本年度空调销售数量和居民户数的资料，并计算销售率。

要想预测下一年度的销售数量，须在本年度做好调查工作，记录各个城市的销售数据。4个城市的本年度实际销售数量和家庭数量如表7-6所示。

表7-6　本年度四个城市空调销售数量和居民户数的资料

城市	x_1	x_2	x_3	x_4
实际销售量（台）	5 000	6 800	7 600	5 600
家庭（万户）	5	6	6.4	6.2
销售率 C_{x_i}（台/万户）	10%	11.3%	11.9%	9%

第二步，对一个城市进行抽样调查。考虑到企业的资金问题，对其中一个城市进行抽样调查，其他的城市采取联测。假设对城市 x_1 进行抽样调查，调查结果显示每100户家庭对空调的需求量为15台，即城市 x_1 的需求率为：

$$D_{x1} = \frac{15}{100} = 0.15$$

第三步，根据抽样结果，计算四个城市下一年度的空调需求率。本年度各个城市的销售率近似反映下一年度的需求差异，则两个城市的销售率之比近似于两个城市需求率之比：

$$\frac{C_{x1}}{C_{x_i}} \approx \frac{D_{x1}}{D_{x_i}}$$

则有：

$$D_{x_i} \approx \frac{C_{x_i} \cdot D_{x1}}{C_{x1}}$$

其中，C_{x_i} 为城市 x_i 的销售率；D_{x_i} 为待求的城市 x_i 的需求率。

则城市 x_2 的需求率为：

$$D_{x2} = \frac{0.113}{0.1} \times 0.15 = 0.1695$$

同理可计算得，城市 x_3、城市 x_4 的需求率为：

$$D_{x3} = 0.1785, D_{x4} = 0.135$$

第四步，根据城市需求率推算四个城市空调需求量。计算公式如下：

$$需求量 = 需求率 \times 居民户数$$
$$x_1 \ 城市需求量 = 0.15 \times 50\ 000 = 7\ 500（台）$$
$$x_2 \ 城市需求量 = 0.1695 \times 60\ 000 = 10\ 170（台）$$
$$x_3 \ 城市需求量 = 0.1785 \times 64\ 000 = 11\ 424（台）$$
$$x_4 \ 城市需求量 = 0.135 \times 62\ 000 = 8\ 370（台）$$

第五步，确定四个城市 2019 年空调需求量预测值为：

$$Y = 7\ 500 + 10\ 170 + 11\ 424 + 8\ 370 = 37\ 464（台）$$

联测法是以抽样调查资料为基础，以一个市场需求的需求率去推算其他市场的需求率。这种方法得到的预测值会和实际值之间存在一定的误差。因此在实际应用中，首先要确保对历史资料的准确统计；其次在抽样调查的过程中尽可能减少抽样误差；最后要分析实际的市场情况，使得预测值符合实际情况。

3）购买者意向法

购买者意向法是市场研究中一种较为常用的市场需求预测方法。这一方法又称买主意向调查法，是指通过一定的调查方式（抽样调查、典型调查等）选择一部分或全部的潜在购买者，直接了解他们未来某一时期（即预测期）购买商品的意向，并在此基础上对商品需求或销售作出预测的方法。在缺乏历史统计数据的情况下，可以这种方法取得数据资料，作出市场预测。

企业大部分销售量是由少数重要顾客贡献的，那么购买者意向法是一种比较适合的预测方法。在预测实践中，这种方法常用于中高档耐用消费品的销售预测。购买者意向调查法的适用条件有：①购买者的购买意向明确清晰；②这种意向会转化为顾客购买行为；③购买者愿意把其意向告诉调查者。

购买者意向法的预测程序为：

（1）设计购买意向调查表，将购买意向分为不同等级，每个等级中，有相应的概率来描述购买的可能性大小。一般分为 5 个等级："肯定购买"，购买概率是 100%；"可能购买"，购买概率是 80%；"未确定"，购买概率是 50%；"可能不买"，购买概率是 20%；"肯定不买"，购买概率为 0，如表 7-7 所示。

表 7-7　购买意向调查表

购买意向	肯定购买	可能购买	未定	可能不买	肯定不买
概率描述(P_i)	100%	80%	50%	20%	0

（2）利用各种市场方法，让选择出来的消费者填写调查表。在填写之前，要向被调查者详细说明调查商品及同类商品的各种特性，如价格、功能、用途等，消除调查对象的疑虑，作出准确判断，从而反映商品真实的需求状况。

（3）收回调查表，对调查结果进行汇总和统计。结果如表 7-8 所示。

表 7-8　购买意向汇总表

购买意向	肯定购买	可能购买	未定	可能不买	肯定不买
概率描述（p_i）	100%	80%	50%	20%	0
人数（户数）x_i	x_1	x_2	x_3	x_4	x_5

说明：x_i 为不同购买意向的人数；p_i 为不同购买意向的概率值。

按照购买意向汇总数据，计算购买比例期望值。计算公式为：

$$E = \frac{p_i x_i}{\sum x_i}$$

（4）计算购买量预测值。购买量预测计算公式为：

$$Y = EX$$

其中，E 为购买比例的期望值，X 为预测范围内总人数（总户数）。

【示例 7-10】　某电器销售公司要预测某市下半年音响设备的销售量，对该市居民进行音响设备购买意向调查。该市有 15 万户居民，样本为 500 户。调查资料显示：肯定购买有 8 户，可能购买有 20 户，未定有 40 户，可能不买有 200 户，肯定不买 232 户。

预测过程如下。

第一步，计算购买比例期望值：

$$E = \frac{p_i x_i}{\sum x_i} = \frac{8 \times 100\% + 20 \times 80\% + 40 \times 50\% + 200 \times 20\% + 232 \times 0}{500}$$

$$= \frac{8 + 16 + 20 + 40}{500} = 16.8\%$$

第二步，计算下半年音响设备销售量预测值：

$$Y = EX = 16.8\% \times 15 = 2.52（万件）$$

根据计算结果可知，该市下半年音响设备销售量预测值为 2.52 万件。

2. 厂长（经理）评判意见法

厂长（经理）评判意见法，就是由企业的负责人把与市场有关或者熟悉市场情况的各类负责人员召集起来，让他们对未来的市场发展形势或某类市场问题发表意见，并做出判断；然后，将各种意见汇总起来并对比分析研究和综合处理；最后得出市场预测结果。

厂长（经理）评判意见法的优点有：①迅速、及时和经济，无须复杂计算，预测费用低；②发挥集体智慧，集中了各个方面熟悉市场情况的、有经验的、中高级管理人员的意见，预测结果比较可靠；③无须大量统计资料的支撑，更适合于对那些不可控因素较多的产品进行销售预测；④如果市场发生了变化可以自行修正。

厂长（经理）评判意见法的缺点有：①预测结果容易受主观因素影响；②对市场变化、顾客愿望等问题的了解不细致，因此预测结果一般化。

【示例 7-11】 某厂厂长、业务科长、批发部主任对该厂明年产品销售额的估计，如表7-9所示。

表 7-9 不同人员对产品销售额的估计

项目	厂长	业务科长	批发部主任
最高销售额（万元）	850	800	900
概率	0.2	0.1	0.2
可能销售额（万元）	800	760	850
概率	0.7	0.7	0.6
最低销售额（万元）	750	720	780
概率	0.1	0.2	0.2

根据上述资料，试用主观概率法预测该厂明年产品的销售额。设权数：厂长为3，业务科长为2，批发部主任为1。

解答：厂长的预测值 $= 850 \times 0.2 + 800 \times 0.7 + 750 \times 0.1 = 805$（万元）

业务科长的预测值 $= 800 \times 0.1 + 760 \times 0.7 + 720 \times 0.2 = 756$（万元）

批发部主任的预测值 $= 900 \times 0.2 + 850 \times 0.6 + 780 \times 0.2 = 846$（万元）

明年的销售额预测值 $= (805 \times 3 + 756 \times 2 + 846 \times 1) \div 6 = 795.5$（万元）

3. 销售人员意见调查法

销售人员意见调查法是将有关销售人员的估计值汇总，并以此作为预测结果值。由于销售人员一般都非常熟悉市场，尤其是自己负责区域的市场，因此这一方法的预测结果具有较高的真实性和可信度。

销售人员意见调查法的优点有：①与厂长评判意见法一样，不需要经过复杂的运算，因此比较快速、省时。②销售人员对市场中的消费者和竞争对手熟悉，得到的预测数据比较准确可靠。

销售人员意见调查法的缺点有：①主观性较强，容易受到个人偏见的影响。销售人员若是求稳的心态，那么在进行预测的时候会降低预测值以确保任务的完成。有些销售人员比较积极乐观，那么其预测值可能会高于实际的销售额。②过度依赖销售人员的判断，容易忽视对总体市场（即整个市场系统）发展趋势的分析，而产生过于乐观或过于悲观的估计。

【示例 7-12】 某公司 4 位营业员对该公司明年产品的销售状况进行预测，其销售额及各种状态下的概率估计如表 7-10 所示。

表 7-10 4 位营业员对产品销量及概率的估计

单位：万元

预测人	最低值	概率	可能值	概率	最高值	概率
甲	850	0.3	950	0.4	1 100	0.3
乙	980	0.2	1050	0.7	1 200	0.1
丙	700	0.2	900	0.4	1 150	0.4
丁	850	0.3	1 000	0.5	1 100	0.2

已知甲、乙两位营业员的水平相当，他们的估计同样重要；丙的业务水平较高，其估计权数为甲或乙的 1.5 倍；丁的业务水平最高，其权数为甲或乙的 2 倍。试估计该公司明年销售额预测值。

解答：甲的预测值 = 1 100 × 0.3 + 950 × 0.4 + 850 × 0.3 = 965（万元）

乙的预测值 = 1 200 × 0.1 + 1050 × 0.7 + 980 × 0.2 = 1 051（万元）

丙的预测值 = 1 150 × 0.4 + 900 × 0.4 + 700 × 0.2 = 960（万元）

丁的预测值 = 1 100 × 0.2 + 1 000 × 0.5 + 850 × 0.3 = 975（万元）

销售额预测值 = （965 + 1 051 + 960 + 975）÷ 5.5 = 718.36（万元）

 思考题

1. 简述定性预测方法的概念、特点及步骤。

2. 什么是专家会议法？其有何优缺点？

3. 什么是德尔菲法？其有何优缺点？

4. 集经验判断法的预测小组如何组建？这种方法的使用范围如何？

5. 厂长评判意见法和销售人员意见法有何相似的特征？

6. 某商品年销售量采用德尔菲法得到的专家意见得分表如表 7-11 所示，试作分析和综合预测。

表 7-11 专家意见得分表

单位：万元

专家小组成员		第一次意见			第二次意见			第三次意见		
		最低销售量	最可能销售量	最高销售量	最低销售量	最可能销售量	最高销售量	最低销售量	最可能销售量	最高销售量
第一类专家	A	50	120	140	50	130	150	50	140	154
	B	70	140	160	70	130	150	70	130	148
	C	40	100	120	60	110	130	60	120	134
第二类专家	A	60	110	140	60	100	160	62	110	160
	B	80	120	150	70	110	140	68	128	140
	C	60	100	130	60	110	150	64	124	150
第三类专家	A	80	110	170	70	110	160	66	108	148
	B	60	100	160	70	120	160	80	120	156
	C	32	80	140	50	100	130	56	102	130
第四类专家	A	40	80	90	50	100	120	52	104	116
	B	60	100	110	70	80	110	68	86	112
	C	50	90	120	60	90	110	64	84	114
第五类专家	A	36	50	60	40	60	80	44	64	80
	B	40	60	80	48	64	100	48	60	100
	C	32	40	60	50	56	90	52	66	90
合计		—	—	—	—	—	—	904	1 546	1 932

案例分析题

[案例 1]

2030 年以后我国人均流量会达到 100 GB

在前段时间,中国信息通信研究院发布《中国宽带资费水平报告》,其中展示了我国 2020 年第二季度移动通信业务的情况。

其中,截至 2020 年第二季度末,我国移动数据流量平均资费为 4.3 元/GB,同比下降了 23.25%;用户月均移动数据使用量为 9.52GB,同比增长 33.8%;移动通信月户均支出为 47.8 元,同比略降 1.3%。不过在国际对比中,我国移动通信资费在全球处于偏低水平,移动通信用户月均支出在全部 239 个国家和地区中按价格由低至高排名第 86 位,低于全球 11.36 美元的平均水平,远低于美国、加拿大、韩国等国家。

不过随着我国 5G 网络建设的铺开，移动网络网速再次迈上一个台阶，以后我国用户月均移动数据使用量会逐渐增多。

而在近期召开的"2020 全球财富管理论坛"上，清华大学国家金融研究院院长、国际货币基金组织前副总裁朱民表示，国家的战略核心理念是数据流，数据流具体的体验是流量。

他表示，中国 2020 年的人均月流量是 9 GB，经济合作与发展组织（下文简称 OECD）国家的人均月流量是 6 GB，中国比 OECD 国家高 50%。

他还预计 10 年后中国人均流量会增长 10 倍，达到 100GB，OECD 国家将达到 50GB，中国将是（超过）发展中国家一倍的水平。

除了流量增长，朱民还预测，2030 年以后中国的物联网可以达到 100 亿元的规模，OECD 国家的大概是 50 亿元，中国的物联网规模同样是 OECD 国家的 1 倍或者 2 倍。

他认为，2030 年后智能手机销量可达 10 亿元级别，2020 年，我国的手机销量是 5 亿元级别，而物联网是 1 000 亿元级别的。如果 2030 年以后流量能达到 100 亿 GB，那么整个社会就全部连起来了。

那么你觉得，2030 年，我们的移动网络将会发展到一个什么样的情况呢？

资料来源：https://baijiahao.baidu.com/s?id = 1677106393786302767&wfr = spider&for = pc。

第 8 章

定量预测方法

大数据预测分析

1. 谷歌的意图

如果说有一家科技公司准确定义了"大数据"概念，那它一定是谷歌。根据搜索研究公司 ComScore 的数据，仅 2012 年 3 月一个月的时间，谷歌处理的搜索词条数量就高达 122 亿条。谷歌的体量和规模，使它比其他大多数企业拥有更多的应用大数据的途径。

谷歌搜索引擎本身的设计，就旨在让它能够无缝链接成千上万的服务器。如果出现更多的处理或存储需要，抑或某台服务器崩溃，谷歌的工程师们只要再添加更多的服务器就能轻松搞定。将所有这些数据集合在一起所带来的结果是：企业不仅从最好的技术中获益，同样还可以从最好的信息中获益。下面选择谷歌的三个亮点进行分析。

（1）谷歌意图。谷歌不仅存储了搜索结果中出现的网络链接，还会储存用户搜索关键词的行为。它能够精准地记录下人们搜索行为的时间、内容和方式，坐拥人们在谷歌网站进行搜索及经过其网络时所产生的大量机器数据。这些数据能够让谷歌优化广告排序，并将搜索流量转化为盈利模式。谷歌不仅能追踪人们的搜索行为，而且还能够预测出搜索者下一步将要做什么。用户所输入的每一个搜索请求，都会让谷歌知道他在寻找什么，所有人类行为都会在互联网上留下痕迹、路径，谷歌占领了一个绝佳的点位来捕捉和分析该路径。换言之，谷歌能在用户意识到自己要找什么之前预测出其意图。这种对海量人机数据进行抓取、存储、分析，然后据此进行预测的能力，就是数据驱动的产品的体现。

（2）谷歌分析。谷歌在搜索之外还有更多获取数据的途径。企业安装"谷歌分析"之类的产品来追踪访问者在其站点的足迹，而谷歌也可获得这些数据。网站还使用"谷歌广告联盟"，将来自谷歌广告客户网的广告展示在其站点，因此，谷歌不仅可以洞察自己网站上广告的展示效果，同样还可以对其他广告发布站点的展示效果一览无余。

（3）谷歌趋势。既然搜索本身是网民的"意图数据库"，当然可以根据某一专题搜索量的涨跌，预测下一步的走势。谷歌趋势可以预测旅游、地产、汽车的销售。此类预测最著名的就是谷歌流感趋势，跟踪全球范围的流感等病疫传播，依据网民搜索，分析全球范围内流感等病疫的传播状况。

2. eBay 的分析平台

早在 2006 年，eBay 就成立了大数据分析平台。为了准确分析用户的购物行为，eBay 定义了超过 500 种类型的数据，对顾客的行为进行跟踪分析。eBay 分析平台高级总监 Oliver Ratzesberger 说："在这个平台上，可以将结构化数据和非结构化数据结合在一起，通过分析促进 eBay 的业务创新和利润增长。"

（1）eBay 行为分析。在早期，eBay 网页上的每一个功能的更改，通常由对该功能非常了解的产品经理决定,判断的依据主要是产品经理的个人经验。而通过对用户行为数据的分析,网页上任何功能的修改都交由用户决定。"每当有一个不错的创意或者点子,我们都会在网站上选定一定范围的用户进行测试。通过对这些用户的行为分析,来看这个创意是否带来了预期的效果。"

(2) eBay 广告分析。更显著的变化反映在广告费上。eBay 对互联网广告的投入一直很大,通过购买一些网页搜索的关键字,将潜在客户引入 eBay 网站。

3. 塔吉特的"数据关联挖掘"

利用先进的统计方法,商家可以通过分析用户的购买历史记录来建立模型,预测未来的购买行为,进而设计促销活动和个性服务,避免用户流失到其他竞争对手那边。

美国第三大零售商塔吉特,通过分析所有女性客户购买记录,可以"猜出"哪些是孕妇。其发现女性客户会在怀孕四个月左右,大量购买无香味乳液。由此挖掘出 25 项与怀孕高度相关的商品,制作"怀孕预测"指数。推算出预产期后,就能抢先一步,将孕妇装、婴儿床等折扣券寄给客户。

塔吉特还创建了一套女性购买行为在怀孕期间产生变化的模型,不仅如此,如果用户从它们的店铺中购买了婴儿用品,它们在接下来的几年中会根据婴儿的生长周期定期给这些顾客推送相关产品,使这些客户形成长期的忠诚度。

4. 中国移动的数据化运营

通过大数据分析,中国移动能够对企业运营的全业务进行针对性的监控、预警、跟踪。大数据系统可以在第一时间自动捕捉市场变化,再以最快捷的方式推送给指定负责人,使他在短时间内获知市场行情。

(1) 客户流失预警。一个客户使用最新款的诺基亚手机,每月准时缴费、平均一年致电客服 3 次,使用有线等效保密协议和彩信业务。如果按照传统的数据分析,这可能是一位客户满意度非常高、流失概率非常低的客户。事实上,当搜集了包括微博、社交网络等新型来源的客户数据之后,这位客户的真实情况可能是这样的:客户在国外购买的这款手机,手机中的部分功能在国内无法使用,在某个固定地点手机经常断线,彩信无法使用——他的使用体验极差,企业正在面临流失该客户的风险。这就是中国移动一个大数据分析的应用场景。通过全面获取业务信息,在可能颠覆常规分析思路下作出的结论,打破传统数据源的边界,注重社交媒体等新型数据来源。通过各种渠道获取尽可能多的客户反馈信息,并从这些数据中挖掘更多的价值。

(2) 数据增值应用。对运营商来说,数据分析在政府服务市场上前景巨大。运营商也可以在交通、应对突发灾害、维稳等工作中使大数据技术发挥更大的作用。运营商处在一个数据交换中心的地位,在掌握用户行为方面具有先天的优势。作为信息技术的又一次变革,大数据的出现正在给技术和社会带来全新的发展方向,而谁掌握了这一方向,谁就可能成功。对于运营商来说,在数据处理分析上,需要转型的不仅是技巧和法律问题，更是思维方式，以商业化角度思考大数据营销。

资料来源：https://blog.csdn.net/weixin_44099558/article/details/85782339。

8.1 定量预测的概述

定量预测是基于大量的、详实的、准确的和完备的历史数据与资料，通过建立适合的数学模型，选择适当的计量方法，分析事物过去和现在的发展变化规律，进而推断事物未来的变化趋势。定量分析两个重要的组成部为详实的历史统计资料与数学模型，因此定量分析的分析结果更为准确与科学，但是数学模型以及算法固定，因此这个方法较为机械，对分析人员的数学分析基础要求较高。

根据数据类型的不同，定量预测可以分为两类。一类是对连续型数据的预测分析，有回归分析预测法与时间序列预测法。回归分析预测法是基于相关原则进行的预测，有线性回归或者非线性回归；时间序列预测法是关于季节性数据的预测，其是基于惯性原则。另一类是对离散型变量的预测分析，包含逻辑回归、决策树、神经网络、KNN、SUM、贝叶斯等方法，这些方法基于类推原则进行预测，又称为分类预测。此外，近年来还有一些方法得到了广泛的应用，如鱼骨分析法、生命周期预测法、灰色系统预测法、情景分析预测法、巴斯模型法等，这些方法具有其他预测方法无法替代的特点。

8.2 时间序列预测法

8.2.1 时间序列预测法的概述

时间序列是对同一现象进行观察，按照时间顺序将观察值排列为一组数字序列，即描述现象随时间变化的特征。通常观察的时间间隔可以是天、周、月、季、年等形式。时间序列预测法是根据已有的时间序列数据，分析事物的变化规律和发展趋势，从而预测事物未来的变化，借此为业务决策提供依据。因此在采用时间序列进行预测时，数据必须具备以下基本特征：①预测所依据的历史数据的变化具有较强的规律性，并且这种变化趋势会延续到未来；②预测所依据的数据由于受偶然性因素的影响，其变化具有不规则性。此方法不考虑事物发展之间的因果关系，仅研究事物随着时间变化的特征和规律。时间序列预测的方法有很多，有简单平均法、移动平均法、指数平滑法等较为传统的分析方法，也有 Box-Jenkins 的自回归滑动平均模型等现代分析方法。

在实际运用时间预测法时，往往遇到的数据较为复杂，因此需要根据具体的情况采用适合的方法进行预测，才能得到准确的预测效果。一般情况下，时间序列包含四种变动因素，而时间序列的发展会因这四种因素的不同组合形式呈现不同的特征。时间序列的四种变动因素为：①随机变动，序列中的数值维持在某一固定水平，不同时间点波动程度不同，但是不存在某种规律性，又称偶然变动。若序列只有随机变动，不存在趋势，则此类序列成平稳序列。②长期趋势，事物按时间序列在预测期内呈现出来的某种持续上升或持续下降的变动，其趋势可以是线性的，也可以是非线性的。③季节变动，1 年内观测值呈现出的周期波动，如旅游业出游人数的季节性波动；服装行业销售额的季节性波动等，这里的季节不仅是指一年四季，还包括任何一种周期性的变化。季节变化的时间序列可能会呈现一定的趋势，也可能是没有趋势的变化。④周期变动又称循环波动，是时间序列中呈现出来的一种围绕长期趋势的波浪形或振荡式波动。周期变动通常是由经济环境的变化引起，如某一商业活动、某一经济政策等。与趋势变动相比，周期变动不是单一的，是有涨有落的；与季节变动相比，周期变动缺乏规律性，变动周期在 1 年以上，且时长不定。若时间序列包含长期趋势、季节变动或周期变动中的一种因素或者几种因素的组合，则是非平稳序列。

　　传统时间序列分析方法是将时间序列中的四种因素分离出来，然后用一定的数学表达式呈现它们之间的关系，从而进行有侧重的分析。根据四种因素对时间序列的影响的不同，可分解为加法模型与乘法模型。加法模型的时间序列是将四种变动因素进行相加，$Y = T + C + S + I$，而乘法模型的则是将四种变动因素相乘，$Y = T \times C \times S \times I$。

8.2.2　时间序列预测法的步骤

　　时间序列预测法的重要工作就是依据已有的时间序列数据对事物未来的发展和趋势进行预测。由于时间序列数据包含四种不同的因素及其不同的组合形式，针对不同的因素采用的预测方法有所差异。因此在采用时间序列分析方法进行预测时，一般遵循以下步骤。

　　第 1 步，明确时间序列的类型。通常来说，所有的时间序列数据都会受到随机因素的影响，而且在市场研究中一般不考虑周期变动因素，因此只需确定长期趋势和季节变动因素。若时间序列数据不含趋势变动和季节变动，只含随机成分，即平稳序列。对于长期趋势的确定，可以通过绘制散点图来判断时间序列是否存在趋势，以及是线性趋势还是非线性趋势。若存在线性趋势，则可利用回归分析对趋势线进行拟合，并检验回归系数的显著性，最终得出结论。对于季节变动因素的确定，根据一年以上的时间序列分析，并且观察值按照天、周、月、季的时间周期记录，通过绘制折线图的方法来判断周期长短。

　　第 2 步，选择预测方法。根据时间序列的类型，找出适合此数据的预测方法。对于平稳序列，可以采用平滑预测方法消除偶然因素。平滑预测方法又称平滑法，具体方法有简单平均法、移动平均法、指数平滑法,这种方法不仅可以对时间序列进行短期预测,还可以描述序列的趋势(线性趋势或非线性趋势)。对于含有长期趋势的时间序列,可以用趋势预测方法外推预测,具体方法有线性趋势预测、非线性趋势预测和自回归模型预测。对于含有随机、趋势、周期和季节四种因素的复合数据,需将四种因素分别分解出来,进而预测,采用的分解模型为:$Y = T \times C \times S \times I$。具体预测方法有季节性多元回归模型、季节自回归模型和时间序列分解法预测。

第 3 步,应用适合的预测方法进行预测分析。

以下将逐一介绍各种时间序列方法及其具体应用。

8.2.3 平滑预测方法

1. 简单平均法

简单平均法是以历史数据的算术平均数、加权算术平均数和几何平均数等来预测下一期的数据。这类方法模型简单,操作方便,当时间序列没有明显趋势且变化不明显时,可运用此方法进行短期或者近期预测。

1) 算术平均法

算术平均法是把历史数据加以算术平均,并以平均数作为预测对象预测值的方法。预测模型计算公式为:

$$\overline{FA}_{t+1} = \frac{1}{t} \sum_{i=1}^{t} A_i$$

其中,$\overline{FA}_{t+1}$ 为算术平均数的预测值;A_i 为第 i 个历史数据的观测值;t 为历史数据的个数。

算术平均法认为所有数据对未来影响效果相同,事实上,越是靠近平均数的数据对未来的作用越强,因此该方法的预测的结构不够准确。

2) 加权平均法

加权平均法是对历史数据中每个数值的重要程度赋予相应权数,并以加权算术平均数作为预测对象的预测值。一般来说,距离预测值近的历史数据比离预测值远的历史数据重要,因此近期数据的权数高于远期数据。此方法在算术平均法的基础上,进一步考虑了数据的重要性,因此预测结果更为科学。预测模型计算公式为:

$$\overline{FW}_{t+1} = \frac{\sum_{i=1}^{t} W_i A_i}{\sum_{i=1}^{t} A_i}$$

其中,$\overline{FW}_{t+1}$ 为加权平均数的预测值;A_i 为第 i 个历史数据的观测值;W_i 为第 i 历史数据的权数。

3）几何平均法

几何平均法是以历史数据的几何平均数作为预测值并进行预测。其预测模型计算公式为：

$$\overline{FG}_{t+1} = \sqrt[n]{A_1 \cdot A_2 \cdots A_n} = \sqrt[n]{\prod A_i}$$

从上式可知，若历史数据中的某一观察值增加 r 倍，而另一观察值缩小 r 倍，计算所得的几何平均数不会发生变化。这一特征是其他平均法所不具备的，因此几何平均法对于消除历史数据的随机波动效果更好，更能反映事物发展的现象与趋势。几何平均法常用于计算预测目标的发展速度，然后再借此进行预测，如预测经济发展的总体水平。

主要预测步骤如下：①利用 n 个历史数据计算环比发展速度 R_i。②根据环比发展速度计算平均发展速度，即几何平均数 $\overline{RG}$。③将几何平均数乘以当期的历史数据得出预测值。其预测模型计算公式为：

$$\overline{FG}_n = \sqrt[n-1]{R_1 \cdot R_2 \cdots R_{n-1}} = \sqrt[n-1]{\prod R_i}$$

虽然几何平均法具有其他平均法没有的优势，但是以下两种情形不适合采用此方法：①历史数据之间的差异较大；②历史数据起始数据和末端数据过大或者过小。

2. 移动平均法

移动平均法是用距离预测对象最近的一组历史数据（实际数据值）的平均数作为预测值的一种方法。移动平均法根据预测时各元素权重的不同，分为简单移动平均法和加权移动平均法。

移动平均法的基本思想是：根据时间序列资料逐项推移，依次计算包含一定项数的序时平均值，以反映预测对象的长期趋势。因此，当时间序列的数值由于受周期变动和随机波动的影响，起伏较大，不易显示出事件的发展趋势时，使用移动平均法可以消除这些因素的影响，显示出事件的发展方向与趋势（即趋势线），然后依趋势线分析预测序列的长期趋势。

1）简单移动平均法

简单移动平均法认为历史数据中各数值的作用等同，即各数据权重相等。其预测模型计算公式为：

$$F_t = \frac{(A_{t-1} + A_{t-2} + A_{t-3} + \cdots + A_{t-n})}{n} = \frac{1}{n} \sum_{i=t-n}^{t-1} A_i$$

其中，F_t 为 t 期的预测值；n 为移动平均的时期间隔；A_{t-1}、A_{t-2}、A_{t-3}、A_{t-n} 分别为一期、两期、三期和 n 期的实际值。

2）加权移动平均法

加权移动平均法给予固定跨越期限内的每个实际值不同的权重。此方法的原理是，不同时期的历史数据对预测对象的影响不同,越接近预测期的历史数据的影响力越强,因此赋予其更高的权重。

加权移动平均法的预测模型计算公式为:

$$F_t = W_1 A_{t-1} + W_2 A_{t-2} + W_3 A_{t-3} + \cdots + W_n A_{t-n}$$

其中,W_1、W_2、W_3、W_n 分别为 $t-1$、$t-2$、$t-3$ 直到 $t-n$ 期历史数据实际值的权重。

运用加权平均法时,往往采用经验法和试算法确定权重。通常情况下,近期的数据权重大,远期的数据权重小。但是,如果数据变化具有季节性,则权重变化相应也是季节性的。

移动平均法通过移动平均消除时间序列中的随机变动和其他变动,从而揭示出时间序列的长期趋势。其具有以下特点:①移动平均时距项数 N(时间间隔)是相对固定的。②移动平均对原序列有修匀或平滑的作用,消减了原序列的上下波动。加大移动平均时距项数(即加大 N 值)会使平滑波动效果更好,但会使预测值对数据实际变动更不敏感。③移动平均法需要依据大量的历史数据。④随着预测期的不断推进,每次引进一个新的数据,同时相应剔除距离预测期最远的一个历史数据,因此移动平均法具有移动的特点。

移动平均法通过移动平均消除时间序列中的随机波动和其他变动,从而揭示出时间序列的长期趋势,但移动平均法运用时也存在着如下问题:①移动平均法预测是基于历史数据进行预测,因此对未来波动强度更大的对象预测效果较差,并不能很好地反应未来趋势。②移动平均时距项数越大(即加大 N 值),预测值对数据实际变动敏感性越差。③当移动平均时距项数 N 为奇数时,只需进行一次移动平均,其移动平均值可作为移动平均项数的中间一期的趋势代表值;而当移动平均时距项数 N 为偶数时,中位数有两个,因此需要进行两次移动平均。④当序列包含季节变动时,移动平均移动平均时距项数 N 应与季节变动长度一致,这样才能消除其季节变动;当序列包含周期变动时,平均时距项数 N 应和周期长度基本一致,这样才能较好地消除周期波动。

3. 指数平滑法

指数平滑法是通过对过去的观察值加权平均进行预测,使下一期的预测值等于当期实际观察值与当期预测值的加权平均值。其是从移动平均法发展而来,是一种特殊的加权移动平均法,在不舍弃历史数据的前提下,提高了离预测期较近的历史数据的权数,权数由近到远按指数规律递减,因此称指数平滑。指数平滑法有一次指数平滑法、二次指数平滑法和三次指数平滑法等。这里主要介绍一次指数平滑法。

一次指数平滑法是将一段时期的预测值与观察值的线性组合作为下一期的预测值,预测模型计算公式为:

$$F_{t+1} = \alpha A_t + (1-\alpha) F_t$$

其中,α 为平滑系数($0 \leqslant \alpha \leqslant 1$);$A_t$ 为 t 期的历史数据实际观察值;F_t 为 t 期的预测

值,当 $t=1$ 时候,$F_1=A_1$。

在使用指数平滑法时,平滑系数数值的确定至关重要,不同取值会带来不同的预测结果。当平滑系数取值为 0 时,下一期的预测值与当期预测值相同;当平滑系数为 1 时,下一期的预测值为当期的实际值。平滑系数越接近 1,说明当期历史数据实际值的作用越大,因此预测结果对时间序列变化的敏感性越强。相反,当平滑系数越接近 0,当期历史数据预测值的作用越小,因此预测结果对时间序列变化的敏感性越差。

在实际应用过程中,平滑系数的取值一般小于或等于 0.5。为了减少预测误差,可以试用多个平滑系数,选择预测误差最小的系数值。若平滑系数最终值大于 0.5,说明时间序列中的波动过大或者存在某种趋势。

8.2.4　趋势预测方法

若时间序列存在某种长期趋势,并且这种趋势能够延续到未来,则可以使用趋势进行外推预测。这种趋势有线性的也有非线性的。趋势序列的预测方法主要有线性趋势预测、非线性趋势预测和自回归模型预测。

1. 线性趋势预测

线性趋势是指现象随着时间的推移而呈现稳定增长或下降的线性变化规律。

线性趋势计算公式为:

$$\hat{Y}_t = b_0 + b_1 t$$

其中, t 为时间;$\hat{Y}_t$ 为时间序列的预测值;b_0 为截距项;b_1 是趋势线斜率,表示时间 t 变动一个单位,观察值的平均变动数值。

2. 非线性趋势预测

时间序列数据若是随着时间的变化呈现线性趋势,则使用线性趋势预测对趋势进行直线拟合,但是很多时候伴随时间的变化数据会呈现出某种非线性的变化趋势,此时则需要对时间序列采用非线性的趋势预测,拟合适当的趋势曲线。

通常情况下,可以先根据散点图绘制观察值与时间之间的变化曲线,然后与各类函数曲线模型比较,进而选择适合的模型。由于有些模型较为相似,无法判别图形,因此在实际预测过程中,可以同时对多个模型进行测算,然后选择标准误差最小的模型作为预测模型。这些过程都可以通过 SPSS 软件直接实现。

8.2.5　季节性预测方法

1. 季节性预测方法预测步骤

对含有长期趋势、季节变化、周期变化和随机波动的时间序列进行预测时,首先将各个因素依次从时间序列中分解出来,然后再进行预测。分解模型计算公式为:

$$Y_t = T_t \times S_t \times I_t \times C_t$$

某些情况下，时间序列的数据量比较有限，而周期成分的分析需要有多年的数据，在进行预测的时候会不考虑周期因素。

季节性预测的具体预测方法有季节性多元回归模型、季节性自回归模型和时间序列分解法预测。时间序列分解法预测步骤为：

第 1 步，运用移动平均法计算移动平均数，消除波动，得到序列 TC。①测量数据的次数或周期 K；②用移动平均法消除波动，对 K 个数据取均值，③当 K = 奇数时，首行位置为 $\frac{K+1}{2}$，处理好的数据与原始数据是对称的；④当 K = 偶数时，首行位置为 $\frac{K}{2}+1$，处理好的数据与原始数据不对称，需要再进行二项移动平均；⑤处理好的数据等于 $T \times C$。

第 2 步，求季节因子 $Si = \frac{Y}{TC}$。如果每年的 S_i 不同，再用移动平均法进行修正，$\sum_{i=1}^{4} S_i = K = 4$；如果不等于 4，用 $\frac{S_i \times 4}{\sum S_i}$ 公式进行修正。

第 3 步，趋势 $T = \beta_0 + \beta_1 \cdot t$，用回归分析求 β_0 和 β_1，自变量为时间 t，因变量为移动平均值 TC。

第 4 步：根据求得的 β_0 和 β_1，代入原始数据，求得每年的长期趋势估计值 T_t。

第 5 步：用 $Y_t = T_t \times S_i$ 进行预测。

2. 季节性预测方法的应用

根据某地区某啤酒品牌商家的销量数据，对下一期的啤酒销量进行预测。其销量数据如表 8-1 所示。

表 8-1 某地区某啤酒品牌商家的销量数据

单位：万箱

年份	季度	啤酒销量	年份	季度	啤酒销量	年份	季度	啤酒销量
2005	1	25	2007	1	29	2009	1	29
2005	2	32	2007	2	39	2009	2	42
2005	3	37	2007	3	50	2009	3	55
2005	4	26	2007	4	35	2009	4	38
2006	1	30	2008	1	30	2010	1	31
2006	2	38	2008	2	39	2010	2	43
2006	3	42	2008	3	51	2010	3	54
2006	4	30	2008	4	37	2010	4	41

数据来源：CPDA 培训教学案例

分析步骤有如下几步。

第 1 步,测量数据的 K 值为 4,运用四项移动平均和两项移动平均计算序列 TC,结果如表 8-2 所示。

表 8-2 Excel 分析数据过程及结果

单位:万箱

年份	季度	时间	啤酒销量	四项移动平均值	两项移动平均值	SI	SI 平均值	每年 SI	长期趋势估计值	预测值
2005	1	1	25					0.79	31.35	24.75
2005	2	2	32					1.04	31.91	33.13
2005	3	3	37	30.00	30.63	1.21	1.27	1.27	32.46	41.24
2005	4	4	26	31.25	32.00	0.81	0.89	0.89	33.01	29.28
2006	1	5	30	32.75	33.38	0.90	0.79	0.79	33.57	26.49
2006	2	6	38	34.00	34.50	1.10	1.04	1.04	34.12	35.43
2006	3	7	42	35.00	34.88	1.20		1.27	34.67	44.05
2006	4	8	30	34.75	34.88	0.86		0.89	35.23	31.24
2007	1	9	29	35.00	36.00	0.81		0.79	35.78	28.24
2007	2	10	39	37.00	37.63	1.04		1.04	36.33	37.73
2007	3	11	50	38.25	38.38	1.30		1.27	36.89	46.86
2007	4	12	35	38.50	38.50	0.91		0.89	37.44	33.21
2008	1	13	30	38.50	38.63	0.78		0.79	38.00	29.99
2008	2	14	39	38.75	39.00	1.00		1.04	38.55	40.03
2008	3	15	51	39.25	39.13	1.30		1.27	39.10	49.68
2008	4	16	37	39.00	39.38	0.94		0.89	39.66	35.17
2009	1	17	29	39.75	40.25	0.72		0.79	40.21	31.74
2009	2	18	42	40.75	40.88	1.03		1.04	40.76	42.33
2009	3	19	55	41.00	41.25	1.33		1.27	41.32	52.49
2009	4	20	38	41.50	41.63	0.91		0.89	41.87	37.13
2010	1	21	31	41.75	41.63	0.74		0.79	42.42	33.48
2010	2	22	43	41.50	41.88	1.03		1.04	42.98	44.63
2010	3	23	54	42.25				1.27	43.53	55.31
2010	4	24	41					0.89	44.09	39.10
2011	1	25						0.79	44.64	35.23
2011	2	26						1.04	45.19	46.93
2011	3	27						1.27	45.75	58.12
2011	4	28						0.89	46.30	41.06

第 2 步，将啤酒实际销量除以 TC，得到季节因子 SI，并计算季节因子的平均值，结果如表 8-2 所示。

第 3 步，回归分析求 β_0 和 β_1，自变量为时间 t，因变量为移动平均值 TC。

如表 8-4 所示，回归模型整体具有统计学意义；如表 8-3 所示，拟合优度较高；如表 8-5 所示，系数的显著性较强，β_0 为 30.79793，β_1 为 0.553665。

表 8-3   回归统计

Multiple R	0.970921
R Square	0.942688
Adjusted R Square	0.939504
标准误差	0.829773
观测值	20

表 8-4   方差分析

项目	df	SS	MS	F	sig
回归分析	1	203.8527	203.8527	296.0726	1.27E-12
残差	18	12.39341	0.688523		
总计	19	216.2461			

表 8-5   系数

单位：万箱

项目	系数	标准误差	t	P-value	Lower	Upper	下限	上限
常量	30.79793	0.442948	69.52942	2.47E-23	29.86733	31.72853	29.86733	31.72853
年份	0.553665	0.032177	17.20676	1.27E-12	0.486064	0.621267	0.486064	0.621267

第 4 步，根据求得的 β_0 和 β_1，代入原始数据，求得每年的长期趋势估计值 T_t，结果如表 8-2 所示。

第 5 步，用 $Y_t = T_t \times S_i$ 进行预测，求得预测值，如表 8-2 所示，2011 年第一至第四季度的啤酒销量预测值分别为 35.23 万箱、46.93 万箱、58.12 万箱、41.06 万箱。

8.3 回归分析预测法

8.3.1   回归分析预测法概述

1. 回归分析预测法的含义与步骤

回归分析预测法又称因果分析预测法，是在固定一个变量数值的基础上，利用回归方程以具有相关关系的变量测算另一个变量取值的平均数的方法。它是在相关分析的基础上,建立相当于函数关系式的回归方程,用以反映或预测相关关系变量的数量关系及数值。

回归分析预测法包含:线性回归预测法、非线性回归预测法以及逻辑回归预测方法。每种方法的预测原理以及具体预测步骤将在下一小节进行具体阐述。

回归分析预测法的步骤如下:①根据预测目标,确定自变量和因变量;②相关性分析;③因果性分析;④参数检验,计算预测误差;⑤进行预测。利用回归预测模型计算预测值,并对预测值进行综合分析,确定最后的预测值。

2. 相关分析

1) 相关分析的含义

在市场经济现象中,想探索两个变量之间的关系,如某商品的销售量与人口之间的关系,生产中各种因素与总成本之间的关系,广告费用和销售额之间的关系。这些变量之间的关系存在一定的规律,但是无法用确定的数学函数进行度量,则称为相关关系。相关分析用以分析两个变量或者多个变量之间的关联程度和关联形式。若变量之间互为因果,可以再通过回归分析,来确定变量之间的数量关系,进而用于生产控制和预测,或者说预测对比函数关系。

2) 相关分析的步骤

第 1 步,绘制散点图。在对变量进行相关分析之前,可以先绘制散点图进行探索性分析。两个变量之间的相关关系,通过散点图就可以进行观察,一般情况下,存在三种情形:第一种是变量之间具有线性相关关系;第二种是变量之间具有非线性相关关系,或者说曲线相关;第三种是变量之间不存在明显的关系。若是分析多个变量之间的相关关系,可以采用矩阵散点图进行探索。

第 2 步,计算相关系数。通过散点图或者说通过转换之后确定变量之间的相关关系,并且是线性相关的,则可以计算变量之间的相关系数。SPSS 软件或者其他统计软件中,能够同时实现对多个变量之间的相关系数的计算。相关系数计算公式如下:

$$r = \frac{cov(X, Y)}{\sigma_X \sigma_Y} = \frac{N \sum XY - \sum X \sum Y}{\sqrt{N \sum X^2 - (\sum X)^2} \sqrt{N \sum Y^2 - (\sum Y)^2}}$$

其中,$-1 \leqslant r \leqslant 1$。当 $r > 0$,X 与 Y 之间存在正相关;当 $r < 0$,X 与 Y 之间存在负相关;当 $r = 0$,X 与 Y 之间完全不相关;当 $|r - 1| = 1$,X 与 Y 之间完全相关。

该相关系数称为线性相关系数,又可称为 person 相关系数,是描述两个变量之间的线性关系的,其数值体现了两个变量之间相关联的强度。通过其数值的绝对值判断变量之间的相关程度,绝对数值越大相关性越强。当相关系数大于等于 0.8 时,变量之间高度相关;当相关系数介于 0.5 到 0.8 之间时,变量之间中度相关;当相关系数介于 0.3 至

0.5 时,变量之间相关性较低;当相关系数小于 0.3 时,变量之间相关性非常弱,可直接视作变量之间不存在线性相关性,但是可能存在非线性关系。

第 3 步,检验相关系数。对相关系数进行统计检验,确定其是否具有统计意义,能否推广到总体上。

检验的原假设为:相关系数等于 0。

检验的备选假设:相关系数不等于 0。

当给出的相伴概率 sig 或 P 值小于 0.05 时,拒绝原假设,这说明相关系数具有统计学意义,能够对此进行总体推广。

3）相关分析的案例

根据某单位员工工作年限与忠诚度的情况,分析工作年限与忠诚度之间的相关关系。某单位员工工作年限与忠诚度的情况如表 8-6 所示。

表 8-6　某单位员工工作年限与忠诚度的情况

员工编号	工作年限	工作忠诚度
1	3	56
2	2	45
3	5	67
4	9	87
5	11	88
6	5	66
7	8	81
8	9	88
9	1	16
10	1	17
11	1	14
12	4	60
13	2	33
14	5	66
15	8	89
16	13	90
17	19	100

SPSS 中演示,先绘制散点图,依次点击"图形""旧对话框""散点图",可得工作忠诚

度和员工工作年限之间的三点图,两个变量之间存在明显的相关关系。员工忠诚度与员工工作年限的关系如图 8-1 所示。

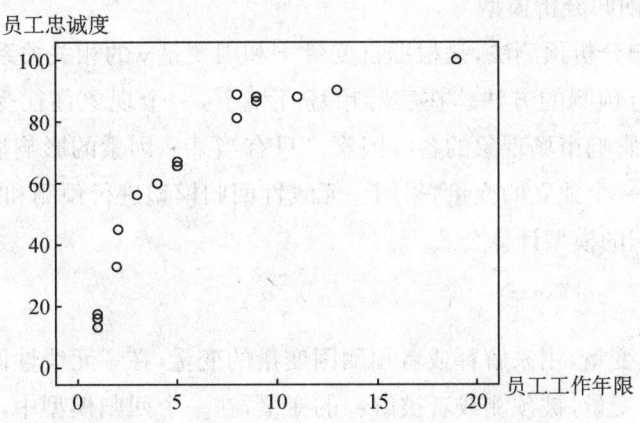

图 8-1　员工忠诚度与员工工作年限的关系

然后计算相关系数并进行假设检验,依次点击"分析""相关""双变量""确定"。相关分析结果如表 8-7 所示。

表 8-7　相关分析结果

项目		员工工作年限	员工忠诚度
员工工作年限	Pearson 相关性	1	0.867*
	显著性(双尾)		0.000
	N	17	17
员工忠诚度	Pearson 相关性	0.867*	1
	显著性(双尾)	0.000	
	N	17	17

说明:* 在置信度(双测)为 0.01 时,相关性是显著的;N 表示样本数量。

如表 8-7 相关分析结果所示,员工工作年限和员工忠诚度之间的相关系数为 0.867,两者之间高度相关,且显著性在 0.01 水平下,具有统计学意义。

3. 相关与回归的区别和联系

相关分析的目的是测量变量之间的关联程度,判断的依据是相关系数,相关分析的结果一般作为中间变量,且作为回归分析的基础。因此,在对变量进行回归分析之前,一个重要步骤就是分析变量之间的相关关系,若存在相关关系,则能进一步进行回归分析。

8.3.2　回归预测模型

1. 线性回归模型及 SPSS 应用案例

线性回归模型是指因变量和自变量之间呈现直线关系,是回归分析预测法中最简单和最常用的预测法。根据影响因变量的自变量个数,线性回归模型可以分为一元线性回归模型和多元线性回归模型。

1) 一元线性回归分析模型

一元线性回归分析预测法,是根据自变量 x 和因变量 y 的相关关系,建立 x 与 y 的线性回归方程并进行预测的方法。在实际市场环境下,一个现象往往受到多个因素的影响,必须综合分析影响市场现象的各种因素。只有当某一因素的影响显著高于其他因素时,才可将其作为一个独立的变量,采用一元线性回归模型进行预测和控制。

一元线性回归的模型计算公式为:

$$y = a + bx + \varepsilon$$

其中,x 为自变量,用来解释或者预测因变量的变量,在一元线性回归模型中只有一个自变量;y 为因变量,被预测或者被解释的变量,在一个回归模型中,因变量只有一个;ε 为随机误差,或者称为残差项,是一个期望为 0 的随机变量,满足正态分布;a、b 均为参数,b 又称为回归系数,表示每增加一个单位 x,y 的平均量增加。

模型一般采用最小二乘法,即计算因变量观测值与实际值之间距离的平方和最小的那条直线的方程。并对参数 a、b 进行估计,则计算公式为:

$$a = \bar{y} - b\bar{x}$$

$$b = \frac{n\sum x_i \cdot Y_{i.} - \sum x_i \cdot \sum y_i}{n\sum x_i^2 - (\sum x_i)^2}$$

一元线性回归分析预测的步骤如下:

第 1 步,根据预测目标,确定自变量和因变量;

第 2 步,相关性分析,对只具有线性相关的变量进行回归分析;

第 3 步,因果性分析,$\hat{y} = \beta_0 + \beta_1 x + \varepsilon$;

第 4 步,计算参数,一般通过 Excel、SPSS 等统计软件实现;

第 5 步,参数检验,一元线性回归模型有三个假设检验:①整体线性关系检验,检验回归分析结果是否存在线性关系,以此作为散点图判断的补充;②斜率检验,检验自变量对因变量的影响是否显著;③常数检验,检验回归方程的常数是否为 0。

其中,对于整体线性的检验为 F 检验,斜率和常数的检验为 t 检验,相伴概率小于 0.05,拒绝原假设。

我们可以利用一元线性回归分析模型进行预测和控制。预测是指通过自变量 x 的取值来预测因变量 y 的取值;控制是指通过确定因变量 y 的取值来控制自变量 x 的取值。在进行预测或者控制时,为了确保取得较好的效果,自变量和因变量的取值尽量保持在原有数据范围内。

对回归结果的评价,可以从以下几个方面判断:统计检验的显著性,sig 小于 0.05 表示显著性较好;判定系数,其度量了回归方程的拟合效果,数值越大,效果越好;回归系数是否与事先的预期相一致;残差项是否符合正态分布。

下面我们来看看一元回归模型分析的应用案例。根据某企业现有广告投放与销售额的情况,进行回归分析,对销售额进行预测。某企业广告投放与销售额的情况如表 8-8 所示。

表 8-8 某企业广告投放与销售额的情况

时间	广告	销售(万元)	时间	广告	销售(万元)
1	4.69	12.23	13	5.15	12.27
2	6.41	11.84	14	5.25	12.57
3	5.47	12.25	15	1.72	8.87
4	3.43	11.10	16	3.04	11.15
5	4.39	10.97	17	4.92	11.86
6	2.15	8.75	18	4.85	11.07
7	1.54	7.75	19	3.13	10.38
8	2.67	10.50	20	2.29	8.71
9	1.24	6.71	21	4.90	12.07
10	1.77	7.60	22	5.75	12.74
11	4.46	12.46	23	3.61	9.82
12	1.83	8.47	24	4.62	11.51

SPSS 操作的主要步骤如下:

第 1 步,绘制散点图。在 SPSS 中依次点击"图形""图标构建器""散点图",绘制广告费用与销售额之间的散点图,判断两者之间的相关关系,如图 8-2 所示。

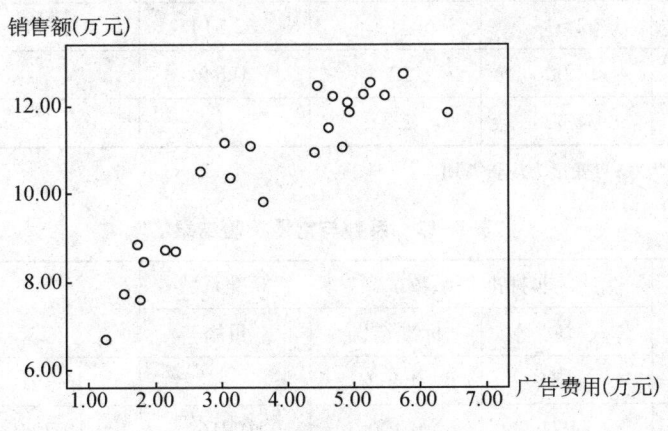

图 8-2 广告费用与销售额散点图

从散点图可初步判断,广告费用与销售额之间存在正相关关系。

第2步,相关分析。在SPSS中依次点击"分析""相关""双变量",得出的相关性分析结果如表8-9所示。

表8-9　相关性分析结果

项目		广告费用	非趋势销售
广告费用	Pearson 相关性	1	0.916**
	显著性(双尾)		0.000
	N	24	24
销售额	Pearson 相关性	0.916**	1
	显著性(双尾)	0.000	
	N	24	24

说明:** 在置信度(双测)为 0.01 时,相关性是显著的;N 表示样本数量。

如表8-9的相关性分析结果所示,广告费用与销售额的相关系数为0.916,表示两者高度相关。该结果与散点图结论一致。

第3步,线性回归。在SPSS中依次点击"分析""回归""线性",分析结果如表8-10、表8-11、表8-12所示。

表8-10　模型汇总

模型	R	R 平方	调整后的 R 平方	标准估算的错误
1	0.916a	0.839	0.832	0.73875

说明:因变量为销售额;自变量为广告费用。

表8-11　回归方程的方差分析

模型		平方和	自由度	均方	F	显著性
1	回归	62.514	1	62.514	114.548	0.000b
	残差	12.006	22	0.546		
	总计	74.520	23			

说明:因变量为销售额;自变量为广告费用。

表8-12　系数与常量检验结果

模型		非标准化系数		标准系数	t	显著性
		B	标准错误	贝塔		
1	(常量)	6.584	0.402		16.391	0.000
	广告费用	1.071	0.100	0.916	10.703	0.000

如表 8-10 模型汇总结果所示,拟合优度为 R 平方 0.839,说明回归方程的拟合效果较好;如表 8-11 回归方程的方差分析结果所示,即对模型整体检验的结果显示,显著性小于 0.05,具有统计学意义;如表 8-12 系数与常量检验结果所示,显著性小于 0.05,同样具有统计学意义。以上结果显示的模型回归结果具有意义,可以进行预测和控制。

根据计算得到的系数与常量值,回归方程计算公式为:

$$销售额 = 6.584 + 1.071 \times 广告收入$$

回归模型计算公式为:

$$y = 6.584 + 1.071x$$

此外,还可通过观察残差的分布状态来评价模型结果。在 SPSS 的回归分析过程中,可以直接保存残差,并且绘制残差值的直方图,如图 8-3 所示。

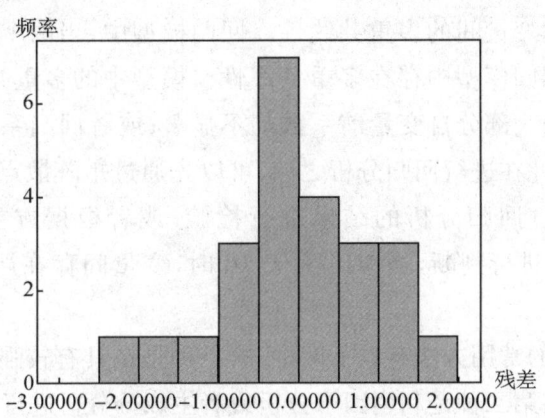

图 8-3 残差直方图

如图 8-3 所示,残差数据大致呈均值为 0 的正态分布,说明模型效果较好。

第 4 步,根据回归分析模型进行预测和控制。由于已经分析出广告投入和销售额之间的关系,因此若确定下一期的广告投入,则可以预测未来可能的销售额的水平。同样,若设置一个预期的销售额水平,依据回归模型,可以计算得出需要投入的广告费用。

2) 多元回归分析模型

多元回归分析预测法是指通过对两个或两个以上的自变量与一个因变量的相关分析,建立预测模型进行预测的方法。

若影响因变量 Y 的因素有多种,如 X_1, X_2, $\cdots$, X_k 等,则多元回归模型计算公式为:

$$Y = b_0 + b_1 X_1 + b_2 X_2 + \cdots + b_k X_k + \varepsilon$$

其中,$Y = (y_1, y_2, \cdots, y_n)^{\mathrm{T}}$,$X_i = (y_{i1}, y_{i2}, \cdots, y_{in})^{\mathrm{T}}$,$\varepsilon = (\varepsilon_1, \varepsilon_2, \cdots, \varepsilon_n)^{\mathrm{T}}$。取 $X = (1, X_1, X_2, \cdots, X_k)$,$B = (b_0, b_1, b_2, \cdots, b_k)^{\mathrm{T}}$,则有 $Y = XB + \varepsilon$。

若 k 等于 0，则以上模型就退为一元线性回归模型，可见一元线性回归模型是多元线性回归模型的特例。

与一元线性回归方程一样，多元性回归模型对参数的估计采用最小二乘法，其计算公式为：

$$\hat{B} = (X^{\mathrm{T}}X)^{-1}(X^{\mathrm{T}}Y)$$

这些步骤均由统计软件完成。

多元回归分析过程与一元回归分析过程基本一致，但是有几个方面需要注意：

第一，每个自变量前的系数都要进行检验。增加模型的变量个数，模型的整体拟合效果会提高，但是增加的变量在统计上不一定显著，这样的变量增加对回归模型并无影响。在多元回归模型中，一般通过调整后的拟合优度来判断模型的效果，从而消除变量增加对模型的影响。

第二，识别并消除变量间的多重共线性。回归模型中，当两个或者两个以上的自变量彼此相关时，则称回归模型中存在多重共线性。模型中的多重共线性，可能会使整体模型线性关系显著，而大部分自变量前系数却不显著；或者回归系数的符号与理论的或者预期的不相符。因此在进行回归分析之前，可以先通过矩阵散点图初步判断变量之间的相关关系；或者通过回归分析的结果进行检验；或者根据方差扩大因子（Variance inflation factor，VIF）进行判断，当 VIF 大于 10 时，变量间存在严重共线性，需要对其处理。

处理多重共线性的常用方法有以下两种：第一种是在具有较强相关性的变量中删除一个或者多个自变量；第二种是利用因子分析或者主成分分析进行降维处理。

多元回归分析的步骤如下：

第 1 步，绘制自变量与因变量之间的散点图矩阵，观察变量之间的相关性，确定自变量与因变量之间是否线性相关。若是非线性相关，则需要对其进行一定的数学转换。

第 2 步，判断并解决自变量之间的共线性问题，共线性问题的识别和处理方法在上一小结已经介绍。值得注意的是，变量之间若存在较强共线性，在回归分析之前，一般不删除变量，而先将变量都纳入模型中。

第 3 步，回归分析，输出相关系数矩阵、模型整体检验结果、系数和常量检验结果以及统计检验的 P 值。根据模型的系数或者共线性检验结果对自变量进行筛选，对某些自变量进行剔除。

第 4 步，对保留下来的变量再进行一次回归分析，并对模型进行解释。

第 5 步，进行预测分析。

下面我们来看看多元回归分析的应用案例。利用多元回归模型分析"某年不同地区的教育经费与人口规模、GDP 之间的关系"。不同地区的教育经费投入情况如表8-13 所示。

表 8-13 不同地区的教育经费投入情况

省(市、自治区)	教育经费(万元)	人口(万人)	GDP(万元)
北京市	7 373 843	2 019	16 251.93
天津市	4 136 097	1 355	11 307.28
河北省	8 447 882	7 241	24 515.76
山西省	5 494 903	3 593	11 237.55
内蒙古自治区	5 040 005	2 482	14 359.88
辽宁省	7 809 413	4 383	22 226.70
吉林省	4 293 877	2 749	10 568.83
黑龙江省	4 838 173	3 834	12 582.00
上海市	7 106 255	2 347	19 195.69
江苏省	15 882 132	7 899	49 110.27
浙江省	12 069 078	5 463	32 318.85
安徽省	8 172 010	5 968	15 300.65
福建省	6 344 839	3 720	17 560.18
江西省	6 307 866	4 488	11 702.82
山东省	13 727 939	9 637	45 361.85
河南省	11 821 418	9 388	26 931.03
湖北省	6 844 038	5 758	19 632.26
湖南省	7 987 607	6 596	19 669.56
广东省	18 846 365	10 505	53 210.28
广西壮族自治区	5 938 482	4 645	11 720.87
海南省	1 732 237	877	2 522.66
重庆市	5 039 550	2 919	10 011.37
四川省	10 244 130	8 050	21 026.68
贵州省	4 510 531	3 469	5 701.84
云南省	6 582 935	4 631	8 893.12
西藏自治区	826 102	303	605.83
陕西省	6 838 342	3 743	12 512.30
甘肃省	3 608 174	2 564	5 020.37
青海省	1 552 462	568	1 670.44
宁夏回族自治区	1 313 862	639	2 102.21
新疆维吾尔自治区	4 605 867	2 209	6 610.05

在 SPPS 中的操作过程如下:

首先,将教育经费确定为因变量,人口和 GDP 确定为自变量,绘制因变量与自变量之间的矩阵散点图,判断教育经费与两个自变量之间的线性关系。因变量与自变量之间的矩阵散点图如图 8-4 所示。

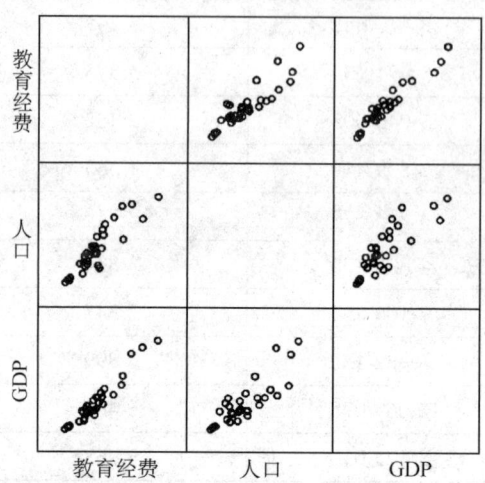

图 8-4　因变量与自变量之间的矩阵散点图

如图 8-4 所示,自变量与因变量之间存在正向线性关系,同时两个自变量之间也存在较强的正向线性关系,这时不对自变量进行取舍。然后进行相关分析,并对散点图分析进行补充。相关分析结果如表 8-14 所示。

表 8-14　相关性分析结果

项目		教育经费	人口	GDP
教育经费	Pearson 相关性	1	0.899	0.965
	显著性(双尾)		0.000	0.000
	N	31	31	31
人口	Pearson 相关性	0.899	1	0.842
	显著性(双尾)	0.000		0.000
	N	31	31	31
GDP	Pearson 相关性	0.965	0.842	1
	显著性(双尾)	0.000	0.000	
	N	31	31	31

说明:在置信度(双测)为 0.01 时,相关性是显著的;N 表示样本数量。

相关性分析结果与散点图的结果一致。

其次,进行回归分析,建立一个多元回归模型。SPSS 分析结果如表 8-15、表 8-16、

表 8-17 所示。

表 8-15 模型汇总

模型	R	R 平方	调整后的 R 平方	标准估算的错误
1	0.978a	0.957	0.954	890 489.179

说明:因变量为教育经费;预测变量为 GDP、人口。

表 8-16 回归方程的方差分析

模型		平方和	自由度	均方	F	显著性
1	回归	4.906E + 14	2	2.453E + 14	309.365	0.000b
	残差	2.220E + 13	28	7.930E + 11		
	总计	5.128E + 14	30			

说明:因变量为教育经费;预测变量为 GDP、人口。

表 8-17 系数与常量检验结果

模型		非标准化系数		标准系数	t	显著性	共线性统计	
		B	标准错误	贝塔			容许	VIF
1	常量	1 267 131.921	300 295.656		4.220	0.000		
	人口	444.305	108.952	0.298	4.078	0.000	0.290	3.444
	GDP	223.419	22.831	0.714	9.786	0.000	0.290	3.444

说明:因变量为教育经费;预测变量为 GDP、人口。

如表 8-15 模型汇总结果所示,调整后的 R 平方为拟合优度,为 0.954,说明回归方程的拟合效果较好;如表 8-16 回归方程的方差分析结果所示,显著性小于 0.05,具有统计学意义;如表 8-17 系数与常量检验结果所示,显著性小于 0.05,同样具有统计学意义,且 VIF 值为 3.444,说明无需处理自变量之间的共线性问题。以上结果显示模型的回归结果具有意义,可以进行预测。

根据计算得到的系数与常量值分别为 444.305、223.419、1 267 131.921,可得回归方程计算公式为:

$$教育经费 = 1\,267\,131.921 + 444.305 \times 广告收入 + 223.419 \times GDP$$

回归模型计算公式为:

$$y = 1\,267\,131.921 + 444.305 \cdot x1 + 223.419 \cdot x2$$

系数值之间的差异较大。为了减小自变量对因变量的影响权重差异,可以先对原始数据进行标准化处理。在 SPSS 中,依次点击"分析""描述统计""将标准化得分另存为变量",得到标准化后的变量数值,并对此数值进行回归分析。

最后，对模型进行评价，评价方法与一元回归分析类似。

2. 非线性回归模型及 SPSS 应用案例

在实际分析时，很多数据之间并非是线性的关系。若自变量与因变量之间是曲线相关的关系，则需运用一定的数学函数进行转换，如表 8-18 所示，转化后即可为直线相关，进而再进行回归分析。

对于非线性变量之间的相关关系，与线性相关一样，可以先通过散点图进行探索性分析，然后选择适合的函数样式进行转化分析，函数转化样式如表 8-18 所示。

表 8-18　非线性转为线性回归的样式

函数名称	原函数	线性样式
指数曲线	$y = a\,\mathrm{e}^{bx}$	$(\ln y) = \ln a + bx$
对数曲线	$y = a + b\ln x$	$y = a + b(\ln x)$
双曲线	$\dfrac{1}{y} = a + \dfrac{b}{x}$	$\left(\dfrac{1}{y}\right) = a + b\left(\dfrac{1}{x}\right)$
幂函数	$y = ab^x$	$(\ln y) = \ln a + x\ln b$
高次曲线	$y = a + bx + cx^2 + \cdots$	$y = a + bx + c(x^2) + \cdots$
柯布-道格拉斯函数	$y = A x_1^{\alpha} x_2^{\beta}$	$(\ln y) = \ln A + \alpha(\ln x_1) + \beta(\ln x_1)$
逻辑曲线	$y = \dfrac{1}{1 + a\,\mathrm{e}^{-bx}}$	$\left(\dfrac{1}{y} - 1\right) = \ln a - bx$
S 曲线	$y = \mathrm{e}^{\left(a + \frac{b}{x}\right)}$	$(\ln y) = a + \dfrac{b}{x}$

SPSS 可以对数据进行曲线回归分析，以"某企业现有广告投放与销售额的情况"作为案例进行回归分析。

SPSS 操作过程如下：

第 1 步，绘制散点图。根据销售额和广告投放散点图可以看出两者之间存在一定的曲线相关，并非完全直线相关。

第 2 步，曲线相关分析。在 SPSS 中依次点击"分析""回归""曲线"，将所有模型形式都选上进行分析，如图 8-5 所示，再根据模型效果（如表 8-19 所示）选择适合的模型。

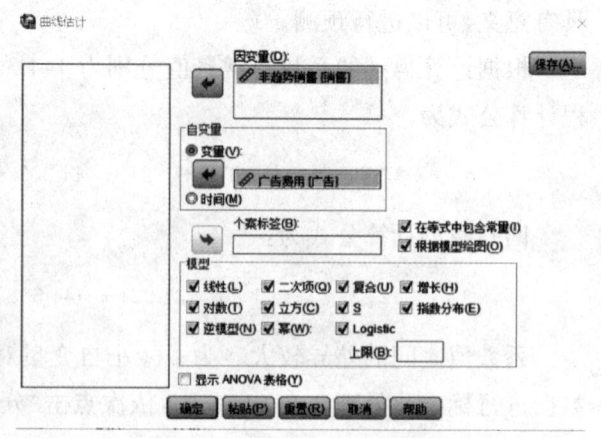

图 8-5　曲线相关分析

表 8-19 模型摘要和参数估算

方程式	模型摘要					参数估计值			
	R 平方	F	$df1$	$df2$	显著性	常量	$b1$	$b2$	$b3$
线性（L）	0.839	114.548	1	22	0.000	6.584	1.071		
对数	0.901	199.831	1	22	0.000	6.274	3.539		
逆模型（N）	0.894	185.866	1	22	0.000	13.751	-9.508		
二次项（Q）	0.908	104.213	2	21	0.000	3.903	2.854	-0.245	
立方（U）	0.909	66.684	3	20	0.000	3.283	3.471	-0.422	0.015
复合（U）	0.816	97.750	1	22	0.000	6.958	1.114		
幂	0.898	193.274	1	22	0.000	6.708	0.362		
S	0.916	240.216	1	22	0.000	2.672	-0.986		
增长（H）	0.816	97.750	1	22	0.000	1.940	0.108		
指数分布	0.816	97.750	1	22	0.000	6.958	0.108		
对数	0.816	97.750	1	22	0.000	0.144	0.897		

说明：因变量为销售额；自变量为广告费用。

如表 8-19 模型摘要和参数估算结果所示，对数、二次项、立方、S 的 R 平方都达到了 0.9 以上，拟合效果较好，对这几个模型再进行一次曲线回归分析，得出的拟合曲线如图 8-6 所示。

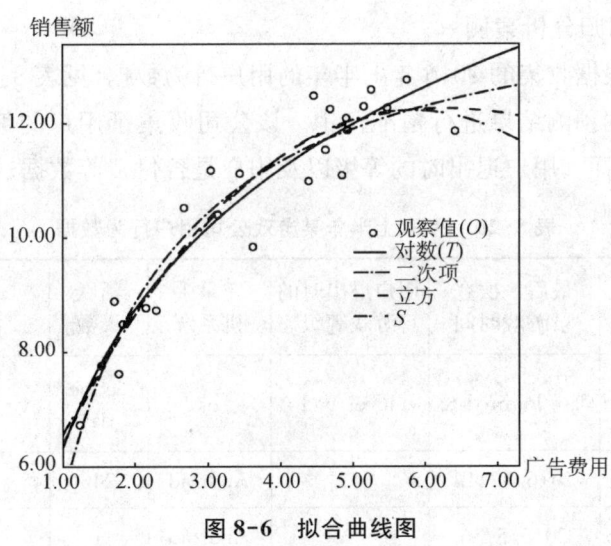

图 8-6 拟合曲线图

如图 8-6 所示，S 模型的效果最佳。根据 S 模型的函数表达，得到的回归模型计算公式为：

$$y = \mathrm{e}^{\left(2.627 - \frac{0.986}{x}\right)}$$

3. 二元逻辑回归模型及 SPSS 应用案例

1) 二元逻辑回归模型原理

逻辑回归是一种广义的线性回归分析模型,常用于经济等领域的预测。实际的数据分析经常会遇到离散型的因变量,即因变量用两个值 0 和 1 来表示,常用的分析模型为二元逻辑回归模型。通过市场调研所得的数据很多都是二值变量,如买与不买、满意与不满意、付费与不付费等等。在分析二值变量与多个影响因素之间的关系时,发现影响因素可能是连续变量也可能是定序变量,此时,可使用二元逻辑回归模型分析自变量与因变量之间的关系,然后进行预测。逻辑回归适合对大样本的数据进行分析,一般样本量要达到 200 以上。

逻辑回归的模型计算公式为:

$$\mathrm{Log}\frac{P}{1-P}=\beta_0+\beta_1 x_1+\beta_2 x_2+\cdots\cdots+\beta_m x_m$$

其中,$P=P(y=1\mid X)$ 为付费的概率,$P=P(y=0\mid X)$ 为不付费的概率。β_0 为常数项,β_1、$\beta_2\cdots\beta_m$ 为 m 个自变量的回归系数。

模型估算的方法为极大似然法,构造似然函数,$L=\prod P(y=1\mid X)P(y=0\mid X)$。通过迭代法对参数进行估计,使 L 达到最大值。

与线性回归一样,二元逻辑回归对模型的评价也从三个方面进行检验:模型的拟合优度、整体模型的显著性检验以及系数的显著性检验。

2) 二元逻辑回归分析案例

某游戏公司,根据收集的 2016 年上半年的用户行为数据(见表 8-20),对用户是否会付费进行预测,根据预测结果进行精准营销。该公司收集了用户的编号、用户的注册时间、最后一次登录时间、用户退出时的等级以及用户是否付费等数据。

表 8-20　2016 上半年某游戏公司用户行为数据

用户编号	游戏安装时间	最后一次登录游戏时间	用户退出时的游戏等级	登录手机系统	活跃天数	每天登录频次	是否付费
user_id	install_date	last_login_date	level_end	os	active _days	avg_session_cnt	is_payer
iggve	2015/11/29	2016/12/12	32	Android	246	2.8	1
10a5a	2015/5/16	2015/5/16	1	Android	1	2	0
osgre	2016/3/6	2016/9/22	28	Android	63	8.4	1
hgvdz	2015/8/15	2016/12/12	78	Android	474	15.6	1
6fc22	2015/5/4	2015/7/10	29	Android	46	6.6	0

(续表)

用户编号	游戏安装时间	最后一次登录游戏时间	用户退出时的游戏等级	登录手机系统	活跃天数	每天登录频次	是否付费
dea49	2015/5/2	2015/5/2	4	Android	1	3	0
gafdb	2016/7/12	2016/12/12	39	Android	151	9.2	1
68be8	2015/5/16	2015/5/16	2	Android	1	2	0
gdewm	2016/3/26	2016/12/12	61	Android	255	7.4	1
7b830	2015/5/12	2016/1/30	22	Android	16	6.3	1
0f53a	2015/5/9	2015/5/9	1	iOS	1	2	0
49dd0	2015/5/12	2015/8/15	7	Android	2	2.5	0
…	…	…	…	…	…	…	…
fe0f8	2015/5/17	2015/5/18	6	Android	2	8	0
4763e	2015/5/17	2015/5/17	1	Android	1	2	0
a4749	2015/5/8	2015/5/8	1	Android	1	2	0
7a84c	2015/5/13	2015/6/23	36	Android	42	17	1
41877	2015/5/19	2016/5/21	57	Android	202	16	1
grfke	2016/9/25	2016/12/12	37	Android	77	13.2	1
01adc	2015/5/6	2015/5/8	7	Android	3	2.3	0
17795	2015/5/3	2015/5/3	1	iOS	1	2	0
ggfcf	2016/6/21	2016/9/10	38	Android	60	9.6	1
75a13	2015/5/14	2015/5/14	1	Android	1	2	0

(来源：CPDA 培训教学案例)

SPSS 逻辑回归分析步骤：

首先，对原始数据进行整理。由于游戏安装时间与最后一次游戏登录时间两个变量是日期型变量，因此在 SPSS 中先创建一个新变量替代这两个变量并进行回归分析，即"生命周期 duration＝最后一次游戏登录时间－游戏安装时间"。此外，将"登录手机系统"变量转化为 0、1 分类，"Android"赋值为 1，"iOS"赋值为 0。此步骤可以在 Excel 或者 SPSS 中完成。

其次，二元逻辑回归分析。在 SPSS 中，依次点击"分析""回归""二元逻辑回归"，打开二元逻辑回归的选项框，如图 8-7 所示。

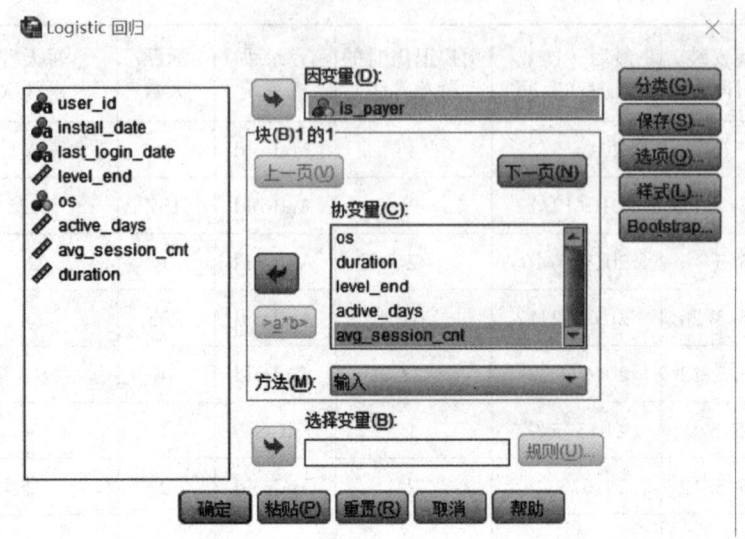

图 8-7　逻辑回归操作步骤（一）

因变量为"是否付费"。协变量，也就是自变量为"登录手机系统""活跃天数""每天登录频率""游戏等级""生命周期"。

在"选项"对话框中，可以根据分析需求选择"分类图""拟合优度""相关性""迭代记录""置信区间"等，在"输出"项目下选择"在每个步骤中"。其中，"分类临界值"表示以四舍五入的原则，将概率预测值转化为 0 和 1，默认临界值为 0.5，即大于 0.5 的概率值为 1，小于 0.5 为 0。将"迭代次数"默认为 20，为了提高模型效果和迭代次数，在本案例中，将"迭代次数"设置为 50，如图 8-8 所示。

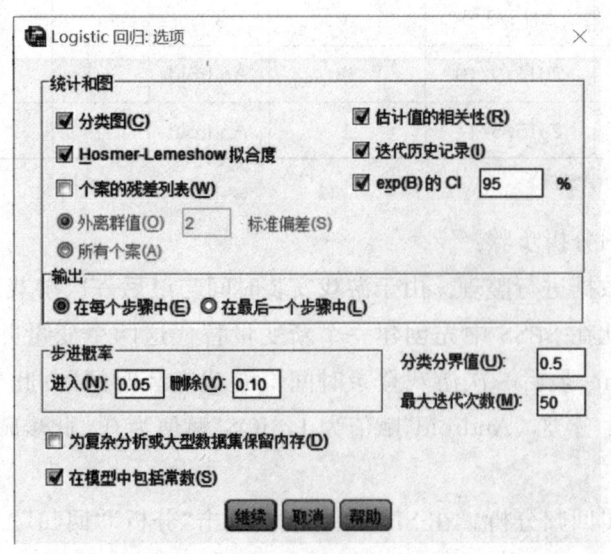

图 8-8　逻辑回归操作步骤（二）

逻辑回归分析结果如表 8-21 所示。

表 8-21 模型检验结果

项目		卡方	自由度	显著性
步骤 1	步长 (T)	2 848.005	5	0.000
	块	2 848.005	5	0.000
	模型	2 848.005	5	0.000

如表 8-21 模型检验结果所示,模型的卡方值为 2 848.005,显著性为 0.000,小于 0.05,说明逻辑回归模型具有统计学意义。

表 8-22 拟合分类表

观测值		预测值		百分比正确
		is_payer		
		0	1	
is_payer	0	1 941	219	89.9
	1	300	1 582	84.1
总体百分比				87.2

说明:分界值为 0.500。

如表 8-22 拟合分类结果所示,拟合符合率为 87.2,拟合效果较好。

表 8-23 常数和系数检验结果

项目		B	S.E.	Wald	自由度	显著性	Exp(B)	95% C.I.用于 Exp(B)	
								下限	上限
步骤 1a	duration	−0.002	0.000	15.202	1	0.000	0.998	0.997	0.999
	avg_session_cnt	0.122	0.017	50.613	1	0.000	1.130	1.092	1.168
	active_days	−0.001	0.001	1.212	1	0.271	0.999	0.996	1.001
	level_end	0.124	0.006	362.120	1	0.000	1.132	1.117	1.146
	os(1)	0.632	0.129	23.940	1	0.000	1.882	1.461	2.424
	常量	−3.172	0.107	877.509	1	0.000	0.042		

如表 8-23 常数和系数的检验结果所示，除了"active_days"的显著性大于 0.05 外，常数和其他自变量都通过了显著性检验，因此回归模型计算公式为：

$$P = \frac{1}{1 + e^{-3.172 - 0.002x_1 + 0.122x_2 + 0.124x_4 + 0.632x_5}}$$

最后，根据逻辑回归模型进行预测。

8.4 其他定量预测方法

8.4.1 巴斯模型预测法

巴斯模型又称为巴斯扩散模型（Bass Diffusion Model），其是由 Frank M. Bass 提出的，主要研究创新产品、新技术的采用与扩散问题。该模型常应用于市场分析，用于对新产品的市场需求的描述和预测，新产品一般为耐用消费品。

巴斯模型的计算公式如下：

$$n_t = p\bar{N} + (q - p)N_{t-1} - \frac{q}{N}(N_{t-1})^2$$

其中，n_t 为消费者在第 n 期购买该产品的预期数量；N_{t-1} 为 $t-1$ 的预期累计销售量；$\bar{N}$ 为市场潜力，即潜在使用者总数；p 为创新系数（外部影响），即尚未使用该产品的人，受到大众传媒或其他外部因素的影响，使用该产品的可能性；q 为模仿系数（内部影响），即尚未使用该产品的人，受到产品的口碑影响，使用该产品的可能性；

p、q 的取值范围为 $[0, 1]$，在模型开始一般先任意给定一个取值，然后再根据预测值和销售值之间误差最小的原则修改取值。

8.4.2 生命周期预测法

产品生命周期是指产品开始研发、导入、成长、饱和直到被市场淘汰的全部过程，几乎所有产品都会经历这样的生命过程。受到产品本身的性质和用途、技术发展、政策法律和市场竞争情况的影响，不同产品的生命周期时长不同。在生命周期的不同阶段，产品呈现出的特征不同。企业若是能够对产品的生命轨迹进行准确预测，基于不同阶段产品的特征，制定相应的营销策略，就能在激烈的市场竞争中获得优势。

早期，对产品生命周期只是进行定性判断；最近，对产品生命周期的判断加入很多定量的分析。一般情况下，产品生命周期阶段可通过销售增长率和市场普及率两个经济指标进行划分，如表 8-24 所示。

表 8-24　生命周期阶段的划分

指标	研发期	导入期	成长期	饱和期	衰退期
销售增长率	—	10%以下	10%以上	0～10%	小于0
市场普及率 （占有率）	—	0～5%	前期 5%～50% 后期 50%～80%	80%～90%	90%以上

注：此方法主要用于耐用消费品生命周期阶段的划分。

1. 市场占有率的分析与预测

产品市场占有率是指某企业某一产品的销售量（或销售额）在市场同类产品中所占的比重。其计算公式为：

$$R = \frac{q}{Q} \times 100\%$$

其中，R 指某企业某产品市场占有率；q 指某企业某产品销售额；Q 指某产品全部销售额。

市场占有率预测是指对企业未来某一时期、在一定市场范围内，商品销售量或销售额占市场销售总量或销售总额的比例的变动趋势进行预测。其计算公式如下：

其中，R_n 指 n 年后某企业的市场占有率；q_n 指 n 年后某企业某产品的销售额；Q_n 指 n 年后某产品的销售额；q_0 指某企业基期销售额；Q_0 指某产品基期销售额；$i_1, i_2, \cdots, i_n$ 指某企业各年的销售额递增率；$r_1, r_2, \cdots, r_n$ 指某产品各年的销售额递增率。

若今后若干年的增长率相同或年均增长率已知，则计算公式为：

$$R_n = \frac{q_0(1+i)^n}{Q_0(1+r)^n} \times 100\%$$

其中，i 指某企业销售额年均递增率；r 指某产品销售额年均递增率。

【示例 8-1】　设某产品 2019 年的销售额为 645 亿元，随着经济的发展、收入水平的提高，今后 3 年该类商品销售额预计每年递增 20%。2019 年，生产该产品的某企业的销售额为 51.6 亿元，分析企业的经营条件与环境后，测算今后 3 年商品销售额每年递增 15%。试测算 2020 年、2021 年、2022 年的市场占有率。

分析过程如下：

第 1 步，计算 2019 年的市场占有率。

$$R_{2019} = \frac{51.6}{645} \times 100\% = 8\%$$

第 2 步，计算 2020—2022 年的市场占有率。

$$R_{2020} = \frac{51.6 \times (1+15\%)}{645 \times (1+20\%)} \times 100\% \approx 7.7\%$$

$$R_{2021} = \frac{51.6 \times (1+15\%)^2}{645 \times (1+20\%)^2} \times 100\% \approx 7.35\%$$

$$R_{2022} = \frac{51.6 \times (1+15\%)^3}{645 \times (1+20\%)^3} \times 100\% \approx 7.04\%$$

计算结果:该企业 2019—2022 年市场占有率变动趋势值如表 8-25 所示。

表 8-25　该企业 2019—2022 年市场占有率

年份	2019 年	2020 年	2021 年	2022 年
市场占有率	8%	7.7%	7.35	7.04

第 3 步,预测结果。根据表 8-25 可知该企业产品的市场占有率呈逐年下降趋势,进入产品生命周期的饱和期阶段,因此在未来几年企业要从深度和广度上拓展市场,在刺激现有顾客购买的同时,开发新的客源;提高产品质量,开发产品新的功能,创造特色,增加产品的使用价值;此外,不断改进营销组合策略,如灵活调整价格,开展多种促销手段,提高多样化的服务。

2. 市场普及率的分析与预测

市场普及率一般是用每百户或每百人拥有多少该种产品来表示。产品市场普及率的计算方法主要有两种:按照人口计算;按照家庭户数计算。其计算公式为:

$$P_N = \frac{G}{N} \times 100\%$$

$$P_M = \frac{G}{M} \times 100\%$$

其中, P_N、P_M 分别为按人口、家庭户数平均的普及率;G 指产品的社会拥有量;M 指家庭户数;N 指人口总数。

普及率一般是借抽样调查的结果进行推算,即在某一地区抽取一定的人口或者家庭数作为样本进行调查,然后根据结果推断整个地区的拥有量。

思考题

1. 简述时间序列预测法的意思和作用。

2. 平滑预测方法和趋势预测方法的应用条件是什么?

3. 简述季节性预测方法及其应用。

4. 简述回归分析的意义和作用。

5. 如何判断因素之间是否存在相关关系?相关关系的种类有哪些?

6. 各类回归模型的应用条件有哪些？如何建立和判别最合适的回归模型？

7. 简述生命周期预测的意义。

 案例分析题

[案例 1]

某童装厂的滞销问题

某市某童装厂前期沾尽了独生子女的光,生产销售连年增长。谁料该厂的李厂长这几天在为产品推销、资金搁死伤脑筋。原来,年初该厂设计了一批童装新品种,有男童的香槟衫、迎春衫,女童的飞燕衫、如意衫等。借鉴成人服装的镶、拼、滚、切等工艺,童装在色彩和式样上体现了儿童的特点,活泼、雅致、漂亮。由于工艺比原来复杂,成本较高,价格比普通童装高出了 80% 以上,比如一件香槟衫的售价在 160 元左右。为了摸清这批新产品的市场吸引力如何,在春节前夕厂里与百货商店联合举办了"新颖童装迎春展销",小批量投放市场十分成功,柜台边顾客拥挤、购买踊跃、传来一片赞誉声。许多商家主动上门订货。连续几天亲临柜台观察消费者反映的李厂长,看在眼里,喜在心上。他不由想到,"现在都只有一个孩子,为了能把孩子打扮得漂漂亮亮的,谁不舍得花些钱?只要货色好,价格高些也无大碍。"李厂长决心趁热打铁,尽快组织批量生产,及时抢占市场。

为了确定计划生产量,安排以后的月份生产,李厂长根据去年的月销售统计数,运用加权移动平均法,计算出此后月份销售预测数。考虑到这次展销会的热销场面,他决定生产 70% 的新品种,30% 的老品种。2 月份的产品很快就被订购完了。然而,现在已是 4 月初了,3 月份的产品还没有落实销路。询问了几家老客商,他们反映有难处:原以为新品种童装十分好销,谁知 2 月份订购的那批货,卖了一个多月还有三分之一未卖,他们现在既没有能力也不愿意继续订购这类童装了。对市场上出现的近 180 度的需求变化,李厂长感到十分纳闷。他弄不明白,这些新品种都经过试销,自己也参加了市场调查和预测,为什么会事与愿违呢。

问题:你认为该童装厂产品滞销的问题出在哪里?为什么市场的实际发展状况,会与李厂长市场调查与预测的结论大相径庭?

第 9 章

大数据技术与新市场调查方法

 导入案例

大数据杀熟，无关技术关乎伦理

同样的商品或服务，老客户看到的价格反而比新客户要贵出许多，这在互联网行业被叫作大数据杀熟。调查发现，在机票、酒店、电影、电商、旅游等多个价格有波动的网络平台都存在类似情况，而在线旅游平台更为普遍。同时，还存在同一位用户在不同网站的数据被共享的问题，许多人遇到过在一个网站搜索或浏览的内容立刻被另一网站进行广告推荐的情况。

"大数据杀熟"是一个新近才热起来的词，不过这一现象或已持续多年。有数据显示，国外一些网站早就有此情况，而近日有媒体对 2 008 名受访者进行的一项调查显示，51.3%的受访者遇到过互联网企业利用大数据杀熟的情况。

和任何新事物都会存在不同看法一样。对大数据杀熟到底该如何定性，目前也面临争议。如上述调查中，59.2%的受访者认为在大数据面前，信息严重不对称，消费者处于弱势；59.1%的受访者希望价格主管部门进一步立法规范互联网企业歧视性定价行为。另外，也有专家表示，这一价格机制较为普遍，针对大数据下价格敏感人群，系统会自动提供更加优惠的策略，可以算作接受动态定价。

倘若搁置具体应如何定性的争议，大数据杀熟所表现出来的现象和逻辑还是存在相当大的问题。

大数据杀熟虽然可以说是商家的定价策略，但最终形成了"最懂你的人伤你最深"的局面，确实与人们习以为常的生活经验和固有的商业伦理形成了明显冲突。比如，一些线上商家和网站标明新客户享有专属优惠，从吸引新客户的角度完全可以理解，但在这一优惠政策的另一端，若老客户普遍要支付高于"正常价格"的金额，甚至越是老客户价格越贵，就明显背离了朴素的诚信原则，也是对老客户信赖的一种辜负。由此还会引发商业伦理的扭曲，值得人们警惕。

有专家表示，与其称这种现象为"杀熟"，不如说是"杀对价格不敏感的人"：一罐可乐，在超市只卖 2 元，在五星级酒店能卖 30 元——这不能叫价格歧视，而是因为你能住得起五星级酒店，那么你就是要被"杀"，这样的例子在现实中比比皆是。但是，这个理论套用在大数据杀熟上却并不恰当。一个关键问题是，一罐可乐的正常价格是透明的，所以在五星级酒店的溢价是公开的。但大数据杀熟却处于隐蔽状态，多数消费者是在不知情的情况下"被溢价"了。此外，将老顾客等同于"对价格不敏感的人"，也有偷换概念之嫌。

还有人将大数据杀熟归咎为"大数据精准靶向坑人"。本质上说，大数据技术并无原罪，由此所衍生的"杀熟"，归根结底不过是一种商业套路。这一定价潜规则，正是依据大数据所形成的用户画像和消费习惯进行精准溢价。但反过来说，它也可以对老客户实行精准优惠。所以，不必将大数据杀熟视为大数据发展的必然现象。真正要担心的是，这

一现象可能给大数据这一技术的未来发展制造"污名效应"。

大数据杀熟到底是不是价格歧视、是否违背了相关法律，或者说需不需要进一步完善相关法律，都是值得讨论的话题。但不管最终如何定性，技术如何进步，一个诚信、透明、公平的市场交易环境所对应的市场伦理——无论是线下还是线上，都应该是一个成熟的商业社会所共同追求和呵护的。

资料来源：http://opinion.people.com.cn/n1/2018/0328/c1003-29893167.html。

9.1 大数据概述

大数据的应用无处不在，大数据在金融、交通、零售、餐饮、电信、能源、环保、政务、安防、物流、医疗、体育、娱乐、家居等各行各业开始流行，"大数据＋金融""大数据＋医疗""大数据＋零售"等各种"大数据＋"系列层出不起。人们可以轻易地在网络中找出大数据的应用领域与功效，大数据能够理解、满足客户需求，优化业务流程，研发智能医疗，监测身体情况，研发智能汽车，实施掌控交通情况，改善日常生活等，它对国民经济与社会发展起到了重要的推动作用。我们已经进入了大数据时代。

9.1.1 大数据时代

在维克托·迈尔·舍恩伯格和肯尼斯·库克耶编写的《大数据时代》中，大数据指不采用随机分析法（抽样调查）这样的捷径，而对所有数据进行分析处理。大数据的 4V 特点：Volume（大量）、Velocity（高速）、Variety（多样）、Value（价值）。对于大数据，研究机构 Gartner 给出了这样的定义，大数据是海量、高增长率和多样化的信息资产，需要新处理模式才能提高人的决策力、洞察力和流程优化能力。

1980 年，著名的未来学家托夫勒在他的《第三次浪潮》中提出了大数据，并将其称为"第三次浪潮的华彩乐章"。由于 20 世纪 80 年代的信息技术还不够发达，人们难以理解大数据的概念，因此这一概念没有广泛地被大众所接收。但是人们对天文、航空航天、生物工程、物理、新材料、新闻出版等领域的探索一直在持续，越来越多的数据被积累，可以说，最初大数据就是指信息量过大，超出了一般电脑的处理能力。

2011 年，国际著名咨询公司麦肯锡，发布了一份报告，题目是"大数据：下一个前沿"。麦肯锡最早提出了"大数据时代到来"，称："数据，已经渗透到当今每一个行业和业务职能领域，成为重要的生产因素。人们对于海量数据的挖掘和运用，预示着新一波生产率增长和消费者盈余浪潮的到来。"2012 年，大数据的概念被大多数的国家广泛地接受。2013 年，被称为我国的大数据元年。大数据并不是一个新颖的概念，且早已被应用于物理学、生物学、环境生态学等领域以及军事、金融、通信等行业，但随着计算机功能的提升，互联网和信息行业的发展，大数据潜在的作用逐渐被人们关注和挖掘。2014 年 3 月，大数据被首次写入了中央政府的工作报告。2015 年 8 月 31 日，国务院又印发了《促进大数据发展行动纲要》，全国各地各级政府的大数据中心、大数据局、大数据交易中心也都相继建成。2015 年 10 月，党的十八届五中全会正式提出，实施国家大数据战略，推进数据资源共享。这表明我国将大数据作为战略资源，并将其上升到国家战略层面；期望运用大数据来推动经济的发展，完善社会治理，提升政府公共服务和市场监管能力。2018 年，中国国际大数据产业博览会在贵阳开幕，贵阳成为我国大数据中心的所在地。国家主席习近平在贺信中指出，中国高度重视大数据发展。我们秉持创新、协调、绿色、开放、共享的发展理念，围绕建设网络强国、数字中国、智慧社会，全面实施国家大数据战略，助力中国的经济从高速增长转向高质量发展。至此大数据的应用在我国各个领域全面展开，带动了各类组织的转型、升级和发展。

百度指数是指人们对某一关键词的检索频次，一种属于反映事物关注度的大数据。用大数据的方法来看人们对"大数据"的关注度，如图 9-1 所示，百度指数显示人们对大数据的关注始于 2012 年，并于 2016 年年末达到顶峰。

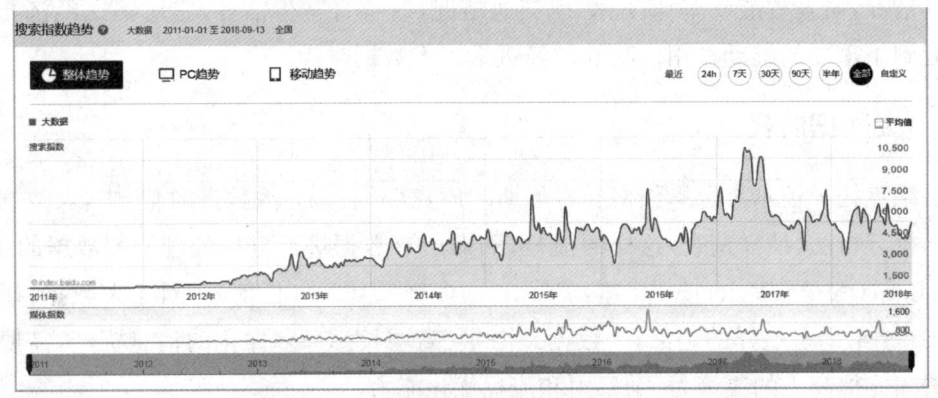

图 9-1　通过大数据的方法来看大数据

资料来源：百度指数（http://index.baidu.com/）。

在 2016 年年末到 2017 年年初的这段时间，大数据概念最火热，众多媒体对大数据的关注达到顶峰。很多企业不管涉及哪个领域，都要与大数据捆绑在一起，有的是为了炒作，有的是对大数据的误读。如 2017 年 5 月 31 日楚天都市报报道了一篇名为"菜场也玩'大数据'：90 后创业小夫妻微信群里卖菜"的新闻，这一新闻将微商模式与社区服务平台和大数据挂钩，是对大数据的过度消费与误读。

　**知识链接**

菜场也玩"大数据"：90 后创业小夫妻微信群里卖菜

楚天都市报讯（记者谢玲）买菜可以手机支付，还可以在微信群里让老板预留，90 后夫妇创业开了个卖菜摊,搞起了菜场里的"大数据"。

汉阳太子湖的鼎泰都市田园生活广场内,90后创业者方珠和丈夫经营着两个卖菜的档口。每天除了现场来买菜的顾客,他们在微信群里还要接订单。每天早上,方珠都会把今天的菜品图片和价格发在顾客群里,顾客可以留言要求预留哪种蔬菜,有的还直接点名让他们进什么货。

方珠以前是一家公司的财务,后来和丈夫一起创业开了这个卖菜摊,看中的是生鲜O2O的市场潜力,现在每天能卖五六百元的蔬菜。她入驻的这个生活广场占地3 000平方米,所有的摊位都可以手机支付,或者是用储值卡结算,买单十分方便,达到一定金额还可以配送上门。

记者发现,这家菜场的环境比传统农贸市场干净,又比商场超市多了缝补、修鞋、修伞、换拉链、开锁配钥匙、保洁家政等便民服务的功能,更像是一个社区生活综合体。

"生鲜是每个家庭都要买的,将电子支付、会员系统接入菜场后,再加上生活配套消费,可以形成一个一站式服务的大数据平台。"鼎泰都市田园生活广场相关负责人袁红林表示,生鲜电商很难解决"最后一公里"的难题,但以线下实体为基础,积累足够的客户大数据后,可以让线下客流与线上打通,以买菜为突破口搭建一个日常的生活消费平台。

资料来源:楚天都市报 http://ctdsb.cnhubei.com/html/ctdsb/20170531/ctdsb3118478.html。

2017年后人们对大数据的关注程度有所回落。这在一定程度上说明了人们对大数据的关注经历了从火热到炒作,再到逐渐恢复理性的过程。从事市场调查研究者与工作人员,要充分理解大数据的价值,培养大数据的思维,掌握大数据的获取和分析,挖掘大数据的潜在能力。

9.1.2　大数据的内涵与特征

1. 大数据的定义

不同的人对大数据有不同的理解。对于存储设备公司而言,大数据是分布式的、存储的、海量的、高速的数据集。亚马逊的大数据科学家则可能从数据处理的角度来思考,认为大数据是超出了任何一台计算机处理能力的庞大的数据量。而BAT等大数据的拥有者与咨询师们,更关注的是大数据的价值与生产属性。

根据维基百科的定义,大数据是指无法在可承受的时间范围内用常规软件工具进行捕捉、管理和处理的数据集合。在维克托·迈尔·舍恩伯格和肯尼斯·库克耶编写的《大数据时代》中,大数据指不采用随机分析法(抽样调查)这样的捷径,而对所有数据进行分析处理。"大数据"研究机构Gartner给出了这样的定义,"大数据"是海量、高增长率和多样化的信息资产,需要新处理模式才能提高人的决策力、洞察力和流程优化能力。大数据已经被认为是和煤炭、石油、金矿一样的资产与生产资料,是能提高人的决策力、洞察力、发现力和流程优化能力的信息资产。而且，与那些不可再生的自然资源不同，大数据越开发，价值越大，且具有 IT 资源的一些外部性的特征。在 IT 界，大数据的Volume(大量)、Velocity(高速)、Variety(多样)、Value(价值)的特征被称为 4V。

大量，作为大数据的第一个特征，是指数据量大，数据规模大，储存所占的空间大。数据储存的最小单位是 bit，然后按由小到大的顺序依次为 bit、Byte、KB、MB、GB、TB、PB、EB、ZB、YB、BB、NB、DB，每个数量级都是按照 1 024 倍来计算。截止到2012 年，数据量已经从 TB(1 024 GB = 1 TB)级别跃升到 PB(1 024 TB = 1 PB)、EB(1 024 PB = 1 EB)乃至 ZB(1 024 EB = 1ZB)级别。根据联合国作出的估测，数据一直在以每年 50%的速度增长，也就是说每两年数据就会增长一倍。2020 年，全球总共拥有的数据量是 35 ZB，相较于 2010 年，增长了近 30 倍。

高速，是指大数据产生的速度快。正因为数据产生的速度够快，所以数据的规模才大。大数据的快速化不仅是指数据从生成到消耗的时间窗口，同时也指人们利用大数据进行决策的时间非常短。数据增长的速度快，处理的速度也快，那么对时效性的要求也就很高。在 IT 界，有"一秒定律"的说法，这一点也是和传统的数据分析技术有着本质区别。根据 2011 年的数据显示，一分钟内，新浪可以发送 2 万条微博，苹果可以下载 4.7 万次应用，淘宝可以卖出 6 万件商品，人人网可以发生 30 万次访问，百度可以产生 90 万次搜索。2018 年，天猫"双 11"峰值成交额达 49.1 万笔每秒。2019 年，天猫"双 11"，用14 秒成交额破 10 亿元，用 96 秒破 100 亿元，高额的成交额伴随的是极短时间内产生的大量成交数据。2018 年 11 月，微信发布了"微信一分钟数据"，数据显示在清晨的早高峰里，平均每分钟有 2.5 万人同时刷微信进入地铁或踏上公交。在早高峰的 2 个半小时，这个数据可达 375 万人。一分钟内，有超过 8 亿用户使用微信支付的即扫即收功能，超2 000 万个公众号发出多样化的声音，150 万开发者带来超过 100 万个小程序。同样在一分钟时间里，移动互联网的接入流量超 46 000 G，可塞满 50 块 1 TB 硬盘，一天的数据流量则超过 70 PB。

知识链接

2019"双 11"三大电商平台最新战报：天猫每秒订单峰值高达 54.4 万笔

1. 天猫："双 11"每秒订单峰值为 54.4 万笔

2019 年 11 月 11 日上午，天猫公布了今年天猫"双 11"的最新数据，截至上午 10 时4 分 49 秒，天猫"双 11"成交额达到 1 682 亿元，打破 2017 年天猫"双 11"全天交易额纪录。

2019 年天猫"双 11"，开场仅 14 秒成交额破 10 亿元，1 分 36 秒交易额超 100 亿元，1 小时 3 分 59 秒直接破 1 000 亿元。这个速度再次刷新天猫"双 11"成交总额破 1 000 亿元的纪录；2018 年天猫"双 11"购物狂欢节上，开场 21 秒破 10 亿元，2 分 5 秒破 100 亿元,1 小时 47 分 26 秒破 1 000 亿元。

截至"双 11"凌晨 1 点,广东、浙江、江苏的消费者天猫下单金额位列中国各省前三,2019 天猫"双 11"成交额过亿元的品牌达到 84 个,包括苹果、华为、耐克、小米、戴森、优衣库、波司登、三只松鼠等。

据悉,2019 年天猫"双 11",品牌商家首发了超 100 万款新品,天猫及淘宝总裁蒋凡表示,2019 年"双 11"是特别的一年,过去的两年,用户规模在快速增长,今年预计手机淘宝的日活跃用户数量将超过 5 亿的数字,或实现增加 1 亿新用户的目标。

在平稳度过 2019 天猫"双 11"流量峰值后,阿里巴巴宣布,其核心系统已全部在阿里云公共云上。根据阿里云公布的数据,今年订单创建的峰值创下新的世界纪录,达到 54.4 万笔每秒,超过了去年的 49.1 万笔每秒,是 2009 年第一次"双 11"的 1 360 倍。

2. 京东:累计下单金额达 1 658 亿元

2019 年 11 月 11 日上午,京东方面发布"双 11"全球好物节战报,宣布截至 11 月 11 日上午 9 点,累计下单金额突破 1 658 亿元。

此前京东表示,自 11 月 1 日零时至 11 日零时,京东平台 10 天累计下单金额突破 1 313 亿元。

"双 11"期间,京东计算机类、通信类和消费类产品(以下简称 3C 产品)持续热卖,消费升级趋势明显。电视品类主流尺寸越来越大,人工智能和新型显示技术受追捧,65 英寸替代 55 英寸成为主力。11 月 1~10 日,京东平台 70 英寸及以上产品成交额同比增长超过 400%,人工智能电视成交额占比超过 85%,5 毫米以下厚度的超薄电视成交额同比增长 10 倍还多。激光电视成交额同比增长超过 10 倍,OLED 电视成交额同比超 400%。

此外,2019 年 11 月 1 日~10 日,5G 手机销量是 10 月全月的 20 倍;"3 000 元 +"价位的手机销量同比增长 200%。网红手机产品中,iPhoneXS 系列销量同比增长 150%,华为成交额同比增长 117%,vivo 成交额同比增长 43%,OPPO 成交额同比增长 80%。

京东数科集团旗下京东金融数据显示,2019 年 11 月 11 日第一个小时,交易额同比增加 320%,京东支付峰值同比增加 327%,白条交易额实现 10 秒破亿元。

3. 苏宁:1 分钟家电 3C 产品交易额破 10 亿元

3C 类产品今年同样也成为苏宁的主攻方向。11 月 11 日零点刚过,苏宁易购集团总裁侯恩龙就宣布,"1 分钟,苏宁家电 3C 销售额破 10 亿元,苹果、小米、华为、海尔、美的、格力六大品牌销售额破亿元,苏宁国际销售额破亿元,其中 1 小时内,55 寸以上大屏彩电销售超 20 万台,格力、美的、海尔等质优爆款空调 1 小时售出超 31 万套。"

此外,1 小时内,苏宁手机以旧换新订单增长 287%,智能数码产品订单同比增长 288%。在华为 Mate30 等数码产品的加持下,苏宁 Super 会员也增长了 100 万人。

下沉市场方面,苏宁拼购一小时销量破 800 万件,其中生活电器拼购销售额 10 分钟破 1 000 万元。

在苏宁着重发力的快消和百货方面，0 点过后的 20 分钟，羽绒服销量同比增长 186%，黄金珠宝类目销量同比增长 102%。苏宁汽车也迎来销售高峰，整车订单数量同比增长 1552%，销售额同比增长 372%。后市场车品线上销售同比增长 169%，电摩销售同比增长 507%。

资料来源：中商情报网 https://www.askci.com/news/chanye/20191111/1201271154596_2.shtml。

多样，是指大数据的来源和种类丰富多样、复杂多变。虽然数据种类繁多，但是能够存储在传统数据库中的结构化数据只占 10%。互联网上，各大电商平台、各类社交网站和搜索引擎每时每秒都在产生各种不同类型的数据，包括文本、图像、视频等的 web1.0 数据与查询日志、点击流、关注、订阅等的 Web 2.0 数据。此外，还有基因组、LHC 加速器、地球与空间探测等科学研究数据，Email、文档、文件、应用日志、交易记录等企业应用数据，这些数据都与人类信息密切相关。

价值，是指大数据的价值密度低。由于大数据的规模大，在蕴含了有效信息的同时，还掺杂了大量冗余、虚假，甚至错误的信息，因此大数据的单位信息价值较低。即便如此，大数据的应用价值仍然是很高的，值得人们探索和挖掘。

大数据的四个特征之间有着密切关系，正因为数据种类多样、产生的速度快，因此大数据的规模才如此之大，但是大数据并不在"大"，而在于有用。相较于体量，大数据的价值含量和挖掘成本更为重要。因此对于行业企业而言，关键不在于掌握庞大的数据信息，而在于对有价值信息的加工与利用。

2. 大数据分析的特点

大数据已经成为一个重要的技术革新，它对包括市场调查与预测在内的所有社会活动的影响已经非常深远，大数据分析的特点如下。

（1）可视化分析。不管是对数据分析专家还是对普通用户，数据可视化是数据分析工具最基本的要求。可视化可以直观地展示数据，让数据自己说话，让观众听到结果。

（2）数据挖掘算法。可视化是给人看的，数据挖掘就是给机器看的。集群、分割、孤立点分析还有其他的算法，让我们深入数据内部挖掘价值。这些算法不仅要面对大数据的量，还要面对大数据的速度。

（3）测性分析能力。数据挖掘可以让分析员更好地理解数据，而预测性分析可以让分析员根据可视化分析和数据挖掘的结果作出一些预测性的判断。

（4）语义引擎。我们知道由于非结构化数据的多样性给数据分析带来了新的挑战，需要一系列的工具去解析、提取、分析数据。语义引擎需要被设计成能够从"文档"中智能地提取信息。

（5）数据质量和数据管理。数据质量和数据管理是一些管理方面的最佳实践，标准化的流程和工具对数据进行处理，这可以保证一个预先定义好的高质量的分析结果。

9.1.3 大数据出现的技术支撑

在 20 世纪 80 年代出现了大数据的概念，却没有被人们广泛接受，其中一个重要原因就是当时的技术条件有限。人们生活中有很多数据，诸如生命体征、行动轨迹、生活生产、市场交易、对话交流等方面的数据。这些数据一直存在，也是市场调研活动中的重要数据，但在之前缺乏有效的记录技术，因此无法分析。但随着物联网、云计算的发展，海量数据得以储存和计算，大数据也得到越来越多的关注。

1. 信息数据化与物联网

大数据产生的基础之一是物联网。物联网作为互联网的延伸，建立了物与物之间相互连接的互联网，是大数据产生的基础之一。物联网中的关键技术包括识别和感知技术（如二维码、RFID、传感器）、网络与通信技术、数据挖掘与融合技术等。它利用局部网络或互联网等通信技术把传感器、控制器、机器、人员和物等以新的方式联系在一起，形成人与物、物与物的相连，并实现信息化和远程管理控制。传感器相当于物的五官，物通过传感器记录影像、声音、气味以及人的轨迹、动作、表情、体征等并将这些信息数据化，再通过物联网上传数据到云。

物联网的出现，也使运营式系统的被动产生数据模式与用户原创内容的主动产生数据模式，逐步向感知式系统的自动产生数据的模式转变，这也是大数据的重要内涵之一。

2. 数据储存

大数据产生的基础之二是数据储存能力。信息的数据化与物联网提供了海量的数据，这就要求储存设备要有储存这些巨量数据的能力。随着技术的快速发展，储存设备的体积不断缩小，单位储存容量不断提升，单位存储设备价格不断下降。图 9-2 中的"谜之设备"是 1956 年由 IBM 制造的硬盘，其容量仅为 5 MB，后来发展到软盘到光盘、U 盘，再从移动硬盘到云盘。2013 年 6 月 29 日，斯威本科技大学（Swinburne University of Technology）的研究团队描述了一种全新的数据存储方式，可将 1 PB（1 024 TB）的数据存储到一张仅 DVD 大小的聚合物碟片上。

图 9-2 "谜之设备"

3. 数据处理与云计算

海量的数据还需要配合计算机数据处理与分析能力，CPU 性能的提升是关键之一，且由于单台计算机的处理能力有限，云计算的出现显得尤为重要。从技术上看，大数据与云计算就像是硬币的正反面，密不可分。云计算实现了通过网络提供可伸缩的、廉价的分布式计算能力，用户只需要在具备网络接入条件的地方，就可以随时随地获得所需的各种 IT 资源。其特色在于依托虚拟化、分布式存储、分布式计算、云储存、多租户等技术对海量数据进行分布式数据的挖掘。云计算数据中心是一整套复杂的设施，包括刀片服务器、宽带网络连接、环境控制设备、监控设备以及各种安全装置等。数据中心是云计算的重要载体，为云计算提供计算、存储、带宽等各种硬件资源，也为各种平台和应用的稳定运行提供了支撑环境。

物联网、云计算和大数据代表了 IT 领域最新的技术发展趋势，三者相辅相成，既有联系又有区别（如图 9-3 所示）。云计算为大数据提供技术基础，大数据为云计算提供用武之地；物联网是大数据的重要数据来源，大数据技术则为物联网的数据分析提供支撑，并提供反馈的依据；云计算（云储存）为物联网提供海量数据储存能力，物联网为云计算技术提供了广阔的应用空间。

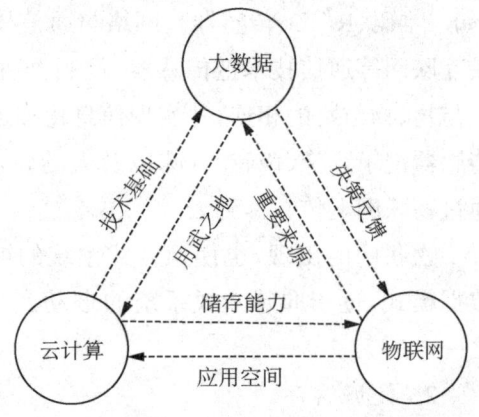

图 9-3　大数据、云计算和物联网之间的关系

9.1.4　数据产生的三种方式

数据产生的方式有三种：被动、主动与自动。

1. 被动方式

被动式数据主要产生于小数据时代，比如通过调查问卷、报表下发与提交、收费站记录车牌与进出站地点等。这种数据产生方式存在效率低、成本高、有时滞性等问题。此外，在被动产生数据时，被调查者与调查者并非同一主体。对于调查者而言，其在选择样本时会受到调研目的、调查方法、执行情况的影响，亦或其他主客观因素的影响，从而导致选择性样本的问题。而对被调查者而言，个体差异、理解偏差都会使得信息的填写存在不一致、错误或者虚假的情况，这都让被动产生的数据可能存在信度、效度不足的问题。

2. 主动方式

随着互联网的发展和各类平台的创建，用户开始主动产生数据，如微博、知乎、携程、抖音等用户原创内容型网站上的数据，都是用户主动产生的。总体来说，由于是用户主动产生数据，数据的可信度会高于被动产生的数据，成本也更低，但有时也会存在失真数据,甚至是各种谣言。此外,用户主动产生数据是已经存在的,并非根据调研者的研究目的产生,所以数据的针对性不强,数据处理难度更大。同时,主动产生数据与被动产生数据一样,存在效率低、有时滞性等问题。

3. 自动方式

自动产生数据是指由各类手机 APP、传感器等自动采集的数据,与前两种产生方式所得的数据相比,自动产生的数据具有效率高、成本低、实时性强等特点,可以在较大程度上消除被调查者瞒报、谎报问题,一定程度上解决效度与信度的问题。以新冠疫情防控为例,单位、学校要求员工、学生填报各类有没有去过高风险地区的信息,属于被动的形式;用户通过官方平台主动上报身边可能存在疑似病例,属于主动的形式;而通过通信运营商自动生成的绿码,则是通过一种自动形式收集的数据得出的运算结果。可以看出,与被动、主动相比,自动产生数据存在诸多优点,也使海量数据的获取成为了可能。

随着数字技术的普及,以互联网为代表的平台经济加速发展,催生了新一轮平台经济浪潮(见表 9-1)。互联网平台经济中,平台、消费者、服务商共同构成了网状协作。平台是整个生态系统的基础,为消费者和服务商提供信息、交易、物流等基础设施。海量的消费者和服务商是平台经济体的主体,通过平台完成信息交换、需求匹配、资金收付、货物交收等经济活动。平台经济的参与者能够互相影响、协同治理、互相合作,进而为创造更大的价值提供可能性。未来随着高端芯片、量子芯片、人工智能、物联网、工业互联网、

表 9-1　平台经济范围

电商类	B2B、B2C、C2C……(敦煌网、亚马逊、微商)	文娱类	网游、电影、音乐、文学……(优酷、时光网)
共享类	闲置、房产……(闲鱼、小猪短租、Airbnb、摩拜)	社交类	社交、直播、微博……(微信、斗鱼、知乎)
约车类	拼车、打车、租车……(滴滴打车、UBER)	服务类	健康、体育、咨询、旅行、教育、法律、招聘……(春雨医生、途牛、百动、咕咚、部路网、智联招聘)
搜索类	引擎、推送……(百度、今日头条、360搜索)	工具类	浏览、翻译、统计、下载……(UC、有道、友盟)
技术支持类	云计算、数据中心、运营……(阿里云、AWS)	门户类	综合、生活、个人……(新浪、58同城、世纪佳缘)
物流类	物流平台(菜鸟、传化、卡行天下、货车帮)	互联网金融类	支付、P2P、基金、众筹……(比特币中国、余额宝、人人贷、众筹网、陆金所、支付宝)

资料来源:阿里研究院。

5G、AR/VR、区块链等技术的发展,平台经济将以更迅猛的速度发展,更深更广地影响和渗透经济社会,而每座城市在城市网络中的枢纽性、节点性与平台经济网络将形成强有力的耦合共振。

9.1.5 行为活动大数据类型

1. 手机信令数据

手机信令数据是可以识别用户位置的数据,其原理在于城市的部分移动信号基站或者微站。每个站点都在不断记录其信号范围内的手机用户数据,如用户的位置移动、打电话、发短信、位置请求等数据,将一定范围的信息集合起来就可以识别收集用户的活动轨迹,因此这些数据字段具有时间和位置属性。按手机信令数据的来源不同分类,手机信令数据可划分成三类,即话单数据、分组交换(Packet Switch,PS)信令数据和电路域(Circuit Switched,CS)信令数据。其中,话单数据信令是三个分类中最少的一类,只有当用户拨打或接听电话、发送或接收短信时才可以触发信令;CS 信令则是指基站控制器(Basic Station Controller,BSC)切换、位置更新、开关机和位置区切换等信令;而 PS 信令增添了上网信令。

随着大数据应用的不断深化,移动运营商将数据提供给数据分析人员、咨询机构乃至政府部分,更大限度地发挥数据的作用。目前收集的信息数据主要应用于区域人口和岗位数量的推算、城市人口时空分布、出行(交通起止点,Origin Destination,OD)分析、用户画像等方面的研究。

2. 公交 IC 卡刷卡数据

公交 IC 刷卡数据成为公交卡大数据,记录了公交乘客出行的行为数据,包含了持卡人身份信息、类型、上下车位置、时间和日期、出行线路等字段。利用乘客 OD 可以描绘乘客画像、识别群体出行、分析特定出行人群、优化公交线网结构、改善公交出行环境等,为公交线网规划、企业运营管理和市民出行服务提供决策依据。

3. 社交网络数据

随着移动互联网的发展,各种类型的社交网络平台相继推出。一般来说,这些平台产生的社交数据有三种类型:第一种是双向型的社交网络数据,如微信、Facebook,在这些社交网络平台中,用户之间的关系需要得到相互确认;第二种是单向型的社交网络数据,如新浪微博,其中社交网络中的用户关系是单向的,用户可以无须对方允许的条件下关注对方;第三种是基于社区的社交网络数据,这种社交网络中的用户之间没有明确的关系,但是包含了不同社区用户的数据,同一社区的用户可能具有相似的属性和兴趣。社交平台大数据反应了人类活动的空间分布、活动类型和强度,且不同平台数据侧重点不同,因而应用于社会学、行为学、心理学、传播学等众多领域。目前,各行各业对社交大数据的挖掘和分析都投入了大量的精力。这些数据可以提供个性化的用户画像、发现潜在商机、实现精准营销,甚至还能及时洞悉潜在的危险。

知识链接

社交网络大数据颠覆美国总统竞选定律

美国总统选举有着这样的铁律:谁花的钱越多,赢得选举的几率就越大。但是,2012年美国总统奥巴马的再次当选创造了一个奇迹:在他获胜前的70年时间里,还没有一位美国总统能够在全国失业率高于7.4%的情况下连任成功;而在整个竞选过程中,奥巴马团队的花销不到3亿美元,竞争对手罗姆尼花了近4亿美元却仍然败选!

资料来源:https://m.sohu.com/a/300728059_120111692。

4. 线上消费数据

线上消费数据主要指用户在淘宝、京东、阿里巴巴等电商平台、各大品牌的官方网站上或者在"小程序"和"微商代购"上产生的数据。对商家和用户信息的挖掘与分析,可以获取线上消费的时空分布及其联系、线上消费和销售区域的联系特征、用户画像与消费偏好和特征等信息,挖掘用户潜在需求、发现营销问题、预测市场未来趋势,为网络营销决策提供支持。

除了以上介绍的典型数据外,还有很多其他的人类行为活动大数据,数据类型和应用领域整理如表9-2所示。

表 9-2　行为活动数据基本情况

数据类型	潜在应用领域	数据来源	测度维度
手机信令数据	城市人口居住和就业时空分布分析、地区人群的动向分析、特定人群的分布及活动特征分析、交通出行OD分析、客流OD分析、客流路径分析、客流断面分析等	企业	交通轨迹与出行（强调流量与轨迹）
公交IC卡刷卡数据	乘客画像、群体出行、灰色人群等	企业	
出租车和网约车轨迹	出行特征、乘客画像等	企业	
共享单车骑行轨迹	出行特征、"最后一公里"研究等	企业	
百度热力图和腾讯宜出行数据	人群聚集时空分析	企业	
银联消费数据	商圈消费及客流数据研究等	企业	
智慧足迹数据	通过匿名、聚合、外推的大数据能力,帮助政府精准服务、精确决策,帮助企业挖掘潜在顾客、选址营销、业务创新	企业	行为类型与分布、活力强度与质量
百度慧眼数据	顾客画像、顾客轨迹、竞争品分析对比、客流来源与去向		

(续表)

数据类型	潜在应用领域	数据来源	测度维度
阿里数据	电商交易、搜索、物流、支付、广告、风控、电影、视频、音乐、位置等分析		行为类型与分布、活力强度与质量
腾讯大数据	各类腾讯社交软件使用分析、腾讯移动、网站数据分析等		
TalkingData①	应用领域与百度、腾讯等类似		
大众点评和美团数据	消费及活力情况		
链家、安居客和房天下数据	房价、低价、环境		
马蜂窝和穷游数据	旅游、景点、旅游线路等		
携程和去哪儿数据	城市网络（交通联系）等		
豆瓣数据	同城活动的类型、地址和时间等		
京东和淘宝数据	网络消费时空分布及联系		
微博数据	空间分析、文本分析、图片分析	社交网站	
签到数据	结合签到的用户，构建地点之间的联系网络、评价地点相似性、评价用户偏好等	社交网站	

资料来源：根据《城市规划大数据理论与方法》中表 3-3 与表 3-5 整理得出。

9.2 大数据的应用与获取

调查本质上是一种认知，调查者从各种类型的海量信息中，快速地获得能够反映客户特征与需求的、有价值的信息。市场调查研究的工作者要具备分析大数据的能力，要实现认知、思维、决策方式以及实践方法向更高层次的转型，以便于更好地开发大数据的价值。

9.2.1 大数据的应用

1. 大数据与生活调查

大数据影响着人们生活的方方面面，当遇到生活难题的时候，人们可以借助调查解决。例如，经历过高考的学生，都会面临择校的问题。当然我们可以通过浏览不同大学历年来的招生分数线进行选择，现在我们可以用大数据的方法进行判断（见图 9-4）。经

---

① TalkingData 是国内领先的独立第三方移动数据服务平台，数据规模仅次于百度、阿里、腾讯三大互联网巨头，也是目前唯一商业开放的能覆盖全国的数据源。

济学中，价格由供给和需求共同决定。在择校上，报考人数相当于供给，而学校的招生人数相当于需求，若两所学校的排名相近、招生人数相似，那么录取分数线就由填报人数来决定。对于高考考生来说，自己填报的志愿是已知的，而其他考生填报的志愿是未知的，但我们可以通过大数据调查来近似推算其他考生的填报情况，如利用各种网络指数来对比不同学校的搜索量。一般来说，搜索量越大，填报这个学校的人数就有可能越多。

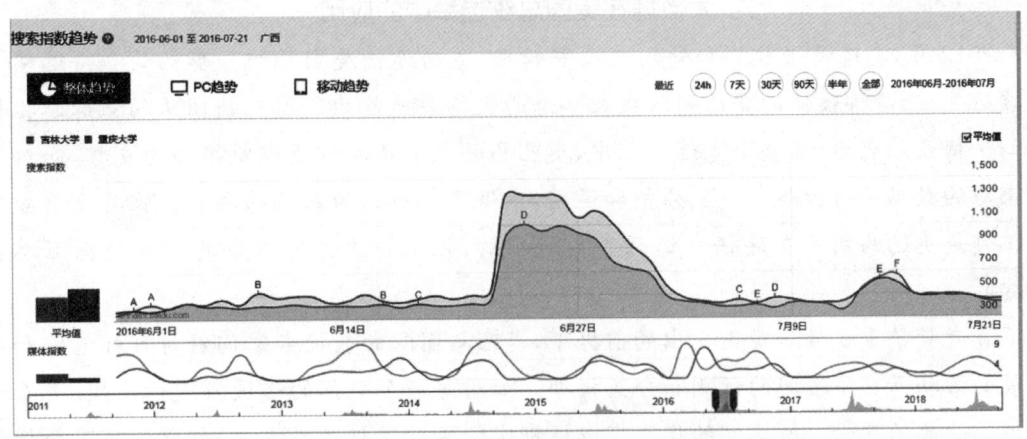

图 9-4　不同大学搜索指数对比

　　上述例子是生活中的大数据调查，虽然不属于市场调查领域，但是都是调查。调查就是获取数据，以帮助决策。大数据可以使人们的生活更加便利，这是毋庸置疑的，如人们可以感受到由于大数据，购物、交通、医疗等各个方面都有了很大的改善。如图 9-5 所示一位公交车司机师傅驾驶室的场景。司机师傅的驾驶室有电风扇、MP4、手机、ETC、行车记录仪等设备，这些设备分别满足了司机师傅不同层次的需求。首先，20 世纪 80 年代走入中国居民家庭的电风扇是工业时代的设备，满足的是司机师傅最基本身体需求。

图 9-5　满足司机师傅不同需求的设备

其次，MP4 是 21 世纪初电子时代的设备，满足的是基本娱乐需求。而 ETC、联网的行车记录仪与手机中电子导航地图是大数据时代的设备，满足的是大数据、物联网、云计算等提升工作效率的需求。

知识链接 ....

大数据在美国总统选举中的应用

2012 年，奥巴马击败共和党候选人罗姆尼，成功连任美国总统。奥巴马赢得选举不是靠运气，而是仰仗他的竞选团队成效卓著的数据分析能力。奥巴马团队的竞选总指挥吉姆·梅西纳表示，在整个竞选过程中，奥巴马的每次活动都是以数据作为支撑，而对多种来源的数据进行搜集、整理、分析和运用，确保了以数据为基础的决策。收集大量数据的工作是奥巴马团队在连任竞选两年前进行的，他们将民主党零散的选民数据汇总在一起。

在考量了重要性和费用支出的前提下，奥巴马团队的数据专家们针对目标选民和拟开展的活动开发了不同的预测和分析模型。如对每一个群体的选民都进行建模，进而预测他们的政治意向。所建立的模型可以根据实际情况进行动态调整，这样提高了分析的精准性。当时，数据分析专家在俄亥俄州获得了约 2.9 万人的投票倾向数据，这是一个巨大的样本，占选民的 1%。这个数据样本可以准确了解每一类人群和每一个地区选民在任何时刻的态度。

奥巴马团队的一名成员表示，他们可以通过复杂的数学建模来找到目标选民。在第一次电视辩论结束后，选民的投票倾向会发生改变，团队通过相关数据分析就可以立即知道什么样的选民改变了态度，什么样的选民仍坚持原来的投票选择。在竞选过程中，他们筛选出目标选民并和他们接触，定向地说服他们，无疑这样的筛选离不开数据的支持。在连任竞选中，奥巴马团队充分信任数据分析，恰到好处地利用各种场合来争取选民。在每一次动员活动和公开辩论前，奥巴马团队都能根据受众的特点选取其最关心的议题，精心准备、博得支持。

动员渠道和互动方式的选择也为目标选民量身定做。例如，奥巴马决定在社交新闻网站上回答问题，当时很多人弄不明白原因。这是因为奥巴马发现，很大一部分目标选民在社交新闻网站上浏览新闻。通过分析发现，在竞选双方拉锯僵持的"摇摆州"的电话参选动员上，来自"摇摆州"的奥巴马竞选志愿者，他们打给目标选民请求支持的电话效果优于非"摇摆州"志愿者打去的电话，助选策略随之调整。越来越多的选民因为奥巴马与他们心意相通的亲密接触，而果断地选择他作为新一届领导人。奥巴马团队对社交网络等信息平台的运用也很成功。

奥巴马团队运用脸谱社交系统开展了大规模的投票动员活动。在竞选冲刺阶段，下载脸谱应用的用户会收到多条消息，其中包含一些他们好友的照片，而这些好友来自"摇摆州"。这些用户接到通知,只要点击按钮,就可以呼吁这些好友采取行动支持奥巴马。

这一举措效果很好,由于呼吁是来自熟人,因此大约 20% 收到脸谱请求的"摇摆州"选民做出了响应。脸谱准确、快速的推荐算法,为奥巴马连任助了一臂之力。奥巴马利用大数据赢得对手,这是大数据在实际中运用的经典案例。不可否认,大数据不仅仅运用于企业和科学研究中,它还可以运用到实际生活中,并产生巨大的作用。

资料来源:https://www.sohu.com/a/82748389_104110。

2. 大数据与营销调查

大数据时代前,人们对事物发展趋势的认识基于经验,但这种经验式的预测往往精准度较低,所谓的"千金难买早知道"和"事后诸葛亮"就是这个意思。在信息不完全的情况下,人类社会的行为一直被认为与布朗运动相类似,缺乏规则、难以预测。而大数据通过分析来源于各类数据库、网站、主流媒体、社交论坛、移动终端的有关生产、市场和社会需求的海量的、整体的、实时的、多样化的、半结构化和非结构化的数据,从而能相对准确地认识到人、事、物的发展趋势,实现"事后诸葛亮"到"事前预测"的身份转变。全球复杂网络权威巴拉巴西在其著作《爆发:大数据时代预见未来的新思维》中认为人类 93% 的行为都是可以预测的[①]。这种更加准确的预测可以为公共管理、经济金融等各种行业提供有力的工具。

企业通过大数据分析进行预测,实现了精准营销。最经典的例子,就是沃尔玛超市把尿不湿与啤酒放在一起销售的案例。还有 Target 超市通过分析女性客户购买记录,挖掘出 25 项与怀孕高度相关的商品,制作"怀孕预测"指数,"猜出"哪些女顾客是孕妇,对可能是孕妇的女顾客针对性地推送广告。

再比如,在淘宝上购物、在豆瓣上选电影、在音乐软件上选歌曲、在新闻 APP 浏览新闻时,大家经常会遇到推荐功能:"遇到喜欢这部电影的也喜欢""喜欢这首歌曲的也喜欢"。这些其实是各大平台基于对平台大数据的调查,通过相关计算形成的"内容定制 + 悦读体验 + 预测性报道",具有精准营销特征的新传媒形式。大数据传媒的重要特点为个性化和精准性。大数据传媒既能基于读者所在地、需求、兴趣甚至情绪的差异,实现个性化的传媒推荐和定制,又能通过对一个时间段内的大众媒体喜好,进行整体性时事判断与舆情分析[②]。

另一个例子是美剧《纸牌屋》。2013 年,Netflix 的工程师们发现,喜欢 BBC 剧、导演大卫·芬奇(David Fincher)和老戏骨凯文·史派西(Kevin Spacey)的用户存在交集,一部影片如果能同时满足这几个要素,就可能大卖。于是,他们花 1 亿美元,几乎是美国一般电视剧两倍价钱,买下了一部早在 1990 年就播出的 BBC 电视剧《纸牌屋》的版权,并请

---

① 艾伯特-拉斯洛·巴拉巴西.爆发:大数据时代预见未来的新思维[M].马慧,译.中国人民大学出版社,2012.
② 陈云松、吴青熹、黄超.大数据何以重构社会科学[J].新疆师范大学学报(哲学社会科学版),2015,36(03):54-61.

来大卫·芬奇担任导演,凯文·史派西担当男主角。随后的结果,美剧迷们应该都知道,《纸牌屋》成为了Netflix网站上有史以来观看量最高的剧集,并在美国及其他40多个国家大热。至此,大数据开启了对影视产业的全面渗透。

3. 大数据与商业、公共管理

在商业领域,数据具有极大的价值,其催生了很多新的商业模式。比如共享经济,Airbnb、Uber、滴滴打车、小猪短租等企业本身并没有汽车、房屋,但却通过供需双方数据的匹配获得收益。供需双方的匹配本身就是对社会资源的优化配置。货车帮平均每天的货运信息超过500万条,通过供需匹配,每天可减少的货车空驶里程长达1 000万千米,极大减少了中国公路物流的资源浪费。

大数据让人类几乎可以对任何事物进行数字化处理,从而洞察其各维度各部分的特征,并可以将一事物与另一事物进行组合,分析之间的关系。因此,大数据对事物与事物间关系的全新洞察,促使新发现与新创意的出现。

在公共领域,大数据可以通过对海量数据的科学分析与协同处理,排除人为因素的生理局限与主观意识,大幅降低管理成本,提升政府效率与决策质量。著名咨询公司麦肯锡的研究报告显示,有效应用大数据可使政府部门在提升生产力和工作效率的同时降低管理成本。美国医疗管理部门曾经测算,大数据每年可节省超过8%的医疗卫生开支,获得3 000多亿美元的潜在价值。通过对家庭用电数据的分析,美国不用逐家逐户地排查,就能找出在家违法种植大麻的家庭。大数据也可使欧盟每年的行政开支减少15%～20%,创造1 500～3 000亿欧元新价值[①]。大数据还可以在城市规划与治理过程中,实现群体智慧型治理,并有效识别公众的个性化需求,推动政府治理的精细化。此外,大数据的信息更加扁平和开放,由于公众监督,政府在决策过程将更加透明,从而提升政府公信力。

在中国,咸阳市政府通过市民卡对应的手机应用APP,记录市民使用医疗服务的所有信息,分析市民去医院购药频率、购药数量与药品种类间相关度等信息,并识别异常信息。比如,某个人去医院频次很高,每次购买大量药品,药品之间的相关度较小,那么这个人买药可能不是自用,而是贩卖。通过该系统,咸阳市发现重复参保人员2 633人,骗保行为57例,一年为政府节省了3 000万元。此外,在安全、扶贫等领域,大数据也有很大的用武之地[②]。

 **知识链接**

··

银行大数据应用

国内很多银行已经开始通过大数据来驱动业务运营,如中信银行信用卡中心通过大

---

① 许晔.以大数据创新提升政府管理决策能力[J].科学管理研究,2017,35(03):10-12+25.
② 田溯宁.城镇化与国家大数据战略[J].理论视野,2015(12):22-24.

数据技术实现了实时营销,光大银行建立了社交网络信息数据库,招商银行则利用大数据发展小微贷款。总的来看,银行大数据应用可以分为四大方面:

第一方面,客户画像应用。客户画像应用主要分为个人客户画像和企业客户画像。个人客户画像包括人口统计学特征、消费能力数据、兴趣数据、风险偏好等;企业客户画像包括企业的生产、流通、运营、财务、销售和客户数据、相关产业链上下游等数据。值得注意的是,银行拥有的客户信息并不全面,基于银行自身拥有的数据有时候难以得出理想的结果甚至可能得出错误的结论。比如,如果某位信用卡客户月均刷卡 8 次,平均每次刷卡金额 800 元,平均每年打 4 次客服电话,从未有过投诉。按照传统的数据分析,该客户是一位满意度较高、流失风险较低的客户。但如果看到该客户的微博,得到的真实情况是:工资卡和信用卡不在同一家银行,还款不方便,好几次打客服电话没接通,客户多次在微博上抱怨,该客户流失风险较高。所以银行不仅仅要考虑银行自身业务所采集到的数据,更应考虑整合外部更多的数据,以扩展对客户的了解。

(1) 客户在社交媒体上的行为数据(如光大银行建立了社交网络信息数据库)。通过打通银行内部数据和外部社会化的数据,获得更为完整的客户拼图,从而进行更为精准的营销和管理。

(2) 客户在电商网站的交易数据,如建设银行将自己的电子商务平台和信贷业务结合起来,阿里金融为阿里巴巴用户提供无抵押贷款,用户只需要凭借过去的信用即可。

(3) 企业客户的产业链上下游数据。如果银行掌握了企业所在的产业链上下游的数据,可以更好掌握企业的外部环境发展情况,从而可以预测企业未来的状况。

(4) 其他有利于银行扩展关于客户兴趣爱好的数据,如网络广告界目前正在兴起的数据管理平台的互联网用户行为数据。

第二方面,精准营销。在客户画像的基础上,银行可以有效地开展精准营销,包括:

(1) 实时营销。实时营销是根据客户的实时状态来进行营销,利用客户当时的所在地、客户最近一次消费等信息来有针对地进行营销(比如,某客户采用信用卡采购孕妇用品,可以通过建模推测怀孕的概率并推荐孕妇喜欢的业务);或者将改变生活状态的事件(比如,换工作、改变婚姻状况等)视为营销机会。

(2) 交叉营销。即不同业务或产品的交叉推荐,如招商银行可以根据客户交易记录,有效地识别小微企业客户,然后用远程银行来实施交叉销售。

(3) 个性化推荐。银行可以根据客户的个人喜好服务或者进行银行产品的个性化推荐,如根据客户的年龄、资产规模、理财偏好等,对客户群进行精准定位,分析出其潜在金融服务需求,进而有针对性地营销推广。

(4) 客户生命周期管理。客户生命周期管理包括新客户获取、客户防流失和客户赢回等。例如,招商银行通过构建客户流失预警模型,对流失率等级前20%的客户发售高收益理财产品予以挽留,使得金卡和金葵花卡客户流失率分别降低了 15 个百分点和

7个百分点。

第三方面,风险管控。其包括中小企业贷款风险评估和欺诈交易识别等手段。

(1)中小企业贷款风险评估。银行可通过结合企业的产品、流通、销售、财务等相关信息与大数据挖掘方法,进行贷款风险分析,量化企业的信用额度,从而更有效地开展中小企业贷款。

(2)实时欺诈交易识别和反洗钱分析。银行可以利用持卡人基本信息、卡基本信息、交易历史、客户历史行为模式、正在发生行为模式(如转账)等,并结合智能规则引擎(如在某用户不经常出现的国家为一个特有用户转账,或在一个用户不熟悉的位置进行在线交易),进行实时的交易反欺诈分析。例如,IBM金融犯罪管理解决方案,帮助银行利用大数据有效地预防与管理金融犯罪;摩根大通银行则利用大数据技术追踪盗取客户账号或侵入自动柜员机系统的罪犯。

第四方面,运营优化。

(1)市场和渠道分析优化。通过大数据,银行可以监控不同市场推广渠道,尤其是网络渠道推广的质量,从而进行合作渠道的调整和优化。同时,也可以分析哪些渠道更适合推广哪类银行产品或者服务,从而进行渠道推广策略的优化。

(2)产品和服务优化。银行可以将客户行为转化为信息流,并从中分析客户的个性特征和风险偏好,更深层次地理解客户的习惯,智能化分析和预测客户需求,从而进行产品创新和服务优化。例如,兴业银行目前对大数据进行初步分析,通过对还款数据的挖掘,比较区分优质客户,根据客户还款数额的差别,提供差异化的金融产品和服务方式。

(3)舆情分析。银行可以通过爬虫技术,抓取社区、论坛和微博上关于银行以及银行产品和服务的相关信息,并通过自然语言处理技术进行正负面判断,尤其是及时掌握银行以及银行产品和服务的负面信息,及时发现和处理问题;对于正面信息,可以加以总结并继续强化。同时,银行也可以抓取其他银行正负面信息,及时了解同行做的好的方面,以作为自身业务优化的借鉴。

资料来源:https://www.jianshu.com/p/58deb968e8cc。

4. 大数据杀熟与锁定效应

大数据就像一把双刃剑,给人们生活带来便利,创造最大商业价值的同时,也带来了很多弊端和挑战。

第一,虽然大数据本身是客观的和科学的,相较于小数据而言,其信度和效度都较高,但在大数据操作过程中,也不可避免地存在主观成分,一定程度上会影响大数据的精准性[①]。

第二,大数据杀熟现象。2017年12月,一名网友通过微博讲述了自己在某旅行网上

---

① 刘伟伟,原建勇.人工智能难题的大数据思维进路[J].新疆师范大学学报(哲学社会科学版),2018,39(02):120-125.

预定酒店的遭遇,该事件引起了人们对大数据杀熟的广泛讨论和认知,大家发现在共享打车软件、机票订购、旅游、购物等多个平台上都存在着杀熟的现象。这种大数据杀熟的价格歧视现象,背后是算法的分析。根据数据分析对熟客进行特殊定价,目的是通过阶梯价格获取最大利益,本质上与向特定用户推送优惠券相似。

第三,路径依赖与锁定效应。路径依赖是指人类社会的技术演进或制度变迁过程均有惯性特征,即一旦进入某一路径,无论该路径是"好"还是"坏",就可能对其产生依赖。大数据对消费者的精准广告推送,会对其需求进行"纠偏"或"限制"。消费者偶然的一次搜索,导致广告精准且反复推送。在其影响下,消费者甚至形成某种终身的消费习惯。

第四,信息泄露危险。人们在享受便利的服务的同时,也面临着信息被泄露的风险。根据哈佛大学近期发布的一项研究报告显示,只要有一个人的年龄、性别和邮编,就能从公开的数据当中搜索到这个人约 87% 的个人信息。在大数据全面接管人们生活的年代,大数据、算法与人工智能可能早已让每个人"一丝不挂"。时代铸就经典,而时代铸就的经典,总有局限性。

第五,版权保护与数据窃取问题。大数据意味着开放,但这种开放也需要版权的限定。网络具有易扩散、传播的特性,因此监管难度很大。伴随着自媒体的出现,新闻、信息的生产领域存在窃取数据、偷载内容等严重侵权行为。比如大家熟知的"今日头条"事件,作为移动新闻客户端中的领跑者,今日头条本身并不生产新闻,而是爬取收集、分解重组其他新闻媒体,通过对受众社交网站数据、阅读习惯和偏好的分析,对受众进行针对性的推送。2014 年 6 月,《广州日报》《新京报》等传统媒体针对"今日头条"的新闻来源进行版权之争,并被国家版权局立案调查[①]。

第六,伴随数据窃取问题出现的,还有数据污染问题。开放的环境、信息产生的扁平化、数据信息的迅速传递,造成大量数据被污染,即在数据生产和应用过程中包含了虚假、有害、无用无效的数据。数据污染包括数据失真、数据造假、数据超载。数据污染可能存在于数据生产和传播中的任一链条,其副作用是滋生大量的垃圾数据、虚假数据、错误数据,既占据大量储存资源,又影响调查的信度和效度,干扰或误判对受众需求方面的理解。

此外,大数据还会对社会资源分配产生影响、导致文化隐忧等问题,这些人们都难以忽视[②]。

9.2.2　结构网页大数据获取

目前大数据的获取方式有多种,如购买服务、与行业企业的合作、免费的网络数据等。随着大数据重要程度的不断提升,一些掌握数据的管理部门或者组织也会分享一些数据和软件。在所有获取大数据的方式中,互联网是主要的,虽然互联网数据的真实性

---

①　罗弦.网络新闻生产中大数据运用的伦理问题及编辑对策[J].科技与出版,2015(01):67-70.
②　王妍."大数据＋智能化"给社会治理带来哪些改变[J].人民论坛,2018(31):70-71.

有待考证，但是对分析消费者行为活动、预测行业发展趋势具有重要的意义。本节将介绍网页数据获取的方式。

结构网页数据采集是将网页中结构化数据按照一定的需求进行采集。这种方法适用于直接可以看到信息的网页，如有关住房的链家网、安居客和搜房网，有关美食的大众点评网，有关商业的企信宝等。

下面将以链家网为例，介绍如何通过火车采集器爬取基本网页数据。

1. 安装软件

安装 Chorme 浏览器或其他 chromium 内核浏览器，如猎豹、枫树、遨游、世界之窗（360 马甲）、Opera、360 极速版、微信或 QQ 浏览器。

安装火车采集器 8.5，安装后直接登录，即可使用。火车采集器示意图如图 9-6 所示。

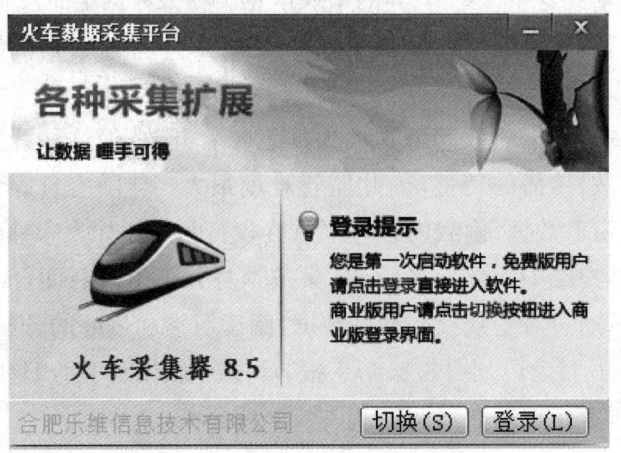

图 9-6 火车采集器示意图

2. 新建分组与任务

打开火车采集器软件，点击左上角的"新建"，然后点击"分组""新建分组"，编辑"分组名称"。具体如图 9-7 所示。

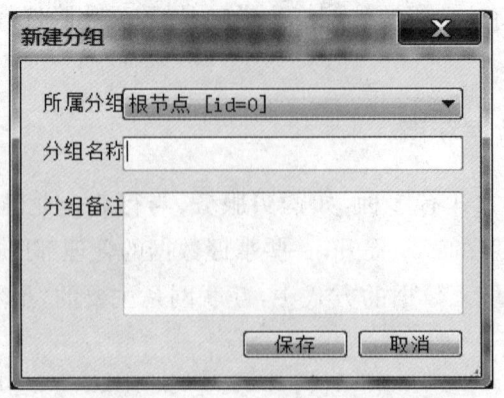

图 9-7 火车采集器新建分组

在新建的分组中单击右键,点击"新建任务"(见图 9-8),然后对任务名进行编辑。

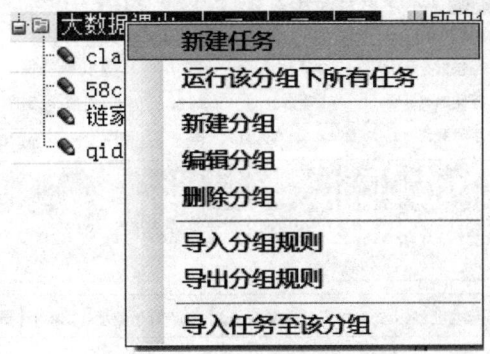

图 9-8　火车采集器新建任务

新建任务页面包含四个步骤,依次是采集网址规则、采集内容规则、发布内容设置、文件保存及部分高级设置火车采集器新建任务页面如图 9-9 所示。

图 9-9　火车采集器新建任务页面

3. 登录 Cookie

为了防止反爬,需先登录 Cookie(见图 9-10),模拟浏览器浏览网页。若遇到安全警报,如"脚本错误"或者"证书吊销"等相关提示,直接关闭即可。

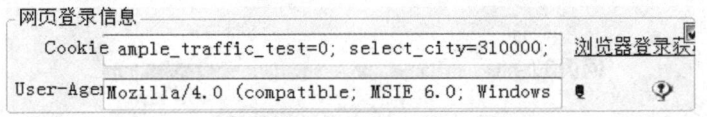

图 9-10　火车采集器登录 cookie

4. 添加网址

打开链家网上海主页,进入二手房页面,在页面选择区域点击"页面 2",发现分页面的网址为 https://sh.lianjia.com/ershoufang/pg2/,再点击"页面 3",其网址为 https://sh.lianjia.com/ershoufang/pg3/,而首页(页面 1)的网址可写为 https://sh.lianjia.com/ershoufang/pg1/ = https://sh.lianjia.com/ershoufang/,推测页面 x 的网址为 https://sh.lianjia.com/ershoufang/pgx/。

点击"起始网址"栏右侧的"添加"按钮,常用的添加形式有单条网址和批量、多页网址,或文本导入。本节通过批量形式获取起始网址,根据上述对链家网起始网址结构的分析,将其设为 https://sh.lianjia.com/ershoufang/pg(＊)/,其中(＊)为是变量,如图 9-11 所示。可以采集 1 页、5 页,也可以采集 100 页,采集的网页数量越多,运行速度越慢。可以设置为按等差数列获取,或按等比添加。

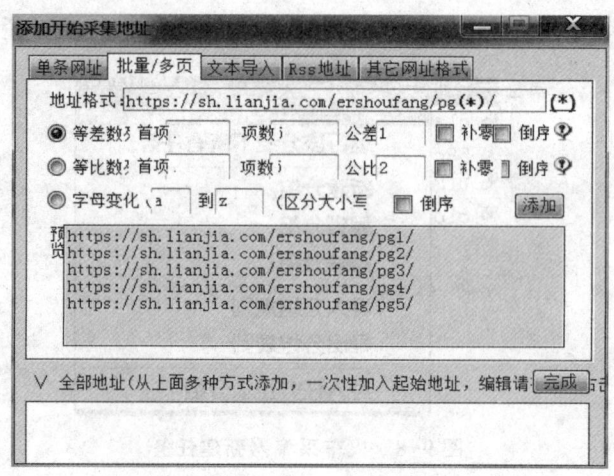

图 9-11　火车采集器添加起始网址

5. 多级网址获取

先推测详情页结构，点开链家网详情页。由观察可知，各详情页的网址只有数字是变化的，如图 9-12 所示。

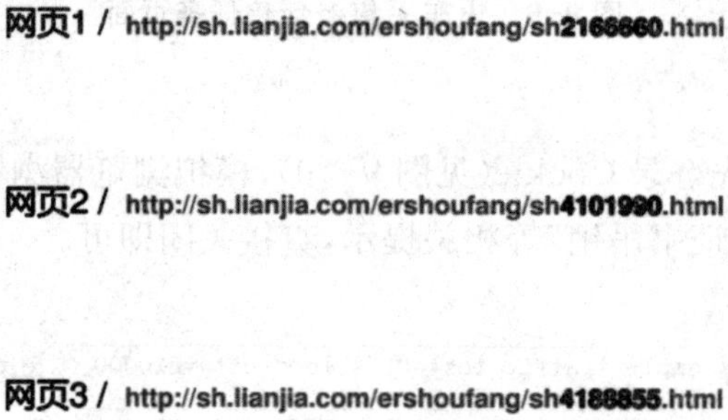

网页1 / http://sh.lianjia.com/ershoufang/sh2166660.html

网页2 / http://sh.lianjia.com/ershoufang/sh4101990.html

网页3 / http://sh.lianjia.com/ershoufang/sh4188855.html

图 9-12　链家网详情页网址

点击添加多级网址栏右边的"添加"按钮，在"结果网址过滤"下的"必须包含"中添加网址 https://sh.lianjia.com/ershoufang/（＊）.html（见图 9-13），然后点击"测试网址采集"，查看是否成功采集到详情页。若成功，则继续下一步；如未采集到，则返回修改。

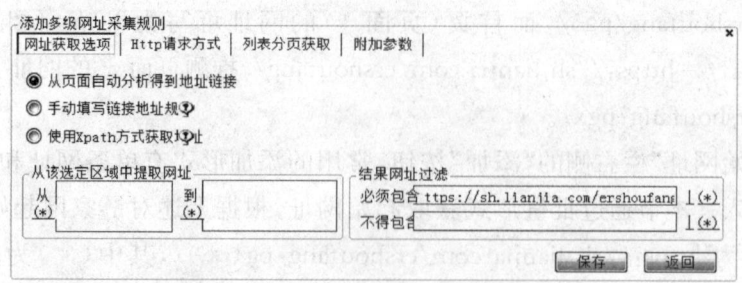

图 9-13　火车采集器获取多级网址

6. 定位数据在详情页源代码中的位置

在浏览器输入典型页面网址，即式例中详情页的网址，在浏览器中查看"源代码"和"检查"，chromium 内核浏览器一般都可以操作。如图 9-14、图 9-15 所示。

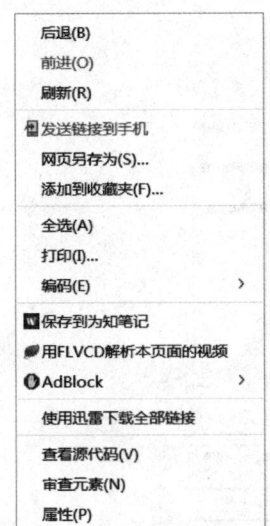

图 9-14　Chrom 浏览器

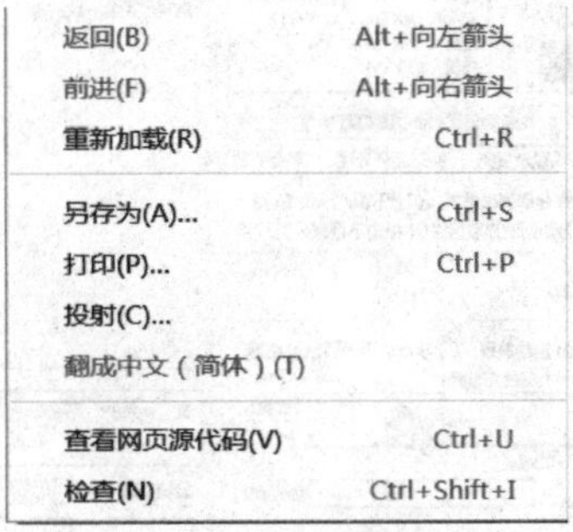

图 9-15　360 浏览器

在需要爬取数据的页面按"F12"，进入开发者工具，点击定位工具，依次点击"价格""朝向""面积""房型"等，获取源代码。如"3 室 2 厅"在源代码中的代码为 class＝"room"。按快捷键"ctrl＋C"可复制代码。

点击网页，进入网页源代码，使用快捷键"ctrl＋F"寻找该数据位置，如在源代码中需要寻找房型"3 室 2 厅"代码位置，可以按快捷键"ctrl＋F"，找到 div class＝"room"位置，如图 9-16 所示。

图 9-16　定位数据在详情页源代码中的位置

7. 编辑采集内容规则

在页面内容标签定义中，通过点击"添加"按钮添加"标题"，或者直接双击"标题"进行修改，进入添加标签定义页面，如图 9-17 所示。

根据需要采集的数据，输入标签名。在该标签编辑页面中，数据提取的方式有前后截取、正则提取、可视化提取、正文提取和标签组合形式。以采集房子"总价"为例，利用前后截

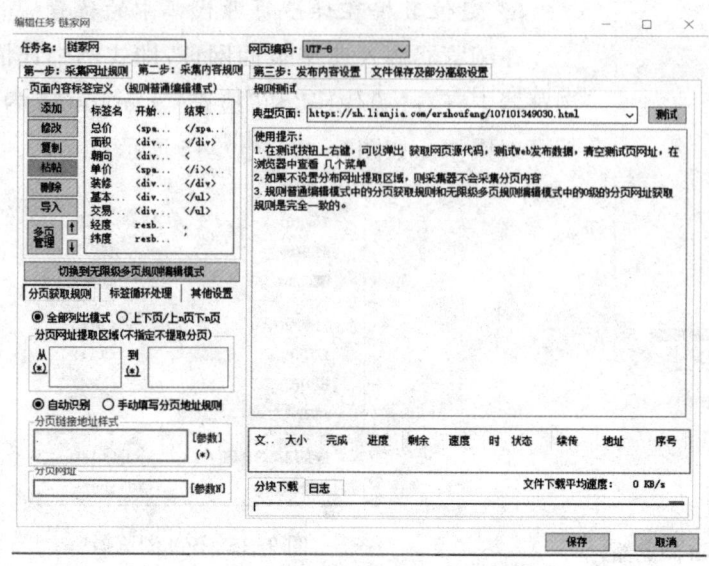

图 9-17 火车采集器添加标签

取的方式提取信息。在源代码中找到价格前后缀,在"开始字符串"处粘贴在网页复制的总价前面的内容,在"结束字符串"处粘贴总价后面的内容,如图 9-18 所示。在编辑采集内容规则的时候要注意,前缀(开始字符)必须是全源代码中唯一的。

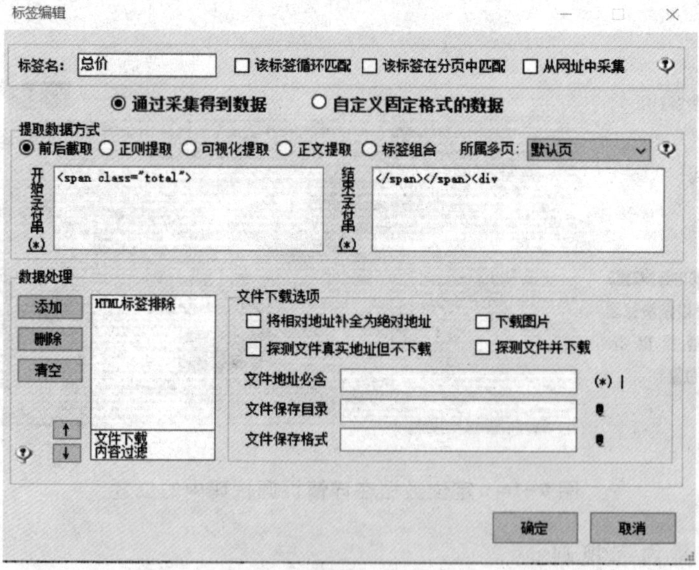

图 9-18 火车采集器提取房子总价

在编辑数据的获取规则的时候,火车采集器还提供了内容清洗的功能,如在总价内容中存在"〈div〉"等标签,可以利用"数据处理"栏中的标签过滤功能,把不需要的标签过滤掉。火车采集器同时还提供内容替换、字符截取等功能,减少后续数据清洗的难度。

　　当所需数据标签都添加完成后，在规则测试区域点击"测试"按钮，页面右侧会出现添加的标签以及对应的信息。

　　8. 发布规则

　　"发布内容设置"界面，主要是对采集好的数据进行保存。这里有三种保存方式：第一种是发布到网站；第二种是保存为本地 Word、Excel、txt 等文件；第三种则直接保存到数据库中。其中第二种方式使用的最多，具体操作方式为：选择方式二，在其前面的方框中打钩；设置好"保存文件格式""保存位置""文件模板"；火车采集器提供了默认模板，点击"查看默认模板"。如图 9-19 所示。

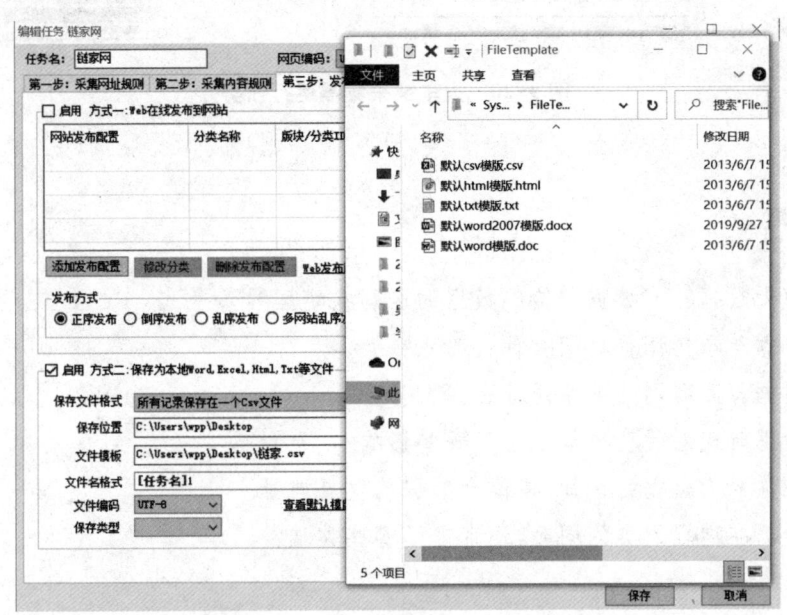

图 9-19　火车采集器发布内容设置

　　用记事本打开文件，默认 csv 模板，并进行设置。在设置模板的时候一定要注意，逗号为英文输入法状态下的符号，且 csv 模板一定是 UTF-8 编码，否则爬取的数据会出现乱码。

　　以上步骤完成后，点击"保存"，采集设计工作就完成了。

　　9. 运行任务

　　最后，在主界面的"采网址""采内容"和"发布"方框里打钩，开始采集数据。如果修改了设计任务，在重新开始爬取数据之前，一定要先删除已有的数据库和网站，如图 9-20 所示。

　　不同地区的链家代码和反爬情况不一样，本节以上海链家为例，它可以爬取，但北京链家就不能爬取。有关房产信息的网站不只有链家，还有安居客和搜房网等，可以尝试一些区域性的小型地产网站，爬取成功率会更高。

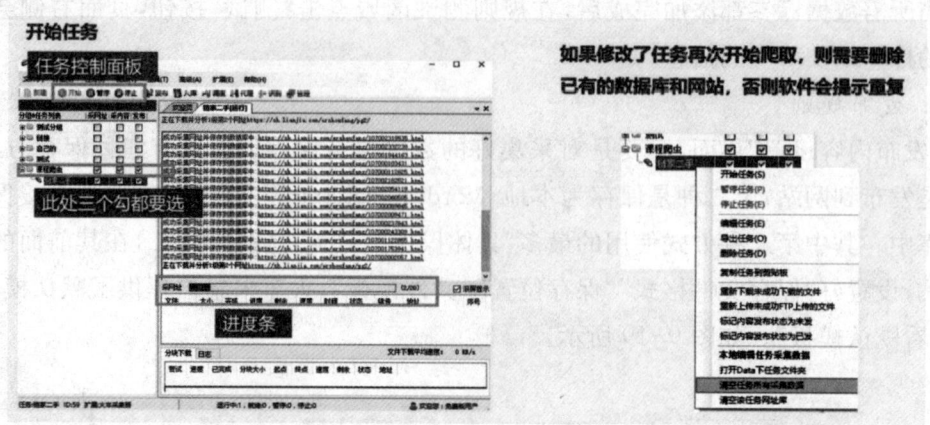

图 9-20　火车头采集器运行任务

思考题

1. 何为大数据？大数据与传统数据的区别在哪里？

2. 大数据与市场调查之间有什么关系？

3. 大数据与互联网的关系是什么？

4. 大数据时代对管理决策产生了哪些影响？

5. 结合你对大数据的认知，谈谈大数据的发展前景。

6. 大数据在造福人类的同时，还带来了哪些弊端？

案例分析题

[案例 1]

八个典型的大数据应用案例

1. 梅西百货的实时定价机制。根据需求和库存的情况，该公司基于 SAS 的系统对多达 7 300 万种货品进行实时调价。

2. Tipp24 AG 针对欧洲博彩业构建了下注和预测平台。该公司用（KXEN Knowledge Extract Engine）软件来分析数十亿计的交易记录以及客户的特性，然后通过预测模型对特定用户进行动态的营销活动。这项举措减少了 90% 的预测模型构建时间。SAP 公司正在试图收购 KXEN。

3. 沃尔玛的搜索。这家零售业寡头为其网站 Walmart.com 自行设计了最新的搜索引擎 Polaris，利用语义数据进行文本分析、机器学习和同义词挖掘等。根据沃尔玛的说法，语义搜索技术的运用使得在线购物的完成率提升了 10% 到 15%。"对沃尔玛来说，这就意味着数十亿美元的金额",Laney 说。

4. 快餐业的视频分析。该公司通过视频分析等候队列的长度,然后自动变化电子菜单显示的内容。如果队列较长,则显示可以快速供给的食物;如果队列较短,则显示那些利润较高但准备时间相对长的食品。

5. Morton 牛排店的品牌认知。当一位顾客开玩笑地通过推特在这家位于芝加哥的牛排连锁店订餐并送到纽约 Newark 机场时(他将在一天工作之后抵达该处),Morton 就开始了自己的社交秀。首先,分析推特数据,发现该顾客是本店的常客,也是推特的常用者。其次,根据客户以往的订单,推测出其所乘的航班,并派出一位身着燕尾服的侍者为客户提供晚餐。

6. PredPol 股份有限公司。PredPol 公司通过与洛杉矶、圣克鲁斯的警方以及一群研究人员合作,基于地震预测算法的变体和犯罪数据来预测犯罪发生的几率,可以精确到500 平方英尺的范围。在洛杉矶运用该算法的地区,盗窃罪和暴力犯罪分布下降了 33%和 21%。

7. 特易购(Tesco PLC)和运营效率。这家超市连锁在其数据仓库中收集了 700 万部冰箱的数据。通过对这些数据的分析,可进行更全面的监控及主动的维修以降低整体能耗。

8. 美国运通(AmEx)和商业智能。以往,AmEx 只能实现事后诸葛式的报告和滞后的预测。"传统的(Business Intelligence,BI)已经无法满足业务发展的需要",Laney 认为。于是,AmEx 开始构建真正能够预测忠诚度的模型。基于历史交易数据,用 115 个变量进行分析预测。该公司表示,对于在澳大利亚且将于四个月后流失的客户,已经能够识别出其中的 24%。

资料来源:https://www.sohu.com/a/194605624_694837。

问题:为何各行业企业都越来越重视对数据点的挖掘和分析?不同行业企业对大数据的应用有何相似之处?结合你对大数据的理解,谈谈大数据分析能给企业带来哪些收益。

第 10 章

市场调查报告的撰写

导入案例

联华超市的市场调查

1991 年上海联华超市成立,到 1993 年,上海超市已有五个品牌 300 多家门店,但经营艰难,于是上海市从 1994 年开始对连锁超市实施了一系列扶持政策。但越发展,问题越多,其中有一个技术瓶颈问题:零售企业要推广以 POS 系统为基础的信息化技术,但很多商品都没有条形码;供应商则抱怨零售商不使用 POS 机,即使有条形码也没有用。于是在 1995 年,原上海市商业委员会、上海市经济委员会、上海市技术监督局与上海市财贸管理干部学院(上海商学院的前身)联合发起了"上海工业产品与商业企业商品条码应用情况"调查。调查的目的只有一个:明晰商业企业销售的商品的条码化率(即有效条码占比)。通过对上海市第一百货商店的沪太路店、农工商超市、联华超市、华联超市等调查,得知上海当时的条码化率在 60% 左右。这一数据显示,条码化率较低是阻碍商业信息化进程的主要原因。调查报告发布以后,直接推动了《上海市商品条码管理办法》的出台。

市场调查报告是整个调查工作过程的总结,是调查研究人员劳动与智慧的结晶,也是企业经营决策需要的最重要的书面结果之一。因此,调研报告在撰写过程中要注意凸显最重要信息,并明晰企业经营决策所需的内容分析,避免枯燥乏味,拖沓冗长。调研报告要用于指导调研的设计和执行。

资料来源:朱文敏、曹剑涛等编著的《商业调查与市场发现》(2014 年)。

10.1 市场调查报告的概念

市场调研人员掌握了大量可被分析的信息和数据后,就需要开展相关调研报告的撰写,将所发现的各类信息,高效、有效地传递给信息需要者,以帮助管理者做出科学决策。市场调查的结果最终以报告形式展现,这就是市场调查报告。市场调查报告是围绕市场调查课题,依据客观的市场调查资料,整合与调查课题相关的信息,通过科学的市场调查分析,完成市场调查课题的总结和汇报。

10.1.1 市场调查报告的主要类型

市场调查报告的核心是实事求是地反映和分析客观事实。通过分析事实现象、挖掘本质问题、总结基本规律、展望未来趋势等环节,对所调查的材料进行理性处理。调查报告主要包括两个部分:一部分是调查,另一部分是研究。调查,即应该深入实际,准确地反映客观事实,不凭主观想象、按事物的本来面目了解事物,详细地钻研材料。研究,即

在掌握客观事实的基础上认真分析,透彻地揭示事物的本质。调查人员在调查报告中可以提出一些对策建议,但这不是主要的,因为对策的制定是一个深入的、复杂的、综合的研究过程。至于调查报告中的对策能否被采纳、能否上升到政策,需要经由政策预评估决定。

市场调查报告可以根据不同标准进行划分,它既可以书面方式或口头汇报用户报告调研结果的方式向管理者解说,还可以将其制作成多媒体演示课件,向决策者或客户演示、解说和沟通。一般而言,市场调查报告是调查报告的一个重要种类,它是以科学的方法对市场的供求关系、购销状况以及消费情况等进行深入细致的调查研究,其后所写成的书面综合报告。市场调查报告的作用在于帮助企业了解、掌握市场的现状和趋势,增强企业在市场经济大潮中的应变能力和竞争能力,从而有效地提高经营管理水平。

1. 根据呈报方式划分

根据呈报方式的不同,市场调查报告可分为书面市场调查报告(书面报告)和口头市场调查报告(口头报告)。书面报告是系统地、全面地调查相关背景、内容、过程、结果和结论后所形成的分析报告。口头报告是根据市场调查与分析结果,进行的口头讲解,主要包括即兴讲解、按书面报告讲解和专门讲解。

2. 根据阅读对象划分

根据阅读对象的不同,市场调查报告分为专业性报告和简要报告。一些受委托的市场调研活动,其阅读对象可能为非专业人士,如政府产业部门工作人员,所以市场调查报告可能需要有两种形式:一种是专业性报告;另一种就是简要报告。此外,简要报告不仅供非专业人士使用,还可以作为专业性报告的交流汇报使用。

3. 根据内容划分

根据内容的不同,市场调查报告分为专题报告和综合报告。专题报告是指针对某个问题而撰写的调查报告,如农村居民消费问题调查报告、某地旅游业发展调查报告。专题报告涉及范围较窄、针对性强、研究内容较深入。综合报告是指围绕调查对象的基本状况和发展变化过程,对全部调查的结果进行全面、系统、完整的阐述的调查报告。综合报告所涉及的内容及范围比较宽泛、资料比较丰富、篇幅较长。它对调查对象的发展变化情况作纵横两方面的介绍。

4. 根据写作方式划分

根据写作方式的不同,市场调查报告分为反映基本情况的调查报告、总结典型经验的调查报告、揭露问题的调查报告三种形式。反映基本情况的调查报告主要用于反映某一地区、某一领域或某一事物的基本面貌,目的在于报告全面的情况,为决策者制定方针、政策,规定任务,采取措施提供决策依据和参考。总结典型经验的调查报告主要是在对典型成功案例进行深入调查分析后,提炼出成功的经验进而有效指导和推动其他相关单位的工作。揭露问题的调查报告主要是针对某一方面的问题进行专项调查,澄清事实且判明问题的原因和性质,估算造成的危害并提出解决问题的途径和建议,从而为问题的最后处理提供依据,也为其他有关方面提供参考和借鉴。

10.1.2 市场调查报告的意义

市场调查报告是市场调查分析与预测的最终成果,也是完成市场调查课题任务的集中体现。这就如同,市场调查报告是最终产品,市场调查和分析是流水线上半成品,最后的撰写就如同产品的最后组装。再好的半成品,如果没有组装好,也会前功尽弃。事实表明,无论调研课题多么有价值,调查表设计多么详细周密,样本量选取多么具有代表性,数据收集、质量控制多么严格,数据分析多么科学严谨,如果最终交不出一份清晰的、务实的、高质量的市场调查报告,那么就无法了解市场和掌握市场,无法为企业决策提供客观依据。可以说,这样的市场调查活动是不成功的。因此,市场调查报告具有十分重要的意义。

1. 市场调查报告是完成市场调查课题的重要标志

市场调查报告是市场调查活动的重要环节,是完成市场调查课题的重要标志。在进行市场调查时,我们可能是市场调研人员,也可能是市场课题的委托人。但不管怎样,最终都要把市场调查结果以市场调查报告的样式,交付给企业经理人员、最高管理层、营销主管,或者市场调查课题委托人。如果没有市场调查报告,这个市场调查过程就没有完成。所以,市场调查人员或委托人最为关心的就是市场调查报告。

2. 市场调查报告是市场调查活动成果的集中体现

市场调查报告是调查与分析的有形成果,它是将调查研究的成果以文字或图表的形式表达。市场调查报告一般以书面形式呈现,内容极为丰富,分析过程具有系统性。它可以介绍调研背景、说明调研原因、陈述调研过程、讲明调研方法、分析调研资料、说明调研结果、得出调研结论、给出调研建议,并由此方便决策者参考,进而采取相应决策。因此说,市场调查报告是市场调查活动成果的集中体现。

3. 市场调查报告是衡量市场调查工作质量水平的重要标志

市场调查报告不仅是市场调查活动成果的集中体现,还是市场调查活动成果的历史记录,可以此衡量市场调查工作的质量水平。尽管市场调查与市场预测所采用的方法、技术、组织过程及资料分析、预测的方式也是衡量市场调查质量的重要方面,但市场调查报告无疑是最重要的部分。市场调查报告是调查活动的有形产品。当一项市场调查与市场预测项目完成以后,调查报告就成为该项目的少数历史记录和证据之一。作为历史资料,它有可能被重复使用,进而实现其使用效果的扩增。

4. 市场调查报告是指导市场活动实践的基本依据

市场调查的最后一个环节,是提出调查、预测结论、提出建议,并追踪调查结果。这需要调查报告为相关企业(行业)的市场经营活动提供有效的导向作用,为企业(行业)的决策提供客观依据。市场分析报告比调查资料要便于阅读和理解。从某种意义上说,市场调查目的是写出科学满意的调查报告,指导营销实践工作。市场调查报告是市场调查成果的综合体现,也是指导市场实践活动的基本依据。

10.1.3　市场调查报告的撰写原则

市场调查报告是市场调查活动结果和效果的重要体现形式,因此它具有绩效和目标导向的特质。因此,撰写市场调查报告,可以采用绩效管理的相关原则,如"SMART"原则,S(Specific)——明确性,M(Measurable)——可衡量性,A(Achievable)——可行性,R(Relevant)——相关性,T(Time-constrained/Time-related)——时限性。

1. 明确性

明确性是指用具体的语言清楚地说明要达成的行为标准。明确的目标几乎是所有成功团队的一致特点。很多团队不成功的重要原因之一就是目标定的模棱两可,或没有将目标有效地传达给相关成员。市场调查报告明确性原则要求调查主题要明确、调查思路应明晰、调查结果陈述须得当。

2. 可衡量性

可衡量性是指目标应该是明确的,而不是模糊的。应该有一组明确的数据,作为是否达到目标的衡量依据。如果制定的目标没有办法衡量,就无法判断这个目标是否实现。但并不是所有的目标都可以衡量,有时也会有例外,例如大方向性质的目标就难以衡量。市场调查报告的可衡量性原则要求调查报告具有一定可衡量性,最好具有量化指标,指导实践也应当具有可衡量性。

3. 可行性

可行性是指这一总体目标是能够完成的,是能够达到的,目标是可被执行人所接受的。如果管理者利用一些行政手段,利用权力性的影响力将目标强制让下属完成,那么下属可能会产生一种心理和行为上的抗拒。一旦这个目标没有完成,执行者有各种理由推卸责任。市场调查报告可行性原则要求调查报告介绍的调查方法具有可行性,调查报告结果指导实践要具有可行性。

4. 相关性

相关性是指此目标与其他目标有关联。如果实现了这个目标,但这与其他的目标完全不相关,或者相关度很低,那即使这个目标达到了,意义也不是很大。市场调查报告相关性原则要求调查报告所涉及的内容要与调查课题密切相关,同时调研结果和建议也要与调研内容具有相关性。

5. 时限性

时限性是指目标是有时间限制的。没有时间限制的目标无法经受考验,它会不知不觉成为一个没有意义的摆设,起不到任何作用。市场调查报告时限性原则要求从最初调查到最终呈交调查报告的阶段要有时间限制。所以，一般在调查报告前，需要根据目标设置、时间限制，以及工作任务的权重、事情的轻重缓急，拟定出完成目标项目的时间要求，并定期检查项目的完成进度。

10.1.4 市场调查报告的撰写技巧

市场调查报告的写作技巧主要包括表达、图表等方面的技巧。表达技巧主要包括叙述、说明、议论、语言运用四个方面的技巧。

1. 叙述的技巧

市场调查的叙述主要用于调查报告开头部分，叙述事情的来龙去脉，表明调查的目的、根据过程以及结果。此外，在调查报告主体部分中，还要叙述调查过程及结论。市场调查报告常用的叙述技巧有：概括叙述、按时间顺序叙述、叙述主体的省略。

（1）概括叙述。叙述有概括叙述和详细叙述之分。市场调查报告主要用概括叙述，将调查过程和情况概略地陈述，不需要对事件的细枝末节详加铺陈。这是一种"浓缩型"的快节奏叙述，文字简约、一带而过，给人以整体、全面的认识，以适应市场调查报告快速、及时反映市场变化的需求。

（2）按时间顺序叙述。这是指交代调查的目的、对象、经过时，往往采用按时间顺序叙述的方法，次序井然，前后连贯。例如，开头部分叙述事情的前因后果，主体部分叙述市场的历史及现状，就体现了按时间顺序叙述的技巧。

（3）叙述主体的省略。市场调查报告的叙述主体是指报告的单位，叙述使用"我们"第一人称。为行文简便，叙述主体一般在开头部分出现后，以后各部分可省略。

2. 说明的技巧

市场调查报告常用的说明技巧有数字说明、分类说明、对比说明、举例说明等。

（1）数字说明。市场运作离不开数字，反映市场发展变化情况的市场调查报告，要运用大量的数据，以增强调查报告的精确性和可信度。

（2）分类说明。市场调查所获的材料杂乱无章，根据主旨表达的需要，将材料按一定标准分为几类并分别说明。例如，按问题性质将调查的基本情况归纳成几类，或按不同层次分为几类。每类前冠以小标题，按提要句形式表述。

（3）对比说明。通过横向对比分析其中的差距，通过纵向对比发现发展及变动的规律，并对背后的影响因素进行探索。

（4）举例说明。为说明市场变化发展情况，举出具体、典型的事例，这也是常用的方法。市场调查中，会遇到大量事例，应从中选取有代表性的例子。

3. 议论的技巧

（1）归纳论证。归纳论证是指在获得大量材料之后，分析研究并得出结论，从而形成论证过程。这一过程，主要运用议论方式，其所得结论是从具体事实中归纳出来的。

（2）局部论证。市场调查报告不同于议论文，不可能全篇论证，只是在情况分析、对未来预测的部分作局部论证。例如，从几个方面对市场情况作分析，每一方面形成一个论证过程，用数据、案例等作论据以证明其结论，从而形成局部论证。

（3）推论论证。市场调查报告经常需要根据数据分析的结果进行推理和论证。

4. 语言运用的技巧

（1）用词。市场调研报告中数量词用得比较多，因为市场调查离不开数字，很多问题要用数字说明。可以说，数量词在市场调查报告中因其特有的优势，而具有重要作用。市场调查报告中介词用得也很多，主要用于交代调查目的、对象、根据等方面，如用"为""对""根据""从""在"等介词。此外，还多以专业词反映市场发展变化，如"商品流通""经营机制""市场竞争"等。为使语言表达准确，撰写者还需熟练市场有关专业术语。

（2）句式。市场调查报告多用陈述句，陈述调查过程、调查到的市场情况，并对此表示肯定或者否定。祈使句多用在提议部分，表示某种期望，但提议并非都用祈使句，也可用陈述句。

10.2　市场调查报告的格式

良好的市场调查报告格式，能表现出调查者的优秀业务素养。一篇结构清晰的调查报告，不仅可以真实反映调研内容和调研结果，而且可以让委托方或阅读者准确、快速地了解调研结果。

美国市场调查专家雷斯·马尔霍查在《市场调查》一书中提出市场调查报告格式，他认为市场调查报告应当包括扉页、信函、目录、经理揽要、正文、附录等六大部分。其中，扉页是指在报告封面或衬页之后、正文之前的一页。扉页上一般含有调研参与者、委托方、调研时间等信息。扉页能起到装饰作用，可以增加报告的整体美感。信函主要包括递交信、委托信等。目录包括总目录、表格目录、附表目录、证据目录等。经理揽要主要是为经理人阅读提供简要报告。正文部分主要包括提出问题、分析问题、解决问题等内容，具体需要阐释问题界定、解决问题方法，介绍调查设计，进行资料分析，得出调研结果，说明局限和警告，最后总结结论与建议。附录主要是调研过程中所产生的量表、辅助证明材料，以及数据分析结果等。目前，常见市场调查报告主要包括扉页、正文、附录。

10.2.1　扉页

扉页通常包括标题、客户（委托人）、调查公司、日期内容目录。

1. 标题

市场调查报告的标题就是市场调查报告的题目。标题必须准确揭示调查报告的主题思想。标题要简单明了、高度概括、题文相符。如"关于哈尔滨市家电市场调查报告""某新产品市场进入壁垒调查报告""某店铺商圈调查报告"等。这些标题都很简明,能吸引人。

调查报告要使用能揭示内容中心的标题,具体写法有以下几种。

(1) 公文式标题。这类调查报告标题多由事由和文种构成,平实沉稳,如"关于农民工工作生活状况的调查报告",也有一些标题由调查对象和"调查"二字组成,如"女性网络消费情况的调查"。

(2) 一般文章式标题。这类调查报告标题直接揭示调查报告的中心内容或思想,十分简洁,如"本市老年人各有所好"。

(3) 提问式标题。如"分红新政策,能给投资者带来几多利好",这是典型调查报告常用的标题写法,特点是具有吸引力。

(4) 正副题结合式标题,这是用得比较普遍的一种调查报告标题。特别适用于介绍典型经验的调查报告和反映新生事物的调查报告。正题揭示调查报告的思想意义,副题表明调查报告的事项和范围,如"政协委员破解从田头到餐桌的'环节拥堵'——'卖难买贵'为何两头受累"。

标题、报告日期、委托方以及调查公司,一般打印在扉页上。

2. 目录

如果调查报告的内容、页数较多,为了方便读者阅读,调查报告应当以目录或索引形式列出主要章节和附录,并注明标题、有关章节号码及页码。一般来说,目录的篇幅不宜超过一页,如图 10-1 所示。

目 录

一、前言 …………………………………………………………………… 1
二、市场调查现状分析 …………………………………………………… 3
三、调查问题产生的原因 ………………………………………………… 5
四、结论与建议 …………………………………………………………… 8
五、附录 …………………………………………………………………… 12

图 10-1 调查报告的目录

10.2.2 正文

正文是市场调查分析报告的主体部分。这部分必须准确阐明以下几个部分,包括问题的提出、引出的结论、论证的全部过程、分析研究问题的方法、可供市场活动的决策者进行参考的全部调查结果以及必要的市场信息,并进一步对这些情况和内容进行分析评论。正文一般分为前言、主体、结尾三部分。

1. 前言

前言是市场调查报告的开头部分，一般用来说明市场调查的目的和意义，介绍市场调查工作的基本概况，包括市场调查的时间、地点、内容、对象以及采用的调查方法、方式，这是比较常见的写法。也有的调查人员在前言中，先写调查的结论是什么，或直接提出问题等，这种写法能增强读者阅读报告的兴趣。

调查报告的前言一般要根据主体部分、组织材料的结构顺序来安排，常用的前言有以下几种类型。

（1）提要式。提要式就是对调查对象最主要的情况进行概括，并将其写在开头，使读者在开篇时就对它的基本情况有一定的了解。

（2）交代式。交代式是指在问卷开头简单地交代调查的目的、方法、时间、范围、背景等，使读者在开篇时就对调查的过程和基本情况有所了解。

（3）问题式。问题式是指在开头提出问题，以引起读者对调研课题的关注，促使读者思考。这样的开头可以提问的方式引出问题，也可以直接将问题摆出来。

前言有几种写法：第一种是写明调查的起因、目的、时间、地点、对象、范围、经过、方法以及人员组成等情况，从而引出中心问题或基本结论；第二种是写明调查对象的历史背景、大致发展经过、现实状况、主要成绩、突出问题等基本情况，进而提出中心问题或主要观点；第三种是开门见山，直接概括出调查的结果，如肯定做法、指出问题、分析影响、说明中心内容等。前言起到画龙点睛的作用，要精炼概括、直切主题。无论哪一种写法，都要注意三个方面内容：第一，简要说明调查目的，即简要地说明调查的由来和委托调查的原因。第二，简要介绍调查对象和调查内容，包括调查时间、地点、对象、范围、调查要点及所要解答的问题。第三，简要介绍调查研究的方法。介绍调查研究的方法，有助于提高调查结果的可靠性，因此要对所用方法进行简短叙述，并说明选用方法的原因。例如，是用抽样调查法还是用典型调查法，是用实地调查法还是文案调查法，这些一般是在调查过程中使用的方法。另外，对在分析中使用的方法都应作简要说明，如指数平滑、回归分析、聚类分析等方法。如果部分内容很多，应有详细的工作技术报告以说明补充，附在市场调查报告的最后部分。

2. 主体

主体是调查报告最主要的部分，这部分详述调查研究的基本情况、做法、经验，以及分析从调查研究材料中得出的各种具体认识、观点和基本结论。

主体是市场调查报告中的主要内容，是表现调查报告主题的重要部分。这一部分的写作直接决定调查报告的质量高低和作用大小。主体部分要客观、全面地阐述市场调查所获得的材料、数据，用它们来说明有关问题，并得出有关结论，要对有些问题、现象做深入分析、评论等。总之，主体部分要善于借助材料表现调查的主题。这部分是调查报告的主干和核心，是引语的引申，是结论的依据。这部分主要写明事实的真相、收获、经验和教训，即介绍调查的主要内容是什么以及为什么如此。主体部分要包括大量的材料，如人物、事件、问题、具体做法、困难障碍等，内容较多，所以要精心安排调查报告的层次、结构，有步骤、有次序地表现主题。

前言之后、结语之前的文字都属于主体。这部分的材料丰富、内容复杂，在写作中最主要的问题是结构的安排。主体的主要层次形式有以下三种。

（1）用观点串联材料。由几个从不同方面表现基本观点的层次组成主体，以基本观点为中心线索将它们贯穿在一起。

（2）以材料的性质归类分层。课题比较单一、材料比较分散的调查报告，可采用这种层次形式。经分析、归纳，调查者可根据材料的不同性质将它们梳理成几种类型，将每个类型的材料集中在一起，对其进行表达并形成一个层次。在每个层次之间可以加上小标题或序号，也可以不加。

（3）以调查过程的不同阶段自然形成层次。事件单一、过程性强的调查报告，可采用这种层次形式。它实际上是以时间为线索来谋篇布局的，类似于记叙文的时间顺序写法。

关于事实的叙述和议论主要都写在调查报告的主体部分里，这一部分是充分表现主题的重要部分。一般来说，调查报告主体的结构一般有以下三种形式。

（1）横式结构。横式结构是指对调查的内容综合分析，紧紧围绕主旨，按照不同的类别将内容分别归纳成几个问题来写，在每个问题之前加上小标题，而且每个问题里往往包含着若干个小问题。典型经验性质的调查报告的格式，多采用这样的结构。这种调查报告观点鲜明、中心突出，使人一目了然。

（2）纵式结构。纵式结构有两种形式：一是按调查事件的起因、发展及先后次序进行叙述和议论。一般情况的调查报告和揭露问题的调查报告的写法多使用这种结构形式，这一形式有助于读者对事物的发展有深入的、全面的了解。二是以成绩、原因、结论层层递进的方式安排结构。一般综合性质的调查报告多采用这种形式。

（3）综合式结构。这种调查报告形式兼有纵式和横式两种形式的特点，互相穿插配合，组织安排材料。一般是在叙述和议论发展过程时，选择用纵式结构；而在写收获、认识和经验教训时，采用横式结构。

调查报告的主体部分不论采取什么结构形式，都应该做到先后有序、主次分明、详略得当、联系紧密、层层深入，为更好地表达主题服务。

3. 结尾

结尾是调查报告分析问题、得出结论、解决问题的必然结果。对于不同的调查报告，结尾的写法各不相同。一般来说，调查报告的结尾有以下五种类型：对调查报告归纳说明，总结主要观点，深化主题，以提高人们的认识；对事物发展做出展望，明确努力前行的方向，启发人们进一步探索；提出建议，供领导参考；写出尚存在的问题或不足，说明有待解决的问题;补充交代正文没有涉及而又值得重视的情况或问题。

结尾的写法比较多,可以提出解决问题的方法、对策或下一步改进工作的建议;可以总结全文的主要观点,进一步深化主题;可以提出问题,引发人们的进一步思考;也可以展望前景,发出号召。调查报告常在结尾部分显示作者的观点,对主体部分的内容进行概括、升华,因此,结尾往往是一个比较重要的部分。这部分包括对引言和正文部分所提出的主要内容的总结,提出如何利用已证明为有效的措施,为解决某一具体问题而提出的可供选择的方案与建议。结论和建议与正文部分的论述要紧密对应,不可以提出无证据的结论,也不要提出无结论性意见的论证。

结尾常见的写法有以下三种:第一种是概括全文,明确主旨。在结束的时候将全文归结到一个思想的立足点上。第二种是指出问题,启发思考。如果一些存在的问题还没有引起人们的注意,限于各种因素而不能提出解决问题的办法,那只能把问题提出来,引起有关方面的注意,或者启发人们对这一问题的思考,这样的报告同样特别有价值。第三种是针对问题提出建议。在揭示有关问题之后,为解决问题提供一些可行的建议。

10.2.3　附录

附录是指调查报告正文包含不了或没有提及,但与正文有关且必须附加说明的部分。它是对正文报告的补充或更详尽的说明。一般附录包括有关调查的统计图表、数据汇总表、原始资料背景材料、有关材料出处、参考文献和必要的工作技术报告等,例如为调查选定样本的有关细节资料及调查期间所使用的文件副本等。

调查报告是对整个调查工作,包括计划、实施、收集、整理等一系列过程的总结,是调查研究人员劳动与智慧的结晶,也是客户需要的最重要的书面结果之一。它是一种沟通、交流形式,其目的是将调查结果、战略性的建议以及其他结果传递给管理人员或其他相关负责人。因此,认真撰写调查报告,准确分析调查结果,明确给出调查结论,是调查报告撰写者的责任。

10.3　调研结果的交流与展示

市场调查最后阶段的工作就是对问题情景下的调研结果进行交流探讨,如果调研结果不能以某种形式呈现给人们,调查项目就会变得毫无意义。调研结果的呈现主要有两种形式:口头或书面报告。

10.3.1　调研结果的交流

梅瑟 2010 年在对 188 家调研公司调查后报告说,2009 年有 51% 的商业调研项目最终以 PPT 的形式进行项目报告，17%使用打印版报告的形式呈现调研结果。在结果的展示中更多地使用数据可视化工具或仪表板，以此来突出调研结果。在针对公司内部的调查项目中，调查人员需采用一系列方法来吸引内部使用者。

在一些项目中，调查结果以会议记录、出版刊物或书籍的形式保存下来。展示和报告之所以对企业很重要，主要是因为：能够明晰地反映调研结果；可以用于调研结果的沟通和传播；可以作为影响、说服客户的一种方法；可以强调调研结果的价值；能够体现调研者外部营销的能力和专业技能。

调研结果的展示之所以重要，还在于它是客户和调研者的一种双向沟通方式，双方可以一起讨论调研结果，探索结果背后的信息。作为一种包含了调研项目全部资料的文件，报告记录着从原始问题界定到最终调研结果反映的信息，记录了调研中的很多工作。很多阅读报告以及参与展示的人员并不负责调研项目中某一阶段的工作，他们的任务可能仅仅是展示调研结果。在委托一些工作时，客户就需要参考这些报告，对调研的质量以及调研提供商提供的服务质量进行评价。因此调查人员在撰写报告时需要了解报告的可能用途。

在准备展示和撰写报告之前，必须知道沟通的艺术以及沟通的重要性。沟通的目的在于传递一些东西，如数据、信息知识以及想法，这也是为了能够影响或者说服别人。沟通的工作包括四个部分：信息来源、信息本身、信息传播渠道、信息接收者。为了让沟通过程更加有效，需要先了解这四部分的内容以及它们之间的相互作用。需要知道展示表达的内容，具体信息是什么，信息接收者都有谁，以及对他们来说信息重要的原因。目的是使信息满足客户的需求，并且更好地利用渠道提供信息传递速度。

10.3.2 准备展示成果

通过对调研项目的背景调查了解了出席展示会议的听众，接下来就是如何更好地设计调研成果展示，借此吸引听众的兴趣。

1. 目标

在计划展示以及报告之前，需要清楚知道准备表达的内容、展示的目的、想要达到和实现的最终目标。聚焦于客户的需求，从客户角度来思考问题是非常重要的，如在展示结束之后，设想客户会做出什么样的行动；是否为了满足客户某种需要而提供定制化服务。在展示的过程中，要时刻考虑客户的需求，努力将客户的想法与展示者保持一致。展示的最后，客户应该明白接下来要作出什么样的行动，下一阶段的工作该如何展开。展示准备阶段，不要总是考虑是否能够在一定的时空范围获得多少数据，数据并不是客户真正感兴趣的，他们真正感兴趣的是信息和知识，是那些能够帮助他们作出更好决策的线索。展示内容要根据最终调研结果、调研目标而定，而不仅仅是调研过程中产生的一些数据。展示的目的在于向客户传递相关信息，尤其是对其业务有价值的信息。

2. 假设

为了更好地说明假设,展示人员需要清楚客户的需求,了解决策过程的本质,决策环境的作用机制,还需要对听众有所了解。因此,先要明白自己真正掌握的以及假设自己已经掌握的信息,再思考为什么要进行调研;调研结果主要用于哪些方面;客户需要作出的决定,以及他们现在的一些想法。客户主要面对什么样的问题? 他们对这次的调研以及对将要作出的决策的态度和看法是怎样的? 对于调研实践和调研技巧,他们了解多少? 听众中是否有人持不同的意见? 对这些存在疑问的话,展示人员就需要在展示之前或之后及时地提出。之所以需要这样的信息,是为了让在展示中传递的信息符合听众需求,从而实现最终目标。展示会议是同客户团队进行沟通的机会,也是客户团队聚在一个地方彼此交流调研结果的难得机会,因此要更好地利用时间。

展示会议中的听众可能非常多元,要清楚与会人员不同的思维方式,听众对最终结果也存在着不同的预期。展示之前,需要决定自己最先需要影响的人有谁,并在展示过程中实现这样的目标。有时候也需要针对不同的听众,准备不同的展示,满足各自不同的需求。这里需要注意的问题主要包括:哪些人,他们各自的职务级别是什么,他们对调研的熟悉程度如何,他们对问题的熟悉程度如何,他们会在哪里听展示,预计会有多少听众。

3. 媒体选择

在特定的会场中,考虑以最佳的方式将信息传递给听众,使用恰当的手册、活动挂图这些工具可以产生与多媒体工具同样的效果。

相比之下,尽管手册容易准备且可以作为资料记录永久保存,但手册若作为主要的展示资料,其产生的影响实际上会很不理想,因此最好是在展示结束后将手册分发给听众。活动挂图在听众数目比较少的时候很有效,比较容易准备,但对于规模较大的会场,效果不是很好(特别是在字较小且不清楚的情况下)。

幻灯片也是很容易准备的,很多会场都有放映幻灯片的设备,设计良好的幻灯片——适量的文本或从文本中提炼而来的背景介绍,能够发挥很大的作用。但是幻灯片的设计、演示要操作得好有一定的困难。可以使用软件包或模板以便与要展示的内容配合,并且多多练习,这样在向客户展示时才会让其感觉舒适并取得比较好的效果。展示中如果要使用会场电脑或自己的笔记本电脑,需要先确保这些设备可以使用,还要为会议中可能发生的意外事件准备好应对方案,可以将幻灯片文件上传到网上或是移动硬盘中,甚至准备好纸质版文件以备不时之需。

在设计图表或幻灯片的过程中,要考虑到人们消化吸收信息的不同方式,有些人喜欢数据,有些人喜欢文字,还有一些人可能更偏向于图表。实际设计中,一般幻灯片会综合文字、数据、图表等内容。展示人员应打破某种固定的风格,保证幻灯片不是将资料单调地堆砌起来,资料的处理方式要符合资料本身的特点。目前展示中使用最多的是

PPT，但还有一些其他的提供不同功能的程序，可以根据演示需求左右平移、放大或缩小局部细节以显示演示文档全貌。还有很多软件能够更加形象生动地展示数据，学会用先进的方法和较新的软件展示内容，将有利于提升信息传递的效果。

4. 模拟实践

展示之前需要做好充足的准备，充分地了解资料，在展示时间上进行控制。可以邀请同事来听模拟展示，让大家对展示提问并给予相关反馈，反馈中尤其要注意这几个方面问题：清晰度、声调、语速、肢体语言、与听众的互动、视觉工具的操作、视觉工具的质量、对资料的掌握程度、展示的逻辑性、标记的设置、时间长度、对论点的说明情况、开篇以及结尾、提问和讨论环节等。

如果无法开展上述模拟演练的话，也可以一个人以大声练习的方式模拟展示全过程，大声地说出来意味着要比自己在脑海中演示一遍花费更多的时间。出声演示的方式能够帮助展示人员发现展示过程中可能出现的一些问题，比如发现那些比较薄弱的论据，从而强化它们。

此外，还应该考虑一下展示过程中听众可能提出的问题。根据展示的种类，这些问题可能是技术上也可能是方法论上的疑问，甚至是对陈述方式、建议、看法、商业社会背景等的疑问。

10.3.3　展示成果

展示之前要首先确定展示时间、陈述时间、讨论时间以及其他部分的时间各占多少，并根据时间安排调整自己的展示。不要让大量的数据占据了展示时间，通常人们注意力的集中时间不超过 45 分钟，因此要有意识地缩短展示时间。如果展示之前被分配的时间为 45 分钟，最好在设计展示阶段将展示限制在 30 分钟，因为展示过程中很可能会发生各种各样的事情，并打断调研结果的展示，比如与会人员迟到，但是展示的时间却是固定的。

1. 适应展示的环境

开始展示之前，展示人员要提前进入会场、熟悉会场环境，调整会场的温度，温度过低会让听众无法集中精力、过高则会让人感觉乏力。展示之前，展示人员容易紧张，但要相信自己能够做好，并通过放慢自己的呼吸来调整紧张的心态。

检查技术细节：保证展示中使用的设备不会发生障碍、会场的大小与听众规模、展示的方式相适应。还要让自己或团队成员清楚在设备出现问题时如何解决，以保证不耽误调研结果的展示。一些展示中使用的资料要存有备份。

2. 开始展示阶段

展示开始之前，展示人员可将手表或手机放在讲桌上、方便看到时间。在全部与会人员到场后，展示人员要先试调一下设备，保证每个人都能看清放映的幻灯片。开始展示时,展示人员要有意识地控制自己的语音语速,人在紧张的时候容易加快语速或提高音调。展示人员可在陈述的过程中尝试灵活地转变语调、使自己的演示听起来更加声情并茂。展示人员需要吸引听众的注意力、建立起比较好的联系,要让听众将注意力放在展示的内容而非展示的方式上。展示中,展示人员要注意肢体语言,让自己的肢体语言看起来更加大方、友好,保持和听众之间的目光接触,把听者带入到陈述中来。还要注意,最好不要在展示的过程中念稿子或背对着听众,更不要有一些分散听众注意力的动作,比如转笔、将手放在口袋里、来回走动等。如果用笔记本电脑展示,可能会有一些打印出来的资料。展示中不要只是照着资料读,也不要照着幻灯片上的内容念,那样的展示会变得单调乏味,只是将这些资料作为展示过程中的提示,还要注意自己的语音语调。

如果有一些与会人员的母语与众人不同,那么展示人员要努力让自己的陈述足够清晰,避免使用过多的俚语,还要在手册以及图表中标注展示的主要内容。一般来讲,在对非母语的理解上,书面资料会更有效。

3. 吸引听众兴趣

展示过程中如何吸引听众的兴趣,激发他们对展示内容的关注? 如果在展示之初,已经从听众的角度为满足他们的需求来思考展示的结构,其结果就会自然而然。人们总是倾向于接受他们感兴趣以及与需求相关的一些信息,因此一个好的开始就变得十分重要。展示开始阶段需要同听众建立起良好的联系,开始阶段主要是为接下来的讲解做预热,使听众做好接收信息的准备。可以利用这个时间让大家放松,说一些大家都知道的信息,比如调研的原因;如果之前已经介绍过调研背景,这时可以介绍接下来的讲解会如何解释调研结果。展示人员也可以先说明目前已经提出来的选择方案或客户在决策时可能遇到的问题,介绍可以按照调研结果作用于客户需求的方面展开。调研会包含很多故事,展示人员可以选择其中一些比较有意思的来吸引听众,这些故事将为客户提供一个审视问题的全新的视觉。

考虑到听众以及项目性质,可能需要在展示时先对调研方法论进行一个简要的介绍,介绍内容包括样本结构描述等。这部分不能占用太多时间,毕竟人们对详细的方法论不会有很大的兴趣。听众的目的是获知调研结果,尽管这些信息会使他们在调研效度和信度上有更好的理解,但展示开始阶段太多晦涩难懂的信息会打击听众的热情。同时,对那些可能存在争论的问题,最好不要在展示开始阶段涉及,这有可能分散他们的注意力。当然,在需要启发听众,让他们对调研课题产生新的理解时可以考虑使用一些有争论的问题。

无论采用什么样的方式,展示人员都要努力在展示开始阶段吸引听众兴趣,引导他们关注接下来的展示。可以考虑在展示时向听众展现一个展示陈述结构图,让与会者清楚地知道展示会涉及哪些内容,最终会引领他们得到什么样的结论。告知与会者这次展示的时间。在资料手册中写明准备情况,以便与会者决定是否要记录展示会议的内容。

4. 展示的结束阶段

展示的结束阶段，展示人员应用一些概括性语言或建议提醒听众调研结果的展示阶段已经接近尾声，概括总结信息的几个关键部分，并再次简要地强调主要信息，以加深听众对调研问题的认识。要根据之前的展示内容提出概括性或结论性的观点，这一阶段就不必再发表一些新的信息了。如果可以的话，展示人员应提供一些对未来行动的建议。这些建议主要是针对接下来一些阶段的工作内容，邀请听众在有疑问的情况下联系团队，或者对此次调研项目进行评价等内容。应保证展示能够在规定的时间完成，如果这时没有很多时间，完全可以跳过这部分直接进入展示的最后部分。

在很多展示中，讨论以及回答问题阶段是放在最后的。展示人员在回答问题时要思考缜密一些，不要匆匆忙忙地给出答案；也不要害怕会有停顿，要知道停顿的时间其实并没有感觉的那么长。回答问题时，可以先复述问题，方便大家理解问题也能为自己争取一些思考的时间；如果展示现场还有其他展示小组的成员，可以请他们帮忙记录问题和你的回答，以便在需要的时候可以查看。在回答问题时，不仅是回答提问者，也是回答全部与会者，要让给出的答案与问题相关，而不是抛开问题去讲一些其他内容。如果一些问题与展示主题并不相关，可以告知提问者这些问题可以在会后单独解答。

 **知识链接**

零售需要了解当代大学生的诉求是什么？

零售这个古老的行业需要大学生，需要去了解他们的诉求，了解他们在想什么，他们要什么。对这些情况的了解，不仅有利于大学改进教育工作，更有利于零售行业选用适合自己的大学生。因此，特将"2019 中国在校大学生诉求与需求"的调查报告分享给零售行业。

由上海商学院周勇教授与池丽华副教授组织，对在校大学生开展的"2019 中国在校大学生调查"显示：①大学生最希望在大学中学到"专业技能"；②大学生最看重教师的讲课质量与关心学生程度；③"有声望"的教师并没有获得学生的高度认可；④"有实践经验"的教师不再深受学生的"热捧"；⑤实践教学并没有让学生感受到实践能力的较大提升；⑥令学生钦佩的教师变得多了；⑦大学生最期盼课程改革与实践环节的提升。

本调查旨在考察：中国在校大学生对大学教育的看法。除了单独分析本次调查数据外，课题组还引用和参照了 2005 年、2009 年、2010 年、2012 年由上海商学院周勇教授、池丽华副教授所做的连续调查中的调查表、调查数据、分析模板与分析报告。

本次调查覆盖全国东北、西北、华北、华东、华中、西南、华南 7 各区，149 所高校，2 119 名在校大学生。被访者包括大一到大四各类专业的学生，而 2012 年的调查样本主要是经管专业在校大学生。调研对象存在一定的专业差异，可能会对调研结果产生一定影响。

特别提示：由于调查样本有限，本次调查所得出的结论具有一定的局限性，仅反映受访者的情况,也不代表任何一所大学的实际情况。

1. 大学生最关心的问题是"如何掌握专业技能"

"您认为对大学生来说,大学教育成功的两个最重要标志是什么?"这个问题所反映的是大学生对大学教育的期盼。被访者限定选择 2 个选项,统计结果显示:选择"掌握专业技能"占 70.41%;"培养创新能力"占 44.93%;"适应社会需要"占 48.66%;"塑造健康人格"占 34.83%;其他占 1.18%。可见,大学生最关心的问题是"如何掌握专业技能"。

与 2012 年调查相比,"掌握专业技能"这个选项从第 3 位上升到了第 1 位;而"塑造健康人格"则从第 2 位下降到了第 4 位;"培养创新能力"从第 2 位下降到了第 3 位。可见,学生对掌握专业技能的要求有所提高。这种诉求是否也折射出两个问题——企业对大学生的专业化水平的要求在提升;大学教学的专业化水平有待提升。学生对"培养创新能力"的重视程度的下降,是否意味着学生更愿意选择"就业"而不是"创业"? 或者是大学"创新创业教学"的方法有待改进,效果有待改善? 这些都是需要进一步调查的问题。

2. 大学生最看重教师的讲课质量与关心学生程度

"对大学教师,您最看重的要求是什么?"这个问题所反映的是大学生对大学教师的要求。被调查者可以在 6 个选项中选择 2 个选项,选择"有声望"占 11.33%;"讲课好"占 72.96%;"有研究成果"占 15.62%;"有实践经验"占 38.37%;"关心学生、经常与学生沟通"占 48.04%;"其他"占 0.9%。

与 2012 年调查相比,选择"讲课好"的人数仍是最多的,而选择"关心学生、经常与学生沟通"则从第 3 位上升到了第 2 位,这一点与学生"适应社会需要"的关注点是一致的。因为讲课好、关心学生、经常与学生沟通的老师能够有效地吸引学生专心学习,他们会与学生分享更多的成功经验与失败教训,能够更有效地引领学生适应社会需要,这样的老师也就更能获得学生的信任与敬重。这也是大学教师,尤其是应用型本科大学教师的努力方向。此外,大学在教学过程中也应该提供这方面的便利条件,如建立公共的互动网络平台,把师生网络交流也纳入教学计划。

3. "有声望"的教师并没有获得学生的高度认可

2019 年的调查与 2012 年的调查相比,"有声望"和"有研究成果"教师的重要程度排名并没有改变,仍然排在第 5 位与第 4 位。周勇、池丽华两位教师认为:①大学教师的研究时间越多,声望越高,与学生接触的时间就越少,这些研究者对学生基本采取"散养政策",他们的研究没能让学生感受到其对自己的帮助;②大学研究脱离社会实践,不少研究是"闭门造车",经不起实践的检验,是一种"孤芳自赏"式的"纸上谈兵",大学正在日益演变成"废纸制造厂";③学术丑闻不断,谁有真才实学,难以分辨。站在讲台上激发学生兴趣,能给学生增加知识与技能、经验与方法,能解决学生的疑虑与困惑,那才是最现实的。

4. "有实践经验"的教师不再深受学生热捧

与 2012 年相比,选择"有实践经验"的人数由第 2 位下降到第 3 位。对学生来说,教师的"实践经验"的重要性下降,这意味着什么?是不是因为这些教师没有很好地将自己的实践经验传授给学生,或者没有将自己的行业资源与学生对接,如为学生提供实习、参访机会等,使得学生认为有实践经验的教师与没有实践经验的教师没有什么区别。是否因为以上情况,所以学生才不再重视这些"从企业过来"的教师?这一问题值得探究。周勇教授认为:①过去的实践经验有很多已经不适用当下,如果仍然把"过去的经验"传授给学生,学生当然不会认可;②"有实践经验的教师"与"有研究成果的教师"一样,如果没有把主要精力放在"校内教学"上,那就得不到学生的认可;③实践经验需要不断更新,但更重要的是"服务学生"。

5. 实践教学并没有使大学生认为"业务技能"有较大提高

"您认为通过大学学习,自己在哪些方面获得了最明显的提高?"这个问题所反映的是大学生通过学习在提高自身素养方面所得的收获。被调查者可以在六个选项中选择2个选项,选择"职业修养"占 42.99%;"基础知识"占 62.1%;"管理技能"占 21.85%;"业务技能"占 19.82%;"情感修养"占 33.88%;"其他"占 1.56%。

与 2012 年的调查相比,两次调查中选择"基础知识"的人数都是排在第 1 位。可见,学生认为,大学学习期间主要掌握的是从事相关职业所必需的专业基础知识。此外,"情感修养"从第 2 位下降到第 3 位。对于创业者和就业者来说,"情感修养"这一技能十分重要,不懂得如何应对职场社交,难以有好的前途,大学教育应更加重视对学生这一方面的培养。除"其他"选项外,占比靠后的依旧是"业务技能"与"管理技能"。实践教学的重要目的是提高学生的这两项能力,但学生感觉这两项能力的提高并不显著。这说明十年来我国很多大学的实践教学并没有取得明显成效。这是一个十分值得关注的问题,应该反思现有实践教学的政策、模式与实施路径。

6. 认为"令自己钦佩的大学教师有很多"的大学生变多了

"您现在的大学老师中是否有令您钦佩或欣赏的老师?"这个问题反映的是学生对现有大学教师的总体评价。被调查者从五个选项中选择一项,选择"很多"占 18.97%;"较多"占 29.31%;"一般"占 32.8%;"不多"占 17.08%;"没有"占 1.84%。

与 2012 年调查相比,选择"很多"的被访者人数从 5.21% 上升到 18.97%,增长了约14 个百分点;选择"较多"的被访者也从 22.92% 上升到 29.31%。总体来说,"很多"与"较多"的占比从不足三成到近一半;而选择"不多"与"没有"的被访者则减少了将近一半。这一数据显示:近十年来大学教师的工作得到了很多学生的肯定,也从侧面说明现在大学教师的教学方法总体方向是正确的,应该继续以这样的方式去教导学生。

7. 大学生最期盼课程更新与实践环节

"您认为我国大学目前最需要改进的是什么?"这个问题所反映的是大学生对大学改革的期盼。被访者从六个选项中选择一项,选择"学费太贵"占 7.69%;"课程老化,学非所用,不少课程基本无用"占 42.47%;"教师对学生比较冷淡"占 8.82%;"专业教师不专业"占 8.49%;"实践太少"占 31.01%;"其他"占 1.51%。

值得注意的是,按多寡排序,这次调查每个选项填写的份数与 2012 年的调查一致,选填"课程老化"和"实践太少"的学生还是最多的,选填"学费太贵"的学生越来越少(2012 年调查中,38.85% 的被调查者填写该项)。可见,近十年来学费问题改革得越来越好,而"课程老化"与"实践太少"这两个老问题依旧没有得到有效解决。这是由各地区教育主管部门与各个大学的疏忽所致。周勇教授指出:教学改革"局部失效"已成客观现实,应该深思其中原因并尽快改进。

根据上述调研分析及学生的反馈内容,本文对我国大学建设、教师教学两方面有如下 6 点建议。

1. 提供更多专业课程,提升学生专业技能

如今大学的开课量很多,让学生感到眼花缭乱。学生选课后才发现,原来这些课程内容多是无用的,课堂作业和期末考试都是形式主义。自己花了一个学期的时间,但没学到多少有关本专业的知识。相反,学生觉得专业课太少,能从课堂里学到的专业知识太少,这样的大学教育真能培养出好学生吗? 大学到底应该怎么做? 课题组认为,最好的办法就是各高校对每一个课程都要严格把控,从课程的筛选到课程实施的监督,再到课程效果的评估。不要开"华而不实"的课程,一门课程的好坏,在于对学生的帮助大不大。专业课程多一些,无用课程少一些,实用性高一些,形式性少一些,能做到这四点的大学,不愁培养不出好的学生。

2. 提供更多与社会接轨的机会

大学生毕业后要去哪里? 要踏入社会发展自己的人生。大学是这些青年们步入社会前的最后一扇门,打开了这扇门,等待他们的就是"惊险万分"的新天地了。大学生希望在毕业前,多了解社会,为自己的未来做好准备;但无奈的是,很多大学提供的社会实践机会太少,根本满足不了学生在这方面的需求。大学应该想些办法,为学生多提供一些与社会接轨的机会,如暑期社会实践、企业实习、对外课题研究及比赛、校企合作活动(如相关比赛、企业参观)等,并不断提高这些活动的质量,这是大学需要做的、也是必须做的一件事。此外,不少学生抱怨学校的课余活动太少,导致他们不知道能去哪里与别人交朋友、交流亲近,甚至有些学生说自己连本班的同学都没认识完。学生们希望能在大学里交到好朋友,能处理好自己的人际关系。针对这一问题,建议大学应更加注重课余活动建设方面的工作,多开展一些课外活动,如班级活动、社团活动和校级活动,给学生提供更多的相互交流亲近的机会,相信学生会因此更容易找到自己的"知音"。对此,周勇教授表示:学生自身也有责任,以自我为中心,在校宅在寝室,放假宅在家里,不少同学似乎得了"交流厌烦症",渐渐地就会恶化成"交流恐惧症"。

3. 加强与学生的交流沟通,可能是大学教师最需要强化的"能力"

从调查数据和学生的反馈内容中发现,出现次数最多的诉求是:"希望老师能多与

学生交流""加强师生交流,亲近双方关系""想和老师多接触,但机会很少"……学生们喜欢与老师交流,愿意与老师接触,期望与老师亲近,于是,乐于与学生交流亲近的教师成为了学生的"最爱",而那些名师尽管有很多成果、声名远扬,却不一定能获得这般殊荣。为什么? 因为很多老师喜欢闭门造车,对学生采取的是"散养政策",尽管他们自己成就显著,但与学生关系不大。从这些老师身上,学生们学不到本领,反倒是那些愿意与学生交流亲近的教师,给学生的感觉就是靠谱、有责任心,这样的老师自然更能受学生欢迎。

教师与学生加强交流是否有意义? 答案绝对是肯定的。教师与学生交流是双方互动的过程,对双方都有益。教师通过与学生交流,能总结更多的教学经验,塑造师德;学生通过与教师的交流,能获得做人做事的方法,汲取知识。教师应该与学生交流哪些内容?

本次调查了解到大学生最希望和教师交流四个方面的问题,①专业知识:只要学生想学专业知识,教师就应耐心解释,帮助他们提高专业技能。②社会实践:很多学生渴望早些了解社会,了解企业状况,但无奈自己没有了解这些知识的渠道。这时教师就能发挥自己的作用了,通过日常交流将自己在企业的就职经验或者行业资源分享给学生。③就业规划:绝大多数学生对毕业后的工作充满期待,但也很迷茫,不知道哪些工作适合自己,哪些工作前途光明。如果教师在日常生活中能多将这方面的经验分享给学生,帮助学生做好未来的职业规划,甚至还能热心地为学生对接企业资源,为学生挖掘更多就业发展的机会,那么这样的教师一定很受学生爱戴。④做人做事方法:大学生的心智依然是不够成熟的,尤其是在大学这样的自由环境中。他们对很多事情都充满了困惑,需要教师在日常生活中为他们答疑解惑,教他们做人做事的方法经验,为他们在走进社会前作出最后一套"钢铁战甲"。除了要有交流内容,还要有交流途径。在课堂中与学生互动交流、加入班级群、微信私聊、办公室答疑等都是师生互动的一些好方式。

其实,老师与学生的有效沟通,关键并不在于交流的途径,而在于双方有没有交流的意愿。经验告诉我们,人际关系的建立靠的是双方"对得上眼",只要大家都有交流的意愿,那么自然就会互动亲近。

4. 提高个人素养,为学生树立一个更高大的"德师"形象

首先,大学教师应该具备专业的理论知识,这是作为一位教师的基础,学生问的问题要能答,有关内容的真伪要能辨,最专业的知识、最准确的理论要能传授给自己的学生。其次,大学教师要不断学习,不断丰富自己的阅历,身体力行,为学生树立好榜样,将最前沿的专业知识、行业动态分享给他们。最后,大学教师要有职业操守,要认真讲课、有责任心,并做到知行合一。

5. 多带学生出去实践,将实践与教学结合

现在很多大学普遍存在一个问题:课程上得挺好,实践操作却少得可怜。教师单纯

在课堂里谈经论道,并不能提升学生的专业水平。学生们只能看到课本里的知识,但实际上企业是如何操作的,社会是如何实现的,这些"干货"光凭个人想象是想象不出来的。学生们就像一只"井底之蛙",只能看到井上方 1% 的天空,其余 99% 的天空却看不到一丁点。因此,很多学生都希望专业老师带他们多出去实践,多出去学习,比如带领学生做调查,做科研,或者给学生对接更多企业实践资源,如实习、考察、参访等,这些实践活动均能帮助学生掌握提升专业水平的能力。

6. 上课创新有趣,找到真正适合自己的教学方式

"教师一味地在课堂里自说自论,照着 PPT 念内容",这种方式已经不再受学生待见了。现在的学生喜欢新颖的上课方式,喜欢活跃激情的老师,喜欢在课堂里与老师交流互动。因此,那些"循规蹈矩"的教师不能再"墨守成规"了,再这样下去他们就没有学生粉丝了。教师要敢于创新,用一些潮流的方式吸引学生注意,如以师生互动、游戏环节、插放小电影等方式增加课堂乐趣,把学生们从低头玩手机中"解救"出来,让他们好好听课,开心地学到知识。

大学教育是我国教育的一个特殊部分,上承高考,多少学子寒窗苦读,只为进入好的大学;下启社会各界,企业、事业的发展都需要大学为其输送新鲜血液。因此,可以这么说,大学教育是整个教育体系的重头戏,大学发展得好坏,对整个社会的正常运行都起到举足轻重的作用。本调查从"大学生对于大学教育的态度"出发,分别在大学建设、教师教学两方面发现了一些问题,并对此提出了一些改进建议。项目调研的目的向来就只有一个,那就是解决某一方面的问题。因此课题组希望,本次调查的成果能为我国大学教育的发展作出一些贡献,这样我们奔波忙碌几个月也就有意义了!

(作者:上海商学院市场营销专业 17 级学生陆枫、上海商学院教授周勇、上海商学院副教授池丽华,课题组其他成员:范协铭、张佳宇、颜涌、张小涵、陈伟龙、兰雨涵、许丹、杜红丽、黄成悦。)

资料来源:联商网 http://www.linkshop.com.cn/web/archives/2019/426926.shtml。

 思考题

1. 撰写市场调查报告的意义是什么？结合实际例子说明。
2. 市场调查报告的主要类型有哪些？常用的市场调查报告的形式是哪种？
3. 分别举例说明市场调查报告的"SMART"原则中的每一个原则。
4. 简述市场调查报告撰写的技巧。
5. 常见市场调查报告的格式主要包括哪几个部分？
6. 正文是市场调查分析报告主体部分,通常包括什么？
7. 举例说明附录包括哪些内容？具体体现的意义是什么？

8. 简述准备展示成果阶段应该开展哪些具体工作?

9. 如何很好地进行市场调研成果展示? 需要注意的事项有哪些?

10. 从调研报告提供者与使用者角度分别阐述调研展示过程中的关键环节。

 案例分析题

[案例1]

中国民航运行数据市场调查

航班管家发布了 2020 年 7 月中国民航运行数据报告,从 1~7 月民航市场总体情况、7 月千万级机场航班量、7 月 TOP10 航线、7 月 TOP10 航司等维度解读民航市场发展趋势。以下为部分报告内容:

7 月份民航旅客量 3 699.56 万人次,恢复到去年同期的 62.38%。7、8 月份是中国民航运输的传统旺季,时值暑期,商旅、休闲旅游、亲子旅游、学生出行等客流的叠加,使得出行需求旺盛。因而,2020 年 7、8 月民航暑运市场的恢复情况显得至关重要。2020 年 7 月份中国民航运输旅客量 3 699.56 万人次,环比增长 20.35%,同比下降 37.62%;7 月份民航单日运输旅客为 119.34 万人次,恢复到 2019 年同期日均旅客量的 62.38%。2020 年 1~7 月,民航累计运送旅客 1.84 亿人次,同比下降 51.62%。

7 月份民航客运航班量为 37.72 万架次,恢复到去年同期的 76.24%。相比旅客量,航班量恢复的速度更快:2020 年 7 月份民航客运航班实际执飞量为 37.72 万架次,环比增长 17.86%,恢复到去年同期的 76.24%。2020 年 1~7 月份,民航客运航班量为 174.1万架次,同比下降 42.38%,恢复到同期的 60% 以上。对于民航市场而言,快速恢复航班量、增大市场供应,是进一步促进民航旅客市场的复苏的直接手段。

7 月份民航市场"利好""利空"因素参半,航班量在艰难中稳步提升。7 月中旬,全国大部分省份中小学陆续开始放暑假,亲子游、探亲出行等需求释放;7 月 14 日,文旅部发布《关于推进旅游企业扩大复工复业有关事项的通知》,恢复跨省团队游及"机 + 酒"业务,旅游景区接待游客最大承载量由 30% 调至 50%,进一步刺激旅游市场恢复。而 7 月 16 日新疆乌鲁木齐出现本土疫情反弹、7 月 22 日大连出现本土疫情反弹,两地迅速采取严格措施进行疫情防控,相应的机场航班量骤减。在"利好""利空"因素参半的情况下,7 月份每日民航客运航班量依然保持着上升的趋势。

资料来源:航班管家自有数据;https://xw.qq.com/cmsid/20200810A085ZW00? ADTAG = amp。

问题:请结合案例内容和数据,分析中国民航运行的市场调查对消费者以及民航业的意义。

参 考 文 献

［1］陈焱晗.我国市场调查行业发展现状及特点分析［J］.商业时代,2010(05):128-130.

［2］龚曙明.市场调查与预测［M］.北京:清华大学出版社,2005.

［3］简明,等.市场调查方法与技术［M］.3 版.北京:中国人民大学出版社,2017.

［4］刘常宝.市场调查与预测［M］.北京:机械工业出版社,2018.

［5］刘磊,等.市场调查与预测［M］.上海:同济大学出版社,2014.

［6］龙瀛,毛其智.城市规划大数据理论与方法［M］.北京:中国建筑工业出版社,2019.

［7］麦克丹尼尔,盖茨.当代市场调研［M］.李桂华,等,译.10 版.北京:机械工业出版社,
2019.

［8］王秀娥,夏冬.市场调查与预测［M］.北京:清华大学出版社,2012.

［9］王妍."大数据＋智能化"给社会治理带来哪些改变［J］.人民论坛,2018(31):70-71.

［10］吴清.基于李克特量表的消费养老方式认知度调查［J］.技术与市场,2013,20(08):
188-189＋191.

［11］伊冯娜·麦吉温.市场调研实务［M］.李桂华,等,译.4 版.北京:机械工业出版
社,2017.

［12］张新民,陈德球.移动互联网时代企业商业模式、价值共创与治理风险——基于瑞幸
咖啡财务造假的案例分析［J］.管理世界,2020(05):74-86.

［13］钟小东.我国市场调查业现状及发展［J］.湖南商学院学报,2011.

［14］朱文敏,曹剑涛,等.商业调查与市场发现［M］.上海:立信会计出版社,2016.